Les grands mythes de l'Inde
ou
l'empreinte de la tortue

DU MÊME AUTEUR

Toukârâm : psaumes du pèlerin, Gallimard, Unesco, « Connaissance de l'Orient », 1956, réédité en 1989.

The Cult of Vithobâ, Poona University, 1959.

Renaître en Inde, Stock, 1976.

Le Modèle indou : essai sur les structures de la civilisation de l'Inde d'hier et d'aujourd'hui, Hachette, « Le temps et les hommes », 1978.

Les Indes florissantes : anthologie des voyageurs français (1750-1820), Laffont, « Bouquins », 1991.

GUY DELEURY

Les grands mythes de l'Inde

ou

l'empreinte de la tortue

FAYARD

INTRODUCTION

Kourma
ou
le signe de la tortue

Le voyageur européen qui s'aventure dans le monde mythologique de l'Inde est déconcerté par sa munificence et son exotisme. Comme s'il pénétrait dans une jungle inextricable, qui lui ferait perdre tous ses points de repère. Il renonce souvent à s'y enfoncer plus loin que la lisière, sans essayer de comprendre ces Dieux en qui il ne voit volontiers que le fruit de la superstition, le signe d'une sorte de sous-développement religieux d'où les peuples de l'Inde n'auraient pas encore réussi à sortir.

Et pourtant quelle puissante vitalité dans les foules qui se pressent à l'intérieur des temples, encombrent les rues des cités les plus modernes et peuplent par milliers, parfois même par centaines de milliers, les routes des grands pèlerinages ! L'idée qu'elles se font de Dieu a au moins le mérite de donner un sens à leur vie. Or, on l'oublie trop souvent, il y a parmi ces hommes et ces femmes des ingénieurs ou des entrepreneurs, des médecins, des réformateurs sociaux, des militants politiques ou même des savants de haut niveau. Est-il bien raisonnable de juger déraisonnables les croyances qui ne semblent pas les retarder sur la voie de la modernité ?

Les grands pèlerinages en Inde

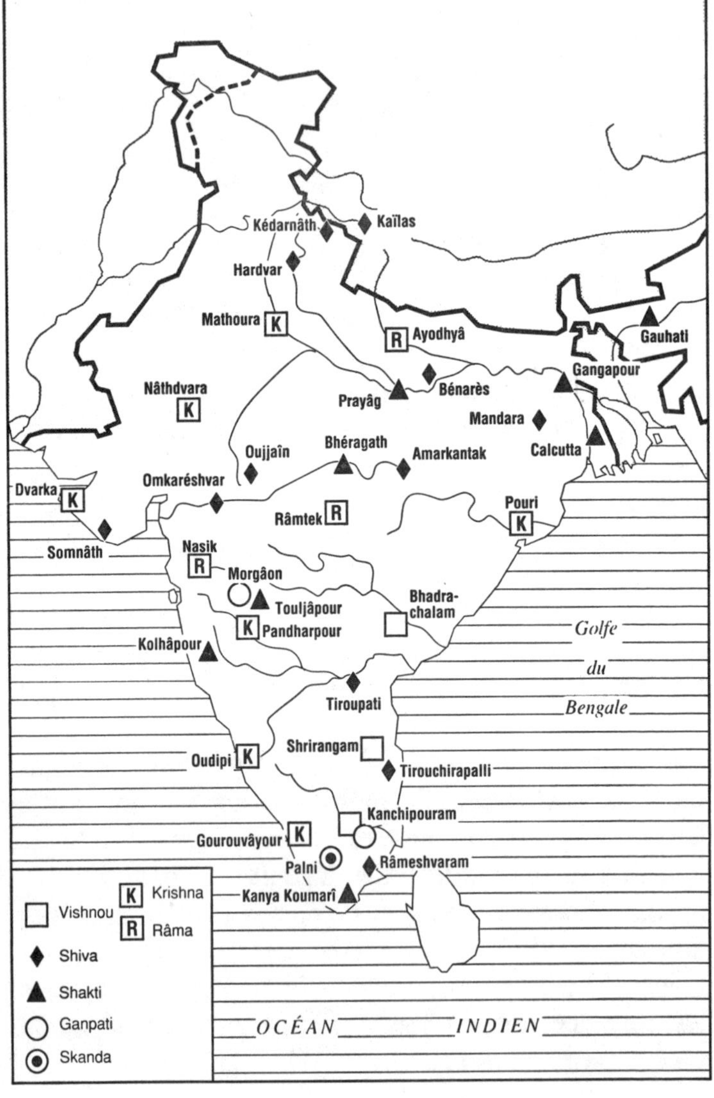

Les indous ont accumulé au cours des siècles une immense littérature philosophique et mythologique, dont la masse même risque à nouveau de décourager l'investigateur. Le voici au milieu d'une autre jungle, plus épaisse encore que la première. Peut-on parler d'Écriture sainte à propos de ces textes sacrés ? Avant d'être écrits, ils furent transmis d'âge en âge, de la bouche des maîtres à l'oreille de leurs disciples, de la prédication vivante des connaisseurs à l'audition avide des candidats au savoir. Peu de paysans dans le monde étaient aussi cultivés que ceux de l'Inde, alors qu'ils n'avaient jamais ouvert un livre. Aujourd'hui, la télévision transmet jusqu'au plus reculé des villages, entrecoupées par les derniers succès des compositeurs vedettes, les mythologies les plus anciennes. Faut-il vraiment ne donner qu'un petit « d » à des Dieux qui paraissent si indestructibles ?

Pour interpréter les textes, il est indispensable de les confronter à la pratique rituelle et à la manière de vivre des Indous qui accordent beaucoup plus d'importance à la pratique correcte qu'à la pensée conforme, à l'orthopraxie qu'à l'orthodoxie. Quelle idée donc se font de Dieu les Indous à travers leurs Dieux ? Ce petit ouvrage, qui ne se dissimule pas son audace, voudrait tenter d'y répondre.

Partons sans plus tarder pour Jéjouri, puisqu'il faut bien commencer notre enquête quelque part. C'est un petit village comme il en existe six cent mille en Inde. Une trentaine de kilomètres le sépare de Pouné, l'ancienne capitale du pays des Marathes dont Bombay devint la métropole lorsque les Anglais en firent le centre de leur commerce et de leur administration pour l'Inde de l'Ouest. Jéjouri n'a rien perdu aujourd'hui de son prestige : les pèlerins y accourent de Bombay et de tout le pays marathe. Le Dieu qui y habite a conservé pour eux toutes ses séductions. Sa maison couronne une colline voisine et ressemble de loin plus à une forteresse qu'à un temple. Les temples, qu'on appelle *déoul*, ou maisons de Dieu, sont en effet moins des espaces où se déroulent des liturgies que des lieux où l'on vient visiter un personnage important dont on quémande les faveurs, ou un ami dont on veut apercevoir le visage réconfortant ; on dit alors qu'on vient « prendre son *darshan* », sa « vision ». On n'y va jamais les mains vides.

Un long escalier conduit du village au temple. Une petite poterne s'ouvre dans la muraille. Passé le seuil, on se trouve dans une vaste cour rectangulaire au milieu de laquelle se dresse le temple proprement dit. Devant l'entrée du sanctuaire, un objet insolite arrête l'attention. C'est une tortue *(kourma)* aplatie comme un vaste plateau de cuivre posé à l'envers sur les dalles de la cour. Elle pointe la tête vers l'entrée du temple, et ses quatre griffes sortent de sa carapace que dore le soleil, indiquant les quatre directions de la rose des vents.

Une foule immense est là, autour de la tortue, comme sur les marches de l'escalier, sur la route depuis la gare, ou dans le wagon du tortillard qui conduit à Pouné. Le voyageur qui se promène en Inde doit s'habituer à n'être jamais seul. Heureuse circonstance pour celui qui désire trouver des interlocuteurs : il n'a que l'embarras du choix. Que fait cette tortue dormant d'un sommeil pétrifié sur le parvis du temple ? Quelle est cette statue couverte de minium rouge dont la tiare et la moustache indiquent sans doute qu'elle représente quelque potentat d'antan ?

Un jeune desservant du temple traverse la cour, torse nu, portant sur l'épaule un plateau rempli de petits tas de poudre jaune et rouge, une coupelle où brûlent du camphre et deux bâtonnets d'encens. Il ne porte pas en bandoulière le cordon sacré qui permet de reconnaître le brâhmane ; s'il n'appartient pas à cette caste, que fait-il dans ce temple ? Les textes ne nous enseignent-ils pas qu'il faut être brâhmane pour être prêtre ? Ce temple, où l'on voit vivre les grands mythes de l'Inde, serait-il atypique ?

L'enfant prêtre nous fait signe de nous asseoir sur la margelle qui entoure un pilier curieusement tronqué. Il disparaît dans le temple, en ressort quelques minutes plus tard et s'assoit près de nous avec un beau sourire. Il s'excuse de ne pouvoir répondre à toutes nos questions : ni lui, ni son père, ni son grand-père ne connaissent le sanskrit, cette langue « parfaite » dans laquelle tous les textes sacrés ont été composés et dont les brâhmanes interdisent la connaissance à ceux qui n'appartiennent pas à leur caste. Il sait par cœur quelques formules rituelles dont il ignore le sens, un nombre impressionnant d'hymnes composés dans sa langue maternelle, le marathe, et de légendes que son père lui a apprises.

Le roi écarlate qu'on repeint soigneusement au minium avant chaque grande fête est un saint démon appelé Mani. Il y a longtemps, si longtemps qu'on ne saurait dire la date exacte de l'aventure dont il fut le héros, peut-être cinq mille ans ou plus, Mani régnait sur toute la région et même sur toute la terre qu'il terrorisait en toute impunité. Grâce à d'extraordinaires ascèses, il avait obtenu du Dieu Brahmâ le privilège de ne pouvoir être tué ni par un homme ni par un Dieu. Un jour ses exactions finirent par inquiéter la cour céleste qui décida d'intervenir. Le Dieu Shiva monta sur son cheval, prit en croupe sa femme Pârvatî, siffla son chien, saisit son sabre, se mit à la tête de son armée et descendit sur la montagne de Jéjouri pour y livrer bataille au roi démon. Au terme d'un sanglant combat, Shiva demanda à Pârvatî de tuer le démon d'un coup de son trident. Avant d'expirer, Mani obtint la grâce d'être uni pour jamais au Dieu Shiva qui, pour cette raison, est appelé ici le-destructeur-de-Mani ou Khandobâ. Sa statue a été dressée en face du temple pour rappeler aux générations futures que Mani fit venir le Dieu Shiva, sa femme Pârvatî, son cheval, son chien. Quant à la tortue de cuivre sur le parvis, pourquoi s'étonner de sa présence ? Elle est là parce qu'elle doit y être. On la retrouve sur les dalles du parvis de beaucoup de temples de l'Inde. Celle de Jéjouri est immense et recouverte de cuivre, parce qu'autrefois, avant que les

Anglais n'interdisent cette coutume, les danseuses attachées au temple venaient y exercer leur art sacré.

***

Les grands mythes de l'Inde ne se découvrent que peu à peu. La réalité intérieure qu'ils expriment ne se dévoile que touche après touche dans les récits qui les transmettent. La tortue de Jéjouri nous révèle que ce qui se passa à l'origine du monde est ce qui se passe au plus profond de notre être.

La tortue vient en effet du fond des âges. Cet animal préhistorique, contemporain de nos origines, est resté très vénéré en Inde, ce que semble avoir pressenti La Fontaine, bien qu'il ne fût pas indianiste ; il savait que la tortue de ses fables lui venait de l'Inde. Par quelles voies mystérieuses, à travers quels fabulistes, arabes, latins, ou grecs ? On l'ignore. A travers peut-être les récits d'un voyageur aventureux qui rapportait de l'Orient, avec sa cargaison de perles et de pierres précieuses, des bribes de mythes afin de mieux faire apprécier la peine qu'il s'était donnée pour se les procurer. La Fontaine connaissait le nom de celui qui en avait inventé le symbolisme, un nommé Pilpay, en sanskrit Vidyâpati. Ne boudons pas notre plaisir, et écoutons, sous la plume de notre fabuliste, un premier texte de mythologie indoue : « Le corbeau, la gazelle, la tortue et le rat » (XII, 15) :

Pilpay conte qu'ainsi la chose s'est passée. (...)
Rongemaille ferait ici le principal héros
Quoiqu'à vrai dire ici chacun soit nécessaire.
Porte-maison l'infante y tient de tels propos
Que Monsieur du Corbeau va faire
Office d'Espion et puis de Messager
La Gazelle a d'ailleurs l'adresse d'engager
Le Chasseur à donner le temps à Rongemaille.
Ainsi chacun en son endroit
S'entremet, agit et travaille.
A qui donner le prix ? Au cœur si l'on m'en croit.

Cette fable, La Fontaine la dédia à sa protectrice, Mme de La Sablière. Il vivait chez elle depuis 1673 et s'y lia d'amitié avec François Bernier qui revenait de l'Inde et qui l'initia aux choses de ce pays. Le fabuliste puisait parfois son inspiration dans les eaux tortueuses du Gange. Mais comment put-il deviner les plus secrètes pensées de la tortue, qu'il décore du titre d'« infante » ? Une autre fable nous le laisse entendre (XI, 9) :

Une souris tomba du bec d'un Chat-Huant :
Je ne l'eusse pas ramassée :
Mais un Brahmin le fit ; je le crois aisément :
Chaque pays a sa pensée.

La Fontaine déchiffre le mythe qui lui vient de l'Inde avec l'intuition d'un amateur. Dans la première fable, on reconnaît facilement le brâhmane sous le corbeau, le *kshatriya* sous la tortue qui porte sa maison fortifiée, le *vaishya* sous la gazelle caravanière, et le paysan *shoudra* sous le rat besogneux. Ce sont, on le sait, les quatre grandes classes, ou *varna*, de la société indoue qui intriguent tant, depuis toujours, nos sociologues. Elles constituent un ensemble où toutes les parties sont solidaires, chacune œuvrant pour la survie de toutes : contre la menace du chasseur sauvage, le rat sauve la gazelle, qui sauve la tortue grâce à la rapidité et à l'intelligence du corbeau.

La tortue du temple de Jéjouri fait-elle aussi partie d'un ensemble qui rassemblerait tous les Dieux du panthéon indou ? Elle y remplit, semble-t-il, une fonction plus importante, puisque, comme une boussole, ses quatre pattes, sa queue et sa tête indiquent les six directions de l'espace cosmique, l'est, le sud, l'ouest, le nord, le nadir et le zénith. Elle inscrit sur le rocher de Jéjouri une très vieille histoire qui remonte aux temps préhistoriques du *Véda*.

Nul ne sait exactement quand furent composés les *Védas* et par quels poètes. Ces textes sacrés sont à l'origine de la tradition indoue, comme un Ancien Testament occulté et pourtant présent aujourd'hui encore. L'Inde innove sans cesse et se recrée selon un processus inconnu en Occident. Nous aimons faire des révolutions et retrouver des tables rases pour y bâtir nos cathédrales neuves ou nos idéologies. L'Inde, elle, engrange et se nourrit de ses récoltes antérieures. Elle les enfouit parfois au plus profond de sa mémoire pour ne pas gêner son imagination, sans oublier qu'elles sont là, sous la terre où elle plonge ses racines.

Chronologie approximative des grands textes de la tradition indoue

ANCIEN TESTAMENT

Avant – 1000 :	Les Védas
Vers – 1000 :	Les Brâhmanas - Les Aranyakas
A partir de – 600 :	Les Oupanishads

NOUVEAU TESTAMENT

A partir de – 300 :	Le Mahâbhârata - Le Râmâyana - La Bhagavad Gîtâ
A partir de – 100 :	Les Dharmashâstras
A partir de + 400 :	Le Harivamsha - Le Raghouvamsha - Les Pourânas
A partir de + 700 :	Les Tantras - Les Agamas - Les poèmes des Alvârs
Vers + 800 :	Les traités de Shankarâchârya
Vers + 1200 :	Le Gîtâ Govinda de Jayadéva
A partir de + 1300 :	Les poèmes de Jnâneshvar, Nâmdev, Chaïtanya, Kabîr (1500) - Toukârâm, Toulsidâs (1600)

Il existe quatre *Védas*. Le premier, le *Rigvéda*, est un recueil d'hymnes que les brâhmanes chantent au cours des sacrifices. Le second *Véda*, *Sâmavéda*, extrait du premier les formules qui doivent accompagner les gestes rituels, et le troisième, *Yajourvéda*, précise les mélodies convenant à chaque hymne. Le quatrième *Véda*, ou *Atharvavéda*, semble avoir été longtemps tenu dans une certaine suspicion par les prêtres ; il propose des formules magiques et des poèmes d'une extraordinaire inspiration cosmique. L'Inde, qui affectionne le chiffre quatre, le conçoit souvent comme l'addition 3 + 1. Le quatrième élément d'un ensemble à quatre parties se situe à part et au-dessus des trois autres, en une sorte de quatrième dimension privilégiée, et il est probable que les poètes de l'*Atharvavéda* appartenaient à un milieu marginal par rapport à la société védique.

A partir de ce bloc des *Védas*, et essentiellement des trois premiers, s'élaborèrent d'immenses compositions appelées *Brâhmanas*, qui recensaient chaque geste rituel et ses correspondances cosmiques. L'un d'eux mentionne l'utilisation d'une tortue.

Selon le rituel, le feu sacrificiel devait être allumé dans une petite enceinte, que le prêtre construisait en disposant 10 800 briques selon un ordre précis. A l'intérieur de la première assise, il enfermait une statuette d'or représentant l'homme primordial et une tortue vivante qu'il plaçait à la lisière est de l'édifice, sa petite tête tournée vers l'ouest, selon une orientation qui restera celle du temple indou. Dès la fin du sacrifice, on démolissait l'enceinte, mais il était impératif que la tortue restât vivante puisqu'elle représentait la vie cosmique.

Ce que nous appelons maintenant tortue n'est autre que la sève des mondes, cette sève qui s'échappa d'eux lorsqu'ils furent jetés à l'eau. Autant s'étend cette sève, autant le corps grandit. Cette tortue est donc l'ensemble de ces mondes-ci. La partie inférieure de la carapace, c'est la Terre. Elle est pour ainsi dire affermie, car cette terre où nous vivons est pour ainsi dire affermie.

Quant à la partie supérieure de la carapace, c'est le Ciel là-haut. On dirait qu'au bout elle se penche ; on dirait en effet qu'à l'horizon le Ciel se penche.

Entre les deux parties de la carapace, il y a un espace, tout comme entre le Ciel et la Terre. Cette tortue est donc bien identique aux trois mondes. Lorsqu'on la dépose sur l'autel, on y dépose les trois mondes.

(*Shatapata-Brâhmana*, VII, 5, 1.)

Le prêtre installait la petite bête dans sa maçonnerie éphémère avec des gestes précautionneux. Il la caressait, l'enduisait de petit-lait, de beurre clarifié et de miel, considérés comme des sucs de vie. Nous retrouverons cette correspondance de la tortue avec le suc vital cosmique dans le mythe du barattage de la mer de lait où Vishnou, ayant pris l'aspect d'une tortue, supporte sur sa carapace le baratton en train de s'enfoncer dans les abimes.

Compagne de l'Océan primordial et contemporaine des moments créateurs, la tortue rampe dans l'inconscient mythique des indous, en tant qu'organisatrice et orientatrice du cosmos. Elle refait surface dans l'un de ces textes qui formaient comme la conclusion et le couronnement des *Brâhmanas*, et que l'on appelait des *Aranyakas* car ils auraient été composés par des poètes qui vivaient en marge de la société sédentaire dans les forêts, les *âranya*, où ils trouvaient plus de sérénité pour inventer des mythologies dégagées du modèle sacrificiel où se cantonnaient les prêtres.

La *Taïttîriya Aranyaka* raconte ainsi la singulière aventure d'un démiurge qui se croyait le créateur par excellence. Prajâpati, c'était son nom, c'est-à-dire le maître des créatures, avait commencé son travail en s'échauffant. Or voici que de son tréfonds sortit une tortue. Celle-ci, mettant les choses au point, rappella qu'elle existait déjà avant lui. Le prétendu démiurge reconnaît alors sa primauté et lui confie la tâche d'organiser le cosmos (I, 23, 5) :

> *Elle puisa de l'eau dans le creux de ses deux griffes et la déposa devant elle en disant :* Tel seras-tu, Soleil ! *Le Soleil naquit ainsi, et l'est.*
>
> *Elle déposa ensuite de l'eau à sa droite, disant :* Tel seras-tu, Agni ! *Agni le Feu naquit ainsi, et le sud.*
>
> *Elle déposa ensuite de l'eau derrière elle, disant :* Tel seras-tu, Vâyou ! *Vâyou le Vent naquit ainsi et l'orient.*
>
> *Elle déposa encore de l'eau à sa gauche, disant :* Tel seras-tu, Indra ! *Indra le Roi naquit ainsi, et le nord.*
>
> *Elle déposa ensuite de l'eau sous elle, disant :*

Tel seras-tu Poushan ! *Poushan le Riche naquit ainsi, et le nadir.*

Elle déposa enfin de l'eau au-dessus d'elle, disant : Tels serez-vous, les Dieux ! *Les Dieux naquirent ainsi, et les hommes, les mânes, les Gandharvas, les Apsarâs et le zénith...*

Après avoir disposé les mondes, disposé les êtres, disposé les directions de l'espace, Prajâpati vint s'installer en chaque âme grâce à son âme propre.

Dans ce grandiose basculement mythologique se devine déjà l'immense futur religieux de l'Inde. La période des *Aranyakas* se termine avec la grande explosion des *Oupanishads.* Il serait fort imprudent de situer ces textes dans un temps et un espace précis. Les hommes des forêts qui les composèrent étaient des philosophes visionnaires. L'auteur du texte que nous venons de citer, Arouna-Kétou, ou « Empreinte-de-la-tortue Aurore » appartenait au groupe des soixante-dix-sept poètes « tortueux ». Ces brâhmanes qui laissaient le soin des sacrifices à quelques subalternes pour se livrer à d'audacieuses spéculations sur les rituels, voyaient dans le cosmos un tout, organisé selon une loi universelle, le *rita* (qui deviendra plus tard le *dharma*). La tortue, avec sa tête, sa queue et ses quatre griffes qui dépassent de sa carapace, était pour eux l'image de l'espace tridimensionnel distribué autour d'un centre fixe selon six directions : l'est, le sud, l'ouest, le nord, le nadir et le zénith.

Pour le poète de l'*Aryanaka*, la tortue emprisonnée

dans l'enceinte du foyer sacrificiel est donc située au centre créateur de toutes les directions. Chacune d'elles est vouée à la protection d'une divinité particulière selon ce schéma qui représente différents acteurs du cosmos.

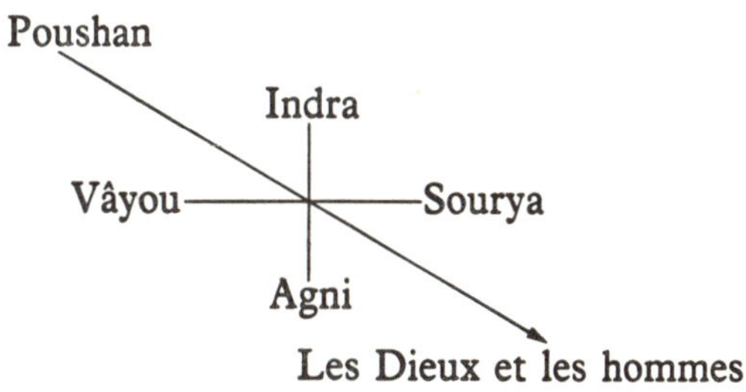

Ce diagramme montre Sourya, le Soleil, Agni, le Feu sacrificiel, Vâyou, le Souffle atmosphérique, Indra, le Roi divin, Poushan, qui préside à la prospérité, et, enfin, au zénith, la société des hommes et des habitants du Ciel. Les partenaires cosmiques gravitent donc autour d'un centre caché qui leur donne et leur identité et leur complémentarité : ce centre invisible est appelé Prajâpati, c'est-à-dire le *brahman* ou le *pourousha*, concepts clés de la pensée oupanishadique.

L'attribution de telle direction à telle divinité diffère d'un texte à l'autre : plusieurs hymnes des *Védas* proposent d'autres variantes. Par exemple l'hymne XII, 3 de l'*Atharvavéda* :

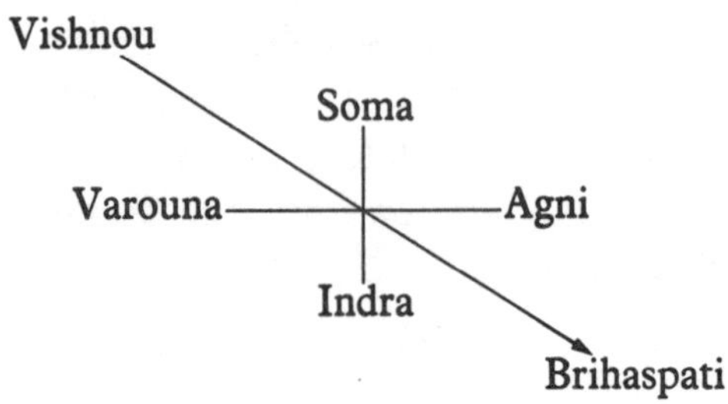

Les divinités changent ainsi de nom ou de place selon le choix du centre : le poète de l'*Aranyaka* y plaçait la tortue en tant que créatrice et organisatrice du cosmos ; celui de l'*Atharvavéda* s'y plaçait lui-même en tant que quémandeur, auprès des Dieux, de bonne santé et de longue vie.

Les Dieux sont des acteurs qui jouent tel ou tel personnage selon les besoins des hommes. Mais ils jouent également un rôle particulier dans le cosmos, comme chaque caste occupe une fonction dans la société des hommes. Dans la tradition purement védique, Indra remplit la fonction souveraine. Roi par excellence, il est le prototype des rois humains qui l'implorent pour obtenir la victoire dans leurs guerres. Il est aussi la mousson qui libère les eaux du ciel pour fertiliser périodiquement la terre, celui qui élimine le dragon de la sécheresse à l'aide de son arme favorite, la foudre et l'éclair. Il parcourt l'atmosphère porté sur les ailes de Vâyou le Vent, comme les nuages de mousson que l'on compare à des éléphants et qui sont les montures d'Indra. Indra et Vâyou sont les deux principaux consommateurs de *soma*, l'eau-de-vie, sans doute hallucinogène, préparée par les brâhmanes pour leur redonner vigueur. Le sacrificateur peut ainsi penser que les Dieux mêmes sont à sa merci et sous sa dépendance.

Dans la *Chândogya Oupanishad*, Indra n'est plus le patron du nord, mais celui de l'est. En ajoutant les quatre nouvelles divinités pour présider aux quatre directions intermédiaires on obtient une rose des vents complète :

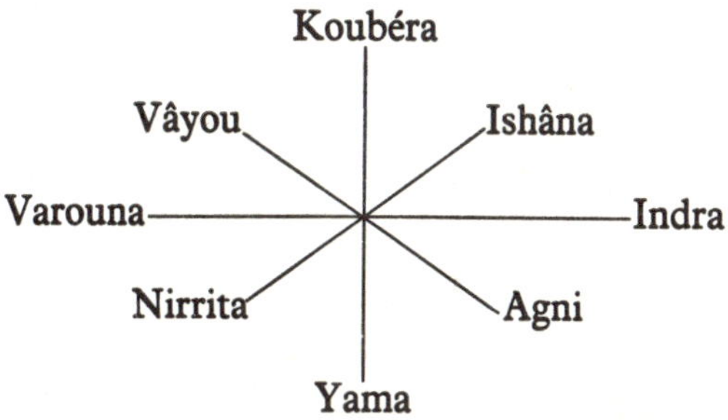

La multiplication de ces divinités que l'on peut qualifier d'« alternatives » dans la *Chândogya Oupanishad* traduit une modification fondamentale dans la mythologie védique : le principe qui maintient le cosmos dans l'existence n'est plus le feu du sacrifice ni l'ardeur de l'ascète, mais la concentration du philosophe. La *Kéna Oupanishad* raconte le surgissement de cette nouvelle échelle de valeurs.

En ces temps-là, les Dieux s'accordaient le crédit d'une victoire qu'ils venaient de remporter. Or voici qu'un être étrange et inconnu d'eux se présente. On lui envoie d'abord Agni, qui demande son nom à l'étranger. Ce dernier répond par une question : « Qui es-tu, toi, et quelle est ta puissance ? — Je suis le Feu qui peut tout consumer. — Eh bien, brûle ce brin de paille ! » Agni déploie toutes ses ardeurs en vain, et s'en retourne déconfit. Les Dieux envoient Vâyou. Le même scénario se déroule : le Dieu du Vent est incapable de soulever le brin de paille. Les Dieux chargent alors le roi Indra de mener l'enquête. Il va, mais au lieu de l'inconnu, il rencontre une créature lumineuse, Oumâ, qui règne sur les pentes neigeuses de l'Himalaya. La belle lui révèle que c'est au *brahman* seul que les Dieux doivent leur victoire : Indra reconnaît sa fausse prétention et s'incline.

A la fin de l'*Oupanishad*, la hiérarchie des Dieux ne dépend plus de leurs fonctions mais de leur proximité avec le *brahman*, c'est-à-dire selon qu'ils ont plus ou moins découvert que le Soi, l'*âtman*, est au cœur de tout être. Au-delà du visible et de l'invisible, il est le pur regard. Selon ce nouvel ordre, la primauté sur tous les Dieux revient à Oumâ, la pure énergie féminine du Dieu personnel que le Nouveau Testament indou va placer au centre de la mythologie.

***

On considère généralement la *Bhagavad Gîtâ* comme la dernière et la plus grande des *Oupanishads*. Le mystère royal qu'elle révèle est simple. Le *brahman* impersonnel des *Oupanishads*, leur « ça » au neutre, se révèle être un « je ». La petite tortue des temps védiques trouve ainsi son orientation définitive (II, 58) :

> *Telle une tortue rentrant ses membres sous sa carapace, celui qui rétracte ses sens des objets sensibles parvient au savoir absolu.*

Ce « savoir absolu » est le dévoilement que, quels que soient nos actes, seul le « je » divin qui est en chacun agit. Si bien que les différentes directions indiquées par les griffes sorties de la tortue védique ne convergent plus en une unité essentielle, comme des forces cosmiques qui se rediluueraient dans leur océan original, mais au contraire se multiplient à nouveau, selon les « je » des hommes et les « je » de Dieu.

La *Gîtâ*, qui est un court chapitre de l'immense *Mahâbhârata*, engrange les moissons védiques en les humanisant radicalement. Désormais, ce ne sont plus des Dieux qui sont situés sur les quatre points du diagramme de la tortue, ce sont des hommes, les cinq Pândavas, qui non seulement sont frères, mais qui assument ouvertement les héritages des anciens Dieux :

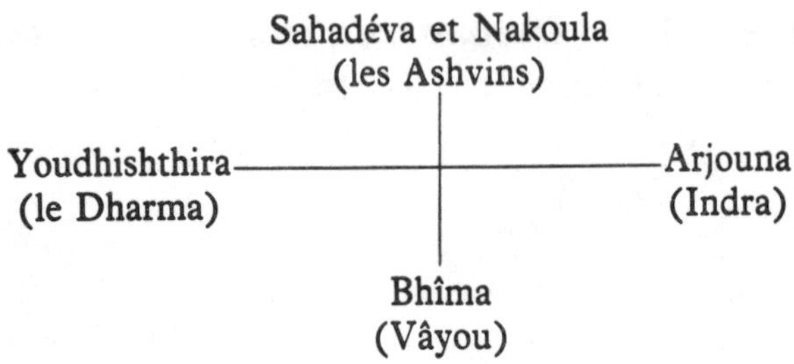

La complémentarité des cinq frères, dont deux sont jumeaux, est amplifiée par le fait qu'ils sont mariés à la même femme, Draupadî, elle-même incarnation de la Déesse Shrî, et fille d'Agni, le feu sacrificiel. Comme leurs correspondants védiques, les Pândavas gravitent autour d'un centre unique, mais ce centre n'est plus le sacrifice : c'est l'énergie féminine du Dieu personnel.

La *Gîtâ* assume donc un héritage tout en y substituant des valeurs nouvelles. Les Dieux n'habitent plus les empyrées, ils sont sur terre, parmi les hommes ; ils se mêlent à leur histoire et en deviennent même les instruments. On sait que le *Mahâbhârata* raconte l'histoire de la grande bataille qui oppose les frères Pândavas à leurs cousins les Kauravas qui se sont emparés de leur trône. Mais cette querelle n'est pas une guerre de succession dynastique comme en connaissaient tous les petits royaumes indous de l'époque. Son enjeu est cosmique puisque son issue va modifier le futur de l'humanité et la faire entrer dans un nouvel âge. Et cette bataille se livre sur la terre des Kourous, c'est-à-dire, selon le *Shatapatha Brâhmana* (XIV, 1, 1) sur le lieu par excellence du sacrifice védique. Comme l'annonce le premier vers de la *Gîtâ*,

Sur la terre des Kourous, sur la terre du destin,
rassemblés, impatients d'en découdre,
mes gens et ceux des Pândavas,
que firent-ils, ô poète ?

Tout est dit dans ce premier vers. A la loi, *rita*, qui gouverne le sacrifice succède en l'englobant la loi, *dharma*, qui commande les destinées humaines, fixe les fonctions et devoirs des castes, et prédétermine tous les combats de libération. Cette nouvelle loi est l'expression du bon plaisir d'un « je » divin qui agit à travers l'agir de l'homme et d'abord dans son acte d'amour.

On peut représenter les quatre voies de libération ouvertes à l'homme par le nouveau *dharma* selon ce schéma :

bhakti
|
jnâna ———— yoga ———— karma
|
tyâga

Mais pour que le « je » divin soit reconnu par l'homme comme l'agent de son action *(karma)*, le connaisseur de sa connaissance *(jnâna)*, le renonçant de son renoncement *(tyâga)* ou l'amant de son amour *(bhakti)*, il faut que tous ses actes soient fermement sous le contrôle *(yoga)* de sa volonté, ce qu'il ne peut accomplir que par la grâce *(prasâda)* de Dieu. Ainsi, selon la *Gîtâ*, toutes les voies libératoires impliquent du *yoga* et, d'une certaine façon, de la *bhakti*, c'est-à-dire un recours à la grâce d'un Dieu personnel.

***

Doit-on accorder aux religions de l'Inde l'étiquette du polythéisme ou celle du monothéisme ? Le débat n'est pas clos. La foule des pèlerins en marche vers Jéjouri, ou les cohortes chantantes des pèlerins de Pandharpour donnent l'impression de vénérer un Dieu unique. Lorsque l'on découvre dans les champs une multitude de pierres dressées attestant la présence bienveillante ou maléfique d'innombrables divinités, on serait tenté au contraire d'affirmer que les paysans de la terre des Bhâratas évoluent dans la jungle d'un polythéisme exubérant. Mais lorsque l'on est invité par quelque ami à s'approcher de l'autel familial devant lequel il adresse ses prières quotidiennes aux divinités protectrices de son foyer, on se demande si les étiquettes que l'on a apportées des supermarchés occidentaux de la religion peuvent s'appliquer aux produits locaux.

Dans bien des maisons indiennes, on voit dans la cuisine ou quelque lieu à l'écart cinq statuettes disposées sur un petit plateau de bois de forme carrée. Leur emplacement reproduit le diagramme de la tortue, appelé ici le *panchâyatana*, ou autel des cinq. Selon les familles, les divinités représentées sur le plateau varient.

Au Mahârâshtra, on trouve souvent le suivant :

	Mârouti	
Khandobâ —	Dévi	— Vithobâ
	Ganpati	

Mârouti est le nom marathe d'Hanoumân, fils de Vâyou le Vent et allié fidèle de Râma-le-Roi ; Khandobâ est la forme de Shiva qu'on adore à Jéjouri, et Vithobâ la forme de Vishnou qu'on vénère à Pandharpour ; Ganpati est le nom marathe de Ganésha, le plus populaire des Dieux du Mahârâshtra ; la Dévi peut être une des grandes Déesses de la région, soit Touljâ-Bhavânî de Touljâpour, soit Mahâlakshmî de Kolhâpour.

Le pays tamoul propose un autre diagramme, de même que le Bengale ou le Panjâb. Le nom des divinités diffère d'un pays au pays voisin, mais aussi, d'une certaine façon, l'idée qu'on s'en fait. Le Vithobâ de Pandharpour est un Krishna, mais ce n'est pas exactement le même que celui de la région de Mathoura ou que le Jagannâth de Pouri en Orissa. La Dourgâ du Bengale n'est pas la même que celle du Rajasthan, etc. A en juger par sa principale fête liturgique, chaque pays de l'Inde s'est choisi une divinité favorite, Dourgâ au Bengale par exemple, ou Ganpati au pays marathe.

On a souvent dit que l'Inde reconnaissait trois Dieux : Brahmâ, Vishnou et Shiva. Cela n'est pas faux, mais c'est une vue de l'esprit, et particulièrement de l'esprit brâhmanique. Cette triade, ou trinité, ignore certaines des divinités les plus importantes dans la pratique religieuse des indous, comme la Déesse, ou encore le Ganpati marathe ou le Soubrahmanya tamoul. Les *panchâyatana* qui réunissent sur le même socle les cinq divinités constituent un ensemble plus conforme à la réalité des rituels et de la liturgie.

Plutôt que de s'efforcer de placer la mythologie sous des étiquettes qui n'ont pas été conçues pour elle, il faudrait donc parler non pas de monothéisme ou de polythéisme, mais de monothéisme alternatif. L'un des premiers indianistes français, le colonel Polier, avait dès le XVIIIe siècle noté cette aporie : « C'est fort improprement que les Européens traduisent le mot *Deiotas* par celui de Dieux, car ni dans les idées que s'en forment les Brames, ni même dans celles qu'en donnent les fables, il n'en est aucune qui ressemble à celle que les uns ou les autres se forment de la divinité. Ainsi il me semble que c'est à tort qu'on les accuse d'être politheistes. » Et le colonel ajoute : « Comme la plupart des Européens, j'ai cru jusqu'ici les Indous politheistes, et je vois cependant que la première base de leur mythologie est un Être invisible, éternel, suprême source de tout. »

Le colonel avait raison. Si l'on interroge l'un de ces

innombrables paysans qui vont à Pandharpour pour accomplir leur pèlerinage annuel, il répondra que Vithobâ est la forme qu'a prise le Dieu absolu et inconnaissable pour se faire connaître et aimer de lui, paysan marathe. Si on l'interroge à l'occasion de la grande fête de Pouné, pendant qu'il fait la tournée des reposoirs de Ganpati, il expliquera que le Dieu à tête d'éléphant est la forme que ce même Être invisible et tout-puissant prend pour écarter les obstacles qui pourraient compromettre les entreprises de ses fidèles. Si enfin on va visiter ce paysan dans son village, il vous introduira auprès de la Déesse tutélaire de ce lieu, représentée le plus souvent par une stèle montrant son combat contre le démon-buffle.

Dieu prend la forme que ses adorateurs attendent ; ce sont leurs besoins, leurs désirs, leur amour qui lui donnent tel nom, tel aspect. Le sanskrit a, pour qualifier cette nature de Dieu, un terme particulier, *ishta-dévata*, ou Dieu de prédilection. L'amoureuse choisit Krishna, l'homme d'affaires Lakshmî, l'homme de guerre Dourgâ, l'athlète Mârouti, le poète Ganpati, etc. Mais l'homme choisit son Dieu non pas au gré du hasard ou selon sa fantaisie. Chacun rencontre le Dieu qui correspond à sa nature propre. Il y a entre Dieu et l'homme des « connaturalités » spécifiques.

Ce chacun, en Inde, doit s'entendre de l'individu non pas dans sa singularité, mais dans son appartenance à telle ou telle caste. Ainsi l'ensemble des divinités alternatives constitue comme un système de castes, encore qu'il serait fort imprudent d'assimiler tel Dieu à telle caste. Si Krishna est généralement le Dieu des vachers, son audience dépasse infiniment cette caste. Il reste que les Dieux ont, d'une certaine façon, une caste puisque leurs temples sont desservis par des prêtres appartenant à cette caste : ainsi ceux de la Déesse Touljâ-Bhavânî sont de la caste des paysans-guerriers, les Marathes, ceux de la Déesse Mariâî sont de la caste des éboueurs intouchables, les Mahârs. Contrairement à l'idée qu'on s'en fait souvent en Europe, tous les temples ne sont pas desservis par des brâhmanes : il existe même, au Mahârâshtra, une caste non brâhmane de desservants de temples, les Gourâv, assimilée sur le plan du statut à la caste des paysans marathes : ils assurent le service de nombreux temples, dont les plus grands.

Ce n'est pas un hasard si le pays des divinités alternatives est aussi celui des castes, puisque chacune de ces dernières jouit du privilège d'avoir ses Dieux propres. Une mentalité polythéiste aurait conduit la société indienne à un morcellement anarchique, une mentalité monothéiste pure aurait provoqué d'incessantes guerres de religion ; le monothéisme alternatif permet à la société indienne de souder solidement les groupes culturels infiniment divers qui la constituent.

Grâce à lui, tout au long des siècles, ce vaste continent est devenu une terre d'asile. On ne demandait pas aux nouveaux venus de renoncer à leur identité ou à leurs Dieux, mais seulement de respecter celle et ceux des autres. Ainsi, des chrétiens de la première génération, persécutés par les juifs de Palestine, débarquèrent au Kérala vers l'an 52 de notre ère, conduits, selon la tradition, par l'apôtre Thomas ; ils y sont toujours et s'appellent encore les Nazranis, ou disciples du Nazaréen, dont ils continuent à pratiquer la langue, l'araméen, dans leurs liturgies. Peu après, ce fut au tour des juifs, persécutés par les Romains, d'arriver sur les plages hospitalières des environs de Bombay ; ils y sont toujours, connus sous le nom de Béné-Israël, célébrant leurs fêtes hébraïques. Au VIIe siècle, des Perses, persécutés dans leur pays par les musulmans, abordèrent les côtes des environs de Surate. Leurs descendants y forment aujourd'hui la caste des Parsis, qui observe avec fidélité les enseignements de Zarathoustra. Les musulmans bénéficièrent à leur tour du respect indien pour les croyances des autres : les chiites, persécutés par les sunnites, établirent en Inde des zones d'asile autour des ermitages de leurs soufis. Cette longue tradition n'est pas close : les Tibétains persécutés par les Chinois ont établi leurs monastères autour du Dalaï Lama.

Parallèlement à cet esprit de tolérance engendré par le monothéisme alternatif, se développe un esprit de rébellion contre toute tentative de totalitarisme religieux ou politique. Si une caste décidait d'imposer ses croyances et ses Dieux aux autres castes, c'est-à-dire si elle basculait d'un monothéisme alternatif dans un monothéisme exclusif, elle susciterait de la part des autres castes une réaction de résistance et même de rejet.

LES GRANDS MYTHES DE L'INDE

Pour entrer dans l'univers mythologique de l'Inde, le plus sûr est encore de suivre les empreintes de la tortue et de les laisser nous conduire jusqu'aux grandes figures qui dominent l'espace de la terre des Bhâratas : Krishna le bouvier noir, Râma le roi chevalier, Lakshmî ou Dourgâ l'énergie divine, Shiva l'ascète, Ganésha l'inspirateur, ou Hanoumân l'athlète.

PREMIÈRE ÉTAPE

Krishna
ou
Dieu fait noir

J'ai rencontré Krishna chez lui, à Pandharpour. C'était un privilège : son temple était alors interdit aux intouchables et aux étrangers. L'hôte qui me logeait appartenait à une des familles brâhmanes desservant ce sanctuaire. C'était un homme jeune, passionné de sport : je ne l'étais pas moins. Cet intérêt commun nous rapprocha. Une nuit, il me réveilla pour me faire visiter clandestinement le bâtiment sacré, jusqu'au saint des saints, jusqu'à l'effigie vers laquelle chaque année des milliers de pèlerins convergent de tout le pays marathe.

La statue était dépouillée de ses parures ; j'eus tout le loisir de l'observer avec ma lampe de poche. Ce n'était pas une œuvre d'art. Son granit semblait avoir essuyé les injures d'anciennes moussons. Elle montrait Krishna debout, mains aux hanches, dans une position de défi, ou d'attente : une légère dépression, dans son dos, signalait l'emplacement de sa flûte. Son petit sexe d'adolescent était apparent. Ses oreilles, distendues par d'étranges boucles en forme de poisson, lui touchaient les épaules.

Des générations de poètes ont chanté Krishna avec

des yeux illuminés par l'amour. Parmi eux Toukârâm, le plus grand peut-être. Ce paysan illettré connaissait les milliers de poèmes composés par ses prédécesseurs. Un jour, il commença à chanter ses propres poèmes. Il eut à son tour des disciples, et même quelques brâhmanes qui notèrent ses psaumes. Après sa mort en 1650, après son ascension au ciel de Vishnou selon la tradition, les pèlerins se transmirent ses chants d'amour. Je devins l'un d'eux, pour quelques jours inoubliables.

D'un enfant gracile et nu
mon Dieu sombre prit le visage.

Parmi ses vaches et leurs gardiennes
Il a visité Poundalik.
Ah, nudité radieuse !

Les mains posées sur les hanches,
naïf et silencieux, debout,
il attend notre amour.

Il ignore toute feinte,
debout sur sa brique, les pieds joints,
les mains aux hanches, tout simple.

Pour nourriture, du riz et du caillé,
sur son épaule un étui pour sa flûte,
dans sa main, le gourdin du bouvier.

La rivière « Croissant-de-Lune » accueille
sur son sable ses jeux d'amour.

Son regard immobile contemple
les eaux qui s'écoulent au midi.

Il fit promesse à Poundalik
de passer sur sa barque les destitués.

Habitant en Paradis,
il demeure aussi parmi les siens.
(*Toukârâm*, XIV.)

Tout mythe est l'expression de l'expérience spirituelle d'une communauté ou d'une société. Aucun mythe n'est sorti tout fait de l'imagination affabulatrice d'un seul poète. La descente, ou *avatâr*, de Krishna en ce lieu précis du Mahârâshtra, sur les bords du fleuve Bhîmâ, n'est ni une pieuse légende ni un événement historique ; c'est un mythe, c'est-à-dire une certitude intérieure. La preuve concrète que Krishna intervient personnellement dans les destinées humaines si les circonstances l'exigent.

Pour les pèlerins qui marchent sur la route de Pandharpour, Krishna a plusieurs visages. Leur Dieu est un enfant noir et nu, au corps bien découplé d'athlète adolescent. C'est un jeune bouvier soucieux de protéger son troupeau contre tous les prédateurs visibles et invisibles. C'est un gamin espiègle qui aime à lutiner les bouvières qu'il a séduites par les mélodies ensorcellantes de sa flûte. C'est encore un Dieu qui a quitté son ciel pour combler le brigand Poundalik de ses faveurs.

Brigand de grands chemins, Poundalik écumait les

routes caravanières qui traversaient les forêts et les jungles du plateau du Dekkan. Entre les royaumes industrieux et commerçants du sud de l'Inde et les cours fastueuses du nord, les immenses convois de bœufs de trait, auxquels les indianistes français du XVIIIe siècle donnaient le joli nom de « boyades », assuraient la prospérité du pays. Poundalik s'établit sur les bords du fleuve Bhîmâ, là où les caravanes passaient à gué. Il vivait dans une hutte dissimulée dans la jungle, avec ses vieux parents dont il assurait à contrecœur la subsistance. Un jour, ceux-ci exprimèrent le désir d'aller se plonger dans les eaux sacrées du Gange, à Bénarès, avant de mourir. Le brigand, espérant élargir ses activités, accéda à leur désir. Il grimpa sur son âne, laissant ses parents trottiner derrière lui sur la route.

Alors que le jour tombait, ils arrivèrent près d'un temple perdu dans la jungle. Les temples sont toujours des mines de richesses car les fidèles offrent aux statues des bijoux et de coûteuses étoffes, de l'argent ou de l'or. Mais la nuit, les temples sont vides de leurs desservants et de leurs visiteurs. Poundalik n'eut donc pas de peine à fracturer la porte et à vider les troncs et les coffres à parures de la divinité.

En ressortant avec son précieux baluchon, il passa entre les deux statues sculptées sur les linteaux du porche : l'une représentait la Gangâ et l'autre la Yamounâ. Le brigand vit que toutes deux pleuraient ! Bouleversé par ces larmes, il restitua son butin et revint songeur sur la route, près de ses parents. Le lendemain, il leur offrit son âne pour continuer le voyage. Après quelques centaines de lieues, l'animal rendit l'âme. Poundalik fabriqua une balance de porte-faix, fit asseoir ses parents sur les plateaux, chargea le balancier sur ses épaules et parvint ainsi à Bénarès.

Quand il revint dans sa cahute, Poundalik était un autre homme. Plus de rapines ; il prêtait ses muscles aux caravaniers en difficulté au passage du gué et vivait de leur générosité. Ses gains servaient d'abord à assurer le bien-être de ses parents. Chaque matin, il les installait sur une planche de bois et célébrait en leur honneur une longue *poujâ*, comme s'ils étaient des divinités, en leur offrant des fleurs et des fruits, en balançant un plateau de lumières et en leur donnant des ablutions.

Quand Krishna apprit ce singulier amour filial, il voulut en être témoin. Il descendit de son ciel et cogna à la porte du brigand converti. « C'est moi, Krishna, ouvre-moi. » Poundalik, tout à sa *poujâ*, ramassa une brique et la jeta par-dessus la porte pour que le Dieu puisse s'y reposer en attendant la fin de la cérémonie. Quand enfin il ouvrit la porte, il vit, devant le seuil, Krishna, debout sur la brique. Et comme dans la langue kannada, que l'on parlait dans cette région, brique se dit *vitha*, on lui donna le nom de Viththal, « celui-qui-est-debout-sur-une-brique ». Les Marathes le traduisirent en Vithobâ, lorsque la région de Pandharpour devint partie de la zone linguistique du marathe, vers le XVe siècle.

Les grands textes classiques de la tradition krishanaïte ne mentionnent ni l'histoire de Poundalik ni le nom de Viththal. Pourtant, depuis plusieurs siècles, des millions de pèlerins marathes la répètent inlassablement dans leur cœur ,et s'ils continuent à se rendre en si grand nombre à Pandharpour aujourd'hui, c'est parce que jadis Krishna, attiré par l'amour filial de Poundalik, y descendit en personne. Jour après jour, ils chantent ce refrain de Toukârâm :

Chantons dans nos chants Viththal,
plaçons dans nos pensées Viththal,
contemplons Viththal debout sur sa brique.

Amis des sans-amis,
fleuve de grâce,
il brise nos entraves et notre mort.

Je me suis saisi du nom de Viththal :
le bonheur m'a pénétré,
ma bouche s'est emplie de douceur.
(*Toukârâm*, XVII.)

Quelle que soit leur caste, les paysans marathes sont assurés que Krishna les sauvera, de même qu'il sauva Poundalik le brigand.

***

Les pèlerins de Pandharpour chantent le nom de Krishna le Sauveur en se remémorant l'histoire de Poundalik ou celle d'autres saints. La route dont ils foulent la poussière a été bénie, au cours des âges, par les pieds d'innombrables « saints » qui y ont obtenu le salut. « Salut » et « saint » ne sont pas des mots que nous empruntons à la tradition chrétienne pour traduire plus ou moins exactement des mots de la tradition indienne, comme nous y sommes souvent contraints, mais des mots du vocabulaire technique de la religion de *bhakti* enseignée par la *Bhagavad Gîtâ*. Ainsi, déjà dans la *Bhagavad Gîtâ* (III-13) :

Les saints qui se nourrissent des restes du sacrifice,
offert pour les Dieux, se libèrent de toutes fautes.

Le *santa* désigne ici celui qui s'est libéré de tout attachement à ses sens par le *yoga* ; pour les mouvements dévotionnels qui se sont développés à partir du XIIe siècle jusqu'à nos jours, le « saint » est celui qui a été libéré par la grâce de Dieu du cycle infernal des renaissances et des remorts, celui qui a été sauvé. Ce sont donc les intouchables et les membres des basses castes qui ressentent avec le plus d'urgence le besoin d'être libérés de ce cycle. Sur la route du pèlerinage, les paysans, les artisans, les petits échoppiers, les intouchables sont beaucoup plus nombreux que les brâhmanes.

Parmi les « saints » qui ont reçu la grâce de Krishna et par lui le don de poésie, Toukârâm, le plus grand, était, selon ses propres paroles, « un vil *shoudra* ». Nâmdev, l'un des poètes fondateurs du pèlerinage, était un tailleur ; Gora, un potier ; Sénâ, un barbier ;

Sâmvatâ, un jardinier et Cokhâmélâ, un intouchable. Un dicton marathe veut que toute caste compte au moins un grand poète. On en trouve aussi parmi les brâhmanes : le grand Jnândev, considéré comme le premier inspirateur du pèlerinage et qui traduisit et commenta la *Bhagavad Gîtâ* en marathe vers les années 1300, mais c'était, selon la tradition, un brâhmane excommunié ; un autre, Eknâth, traduisit et commenta en marathe le onzième chant du *Bhagavata Pourâna*, vers les années 1570.

Les textes sanskrits étaient jusque-là revendiqués par les brâhmanes comme leur propriété exclusive. Désormais, les Marathes de toutes castes pouvaient se passer de leur intermédiaire et entrer directement en relation avec Dieu. La langue qu'ils parlaient était devenue sacrée. Dieu s'était rapproché des hommes et son visage s'était transformé. On appela *avatâr* cette descente de Dieu dans le monde des hommes. Krishna fut, semble-t-il, le premier à bénéficier de cette révolution.

***

Qui était Krishna pour le ou les poètes de la *Gîtâ* et du *Mahâbhârata* ? Paradoxalement, ce n'est pas dans ces textes qu'il faut chercher une réponse, mais dans le *Harivamsha*, que l'on considère souvent comme un complément du *Mahâbhârata*. Nous suivrons cette tradition sans nous préoccuper de résoudre l'insoluble problème des dates respectives de ces trois textes.

Pour les pèlerins, en effet, le Krishna qui révèle à Arjouna la doctrine révolutionnaire de la *Bhagavad Gîtâ*, celui qui aide Arjoun et ses frères, les Pândavas, à gagner la grande guerre cosmique du *Mahâbhârata* est aussi celui dont le *Harivamsha* chante les enfances.

Ce texte les situe dans les camps de transhumance des bouviers qui faisaient paître leurs troupeaux dans les forêts des environs de Mathoura. Il mentionne rarement les brâhmanes : le seul prince qu'il évoque est celui de Mathoura, Kamsa, un démon incarné. En fait, tout se passe comme si Krishna n'était venu sur terre que pour délivrer les troupeaux et leurs bouviers d'une multitude de démons qui les tourmentaient. Le jeune Dieu revendique d'ailleurs sans cesse, pour lui et pour son frère aîné, Balarâma, l'appartenance à la caste des bouviers.

> *Ces deux enfants au doux visage faisaient paître d'immenses troupeaux de vaches dans les forêts couvertes d'un riche fourrage.*
>
> *Leur teint, respectivement doré et noir, leur donnait un aspect éclatant; chacun portait des vêtements de la couleur de l'autre : on eut dit deux nuages, l'un blanc et l'autre noir, réunis par un arc-en-ciel.*
>
> *Tous deux arboraient des habits silvestres, et se confectionnaient en marchant dans les forêts de jolies parures d'oreilles avec des fleurs et des brins d'herbe.*
>
> *Ils célébraient la colline du Govardhan et se*

livraient à tous les jeux rustiques de leurs compagnons bouviers où ils étaient invincibles.

Accomplissant leur vocation humaine, honorés par les Dieux, ils se livraient dans la forêt aux jeux propres à leur caste.

(*Harivamsha*, LVIII, 2-8.)

Parmi ces jeux, le *Harivamsha* cite surtout les luttes, des courses de taureaux où les jeunes bouviers du corral rivalisaient de force et d'adresse. Une fois, cependant, ces jeux prirent une tournure artistique et érotique, lorsque, après l'épisode du soulèvement du mont Govardhan, les bouviers célébrèrent une grande fête à laquelle les bouvières participèrent avec enthousiasme. Pour remercier Krishna de les avoir sauvés du déluge, tous les habitants du corral décidèrent de l'honorer comme un Dieu. Mais Krishna les en dissuada :

Ce n'est pas ainsi, ô bouviers intrépides, qu'il faut m'honorer : je suis de votre caste, je suis votre parent !...

Il rassembla, la nuit, les jeunes bouvières, et, fier de sa jeune virilité, il les lutina.

Les charmantes épouses des bouviers ne pouvaient détacher dans la nuit leurs yeux de son charmant visage : elles s'y désaltéraient comme à un nectar de lune.

Éblouissant de soie jaune teintée à l'orpiment, Krishna les affolait de son charme.

Avec sa couronne, ses bracelets et ses colliers de fleurs sauvages, le bouvier divin éclaboussait de sa beauté tout le corral.

Les bouvières, qui avaient vu de leurs yeux son extraordinaire exploit [de soulever la montagne], comblaient de leurs faveurs leur héros ceint de sa corde.

Elles le pressaient, ces femmes ardentes, contre leurs seins opulents, le dévoraient de leurs yeux égarés.

Pères, mères et frères les retenaient en vain : elles couraient toutes, dans la nuit, emportées par leur passion, vers Krishna.

Rangées en cercle autour de lui, les jeunes bouvières prenaient leur plaisir à chanter deux à deux ses hauts faits.

(*Harivamsha*, LXIII, 11-25.)

Cette danse extatique, le *Ras Lilâ*, ou « jeu de la jouissance », se déroula sous la pleine lune d'automne, au mois d'*âshvina*. Et depuis quelque deux mille ans, si l'on en croit la datation accordée au *Harivamsha* par André Couture, cette célébration constitue l'un des plus grands moments de la liturgie krishnaïte. C'est au Rajasthan, à Nâthdvara près d'Oudaïpour, qu'elle se déroule chaque année avec le plus de faste.

***

L'un des poètes de langue braj (une variante du

hindi), Sourdâs, dont les hymnes sont intégrés dans la liturgie du temple de Nâthdvara, au Rajasthan, a longuement décrit la danse extatique des *gopi*, les bouvières de la forêt de Vrindâvan, sur les bords de la Yamounâ :

Dans la forêt charmante de Vrindâ
toute émaillée de fraîches fleurs écloses,
le désir de jouer le râsa s'éveilla
dans le cœur du Seigneur

C'est dans cette nuit lumineuse
où la clarté s'épand sur la terre
que le désir des jeunes femmes fut comblé,

quand sur les bords délicieux de la Yamounâ
souffle joyeusement la douce brise.

C'est alors que l'amoureux de la petite Radhâ,
perdu dans la contemplation de la forêt heureuse,
posa ses lèvres sur sa flûte et la fit vibrer de tendresse

appelant tour à tour le nom de chacune des bouvières,
son désir pénétra leurs oreilles ;

et le désir en elles s'éveillant avec fureur,
une frénésie les saisit !

Le cœur plein de Krishna, toutes elles accoururent,
oubliant leurs attachements et leurs devoirs domestiques.
(*Pastorales*, 59.)

Le temple de Nâthdvara aurait été construit du

temps de Jay Singh de Jaipour au XVIIe siècle pour abriter la statue du temple de Mathoura que le Grand Mogol Aurangzeb avait décidé de détruire. L'histoire de cette statue remonte en fait plus loin. Elle aurait été découverte par Vallabha, le maître philosophe, à la suite d'une vision qu'il eut quand il méditait sur le mont Govardhan, vers les années 1500.

Vallabha fonda à Bénarès une école philosophique où l'on enseignait une doctrine appelée *siddha-dvaïta*, ou dualisme pur, préconisant une voie de *bhakti*, appelée le *poushtî-marg*, ou voie de la jouissance. Il prêchait donc un monothéisme strict au profit de Krishna qui, disait-il, aurait créé le monde visible pour y trouver sa joie.

Vallabha s'inscrit dans une école de pensée qui aurait été fondée par un certain Vishnou-swami, au XIIIe siècle, et dont un des premiers disciples aurait été le Jnândev dont nous avons déjà parlé. Cette formation commune explique peut-être la grande ressemblance qu'il y a entre les rituels du temple de Pandharpour et ceux de celui de Nâthdvara.

Dans ce mouvement de *bhakti* dirigé vers la même divinité d'élection, Krishna retrouve la structure du monothéisme alternatif. Les pèlerins du Rajasthan ne donnent pas à leur Dieu exactement le même visage que ceux du Mahârâshtra, et ils ne prennent pas tout à fait la même voie spirituelle pour l'atteindre. A Nâthdvara, Krishna est appelé Nâth, « le Seigneur ». La statue le représente bien comme un jeune bouvier « noir », mais il n'est pas en position d'attente debout sur une brique comme à Pandharpour. Il soutient de son bras gauche le mont Govardhan, épisode qui est rapporté avec beaucoup d'emphase dans le *Harivamsha.*

La mousson vient de finir. Dans la forêt, les vaches broutent l'herbe nouvelle et donnent un lait abondant. Comme de coutume, les bouviers se préparent à célébrer les sept jours de la grande liturgie d'Indra, le roi védique des dieux et le maître de la pluie. A la fin de la mousson, « tous les rois sont remplis de joie et honorent par de grandes fêtes Indra, le roi des dieux, et nous faisons de même », explique un vieux bouvier à Krishna qui lui demande la raison de cette célébration. « C'est une grave erreur, répond Krishna : chaque caste doit fêter la divinité qui lui donne sa nourriture : les rois, Indra ; les brâhmanes, le sacrifice védique ; les paysans, leurs sillons. Mais nous, nous sommes des bouviers, des coureurs des bois : nous vivons du produit de nos troupeaux ; ce sont donc les vaches, les forêts et les montagnes où elles paissent que nous devons honorer, et non Indra ! »

Les bouviers, acceptant avec enthousiasme la proposition de Krishna, font venir des brâhmanes pour offrir un sacrifice à la montagne, qui se termine par un holocauste de buffles. Mais pendant le sacrifice, Krishna a pris la forme de la montagne ; il dévore les offrandes. Puis les bouviers montent vers lui, selon leur ordre de préséance, pour lui exprimer leur allégeance. Le Dieu leur dit alors :

Désormais, si vous aimez vos vaches, c'est à moi que vous adresserez vos hommages.

Je suis pour vous le premier des Dieux ; j'exaucerai tous vos désirs et vous serai bienveillant. Par ma puissance, vous jouirez de milliers de vaches !

Je vous comblerai de mes faveurs si vous me manifestez votre amour en toute forêt. Je prendrai mon plaisir parmi vous comme au ciel.

(*Harivamsha*, LX, 24-26.)

Les bouviers procèdent ensuite à la lustration et à la décoration de leurs troupeaux et, dans la liesse générale, les mènent en procession autour de la montagne.

Indra, qui assiste à la scène dans son ciel, en est fort marri, et décide de punir le peuple des bouviers et surtout leurs vaches blasphématoires. Il rameute son éléphanterie de nuages de pluie, puis fond comme un déluge sur le corral des révoltés. Bêtes et gens périssent par milliers, si bien que les bouviers croient que le déluge annonçant la fin du monde a commencé.

C'est alors que Krishna, pour sauver son peuple, déracine la montagne et la brandit comme un immense parapluie. Les bouviers et leurs troupeaux se réfugient dans cette caverne miraculeuse. Indra tonne sept jours, avant de s'apercevoir de l'inutilité de ses efforts. Il fait revenir le ciel bleu, enfourche son éléphant-nuage blanc et vient lui-même rendre hommage à Krishna qui l'a vaincu :

Je t'ai reconnu, lui dit-il, sous ton habit de bouvier : pour les hommes tu es le Dieu unique, pour les Dieux le seul Éternel. (...) Je suis certes l'Indra des Dieux : tu seras toi l'Indra des vaches et les hommes te loueront éternellement sous le titre de Govinda. (...) Accepte donc l'onction royale dont je vais t'honorer. (...)

Indra prit donc les cruches pleines de lait divin et, selon les rites appropriés, il consacra Govinda.

Voyant qu'il recevait l'onction royale, les vaches, accompagnées de leurs taureaux, oignirent l'Inaltérable des flots qui coulaient de leurs pis.

Les nuages du ciel se mirent à pleuvoir de l'ambroisie pour oindre l'Inaltérable.

Les arbres des forêts suintèrent leur sève blanche comme un rayon de lune. Des fleurs tombèrent du ciel et l'on entendit de célestes musiques.

(*Harivamsha*, LXII, 19-61.)

En donnant au sacre de Krishna par Indra une ampleur cosmique, le *Harivamsha* en fait un rituel de passation de pouvoir. Désormais, les Dieux védiques sont envoyés à la retraite dans un ciel dérisoire où Indra continuera de régner comme le responsable de la mousson. Sur terre et dans le cosmos, Krishna, le Dieu unique, inaltérable et éternel, est le maître suprême, intervenant en toute liberté pour secourir les hommes et les vaches en péril.

Cette révolution au sommet se fait relativement à l'amiable : Indra sépare en deux périodes la saison des pluies dont il avait la charge, laissant les deux derniers mois à Krishna ; d'autre part, il lui annonce qu'il s'est incarné en Arjouna pour mener la grande guerre qui doit avoir lieu entre les Pândavas et les Kauravas, et lui demande son amitié et son alliance. Quand Krishna révélera la *Gîtâ*, c'est-à-dire la doctrine du nouvel âge, à Arjouna, il l'enseignera donc aussi à Indra. Ainsi les anciens Dieux védiques pourront-ils s'insérer dans le nouvel ordre mythologique.

Les nouveaux Dieux seront tous des *avatâr*, autrement dit des descentes du Dieu suprême, dans tel lieu et telle circonstance de l'histoire et de la géographie humaine. A Mathoura, Krishna prend le visage d'un enfant de bouvier. Il y était présent , peut-être dès l'époque de l'empire Koushan, aux premiers siècles de notre ère, dont Mathoura était une des capitales. C'est à cette époque que fut composé le *Harivamsha* qui prête à Krishna un caractère pastoral fort éloigné de l'image de chef de guerre que lui accordait le *Mahâbhârata*. Après le château des princes, nous voici dans les grands espaces des pâturages de jungle. Le passage de l'univers du guerrier à celui du bouvier est particulièrement sensible dans cette étonnante célébration du sacre de Krishna qui démarque les rituels de la grande fête de la Dassarâ : à cette occasion, les guerriers vénéraient leurs armes, leurs destriers et leurs éléphants, et les princes y recevaient l'allégeance de leurs sujets. Sur le mont Govardhan, au contraire, les bouviers se rassemblent selon leur ordre clanique pour renforcer des relations de solidarité de personne à personne.

Les rituels quotidiens du temple de Nâthdvara, réglés à l'origine par Viththalnâth, le fils de Vallabha, pour le temple de Mathoura, suivent symboliquement le déroulement de la vie d'un jeune bouvier : on le réveille vers cinq heures du matin au son de la conque, on le baigne et on lui donne son petit déjeuner composé de fruits et de friandises : c'est le *mangala darshan.* Une heure plus tard, on le pare plus festivement pour le *shringara darshan*, on lui présente un miroir pour qu'il s'y farde, on lui donne sa flûte et on le laisse lutiner les bouvières. Une heure plus tard, on lui redonne ses habits de pâtre et on l'envoie dans la forêt faire paître son troupeau au son du *shanaï* et des *nakkaras* : c'est le *gvala darshan.* Vers midi, on lui donne son principal repas de laitages, de légumes et de sucreries au cours du *rajbhoga darshan*, puis on lui laisse faire une courte sieste. Vers deux heures de l'après-midi, on le réveille pour l'*outthapana darshan* et on le renvoie à nouveau avec quelques provisions vers ses troupeaux. On lui porte une heure plus tard un goûter de fruits et de sucreries, après lui avoir donné une douche rafraîchissante en été ; en hiver, on lui installe un poêle pour le réchauffer : c'est le *bhoga darshan.* A la tombée du jour, on l'accueille à son retour du pâturage, à l'heure bénie de la poussière des vaches, en lui présentant les lampes allumée de l'*aratî* du soir, ou *sandhyârati.* Enfin on le baigne, on le couche en laissant à ses côtés quelques provisions pour sa nuit ; c'est le *shayana darshan.*

Pour accompagner chacun de ces huit rituels journaliers, les chantres et les pèlerins chantent les poèmes des huit grands poètes de langue braj, appelés les huit sceaux. Ce sont souvent les événements de l'enfance de Krishna qui les ont inspirés. Ainsi Sourdâs, prenant image de la poussière soulevée par les troupeaux de vaches le soir quand elles rentrent au corral, prête ses sentiments à Brahmâ, le démiurge védique :

Cette poussière soulevée par le Fils du Bouvier,
quand il va paître ses vaches de forêt en forêt,
ô Krishna, change-moi en cette poussière !

A quoi me servent mon corps de Dieu et mon trône
[exalté ?
Tout ce qui vit ne retourne-t-il pas au corps du
[Seigneur
quand il repose sur l'océan primordial ?

Ah, comme ils sont plus heureux que moi,
ces arbres, cette herbe, ces jeunes bouviers,
leurs veaux, leurs cors, leurs flûtes,

puisque le Dieu sombre vagabonde avec eux,
qu'avec eux il plaisante et boit la crème du baratté !
(*Pastorales*, 39.)

A Pandharpour, les pèlerins chantent les poèmes des saints marathes pour accompagner la liturgie du temple. Pour Toukârâm, la poussière est celle que soulèvent les pieds des pèlerins en marche. Elle symbolise la montée de l'homme vers son Dieu unique :

Que je sois, Seigneur, caillou, pierre ou poussière
sur la route de Pandharpour,
pour être foulé par les pieds des saints !

Que je sois, Seigneur, la marche qui conduit
au puits, au ruisseau, à la rivière,
pour être foulé par les pieds des saints !

Qu'importe la place où tu me mettes
si les pieds des saints me touchent :
je me moquerai alors des renaissances.
(*Psaumes du pèlerin*, LXXXIX.)

Qu'elle soit route des vaches ou route des saints, la route du pèlerinage conduit toujours vers l'être suprême et unique, au-delà même de sa manifestation et de son visage de divinité de prédilection. Pour Sourdâs, le jeune bouvier noir est le Dieu qui repose sur l'Océan primordial, Nârâyana. Ce nom divin et cette référence se retrouvent sans cesse dans les poèmes de Toukârâm.

Nom de Nârâyana, nom de Nârâyana,
que tes lèvres ne s'ouvrent que pour le répéter :
il anéantira tous tes malheurs : les actes à payer,
la naissance, la croissance et la mort.
(*Psaumes du pèlerin*, VII.)

***

Le mythe de Nârâyana est bien l'un des plus somptueux que la conscience indienne ait découvert dans son tréfonds pour exprimer la nature « avatarisante » du Dieu unique, c'est-à-dire son essence d'être-qui-se-révèle, qui se manifeste. Krishna, selon la théologie vishnouïte, est la forme la plus récente d'une longue succession d'interventions divines dans le monde depuis ses origines.

Avant de créer le monde, Dieu dormait. Ce mythe, souvent mentionné dans le *Harivamsha*, apparaît en particulier dans la mystérieuse vision d'Akroura, le messager envoyé par le démoniaque roi de Mathoura, Kamsa, dont Krishna devait libérer les bouviers et le monde. Le récit commence par la description d'une aurore :

> *C'était en une aurore immaculée et remplie de chants d'oiseaux : la nuit avait emporté avec elle le faisceau des rayons lunaires ;*
> *Le ciel s'était çà et là coloré de teintes rougeâtres, les constellations s'étaient retirées, les gouttes de rosée portées par les vents du matin avaient humecté le sol ;*
> *les étoiles s'étaient endormies sans forme et sans éclat ; le Soleil, en se levant, voilait la beauté de la nuit, la Lune, aux rayons éteints, avait perdu toute sa splendeur.*
>
> (*Harivamsha*, LXX.)

Akroura sollicite de Krishna le privilège de se plonger dans la rivière Yamounâ : il y découvre, au fond des abîmes, Krishna assis sur le serpent d'éternité endormi. Regagnant la rive, il se rend compte que Krishna est toujours assis tranquillement sur son char avec son frère Balarâma. Pour s'assurer qu'il n'est pas victime d'une illusion, il replonge, puis remonte à la surface et regarde à nouveau la rive. Il doit se rendre à l'évidence : le Krishna assis sur son char est dans le même temps celui qui, dans les abîmes, est en train de créer et détruire les mondes. On ne pouvait plus poétiquement montrer que tout *avatâr*, quel que soit son nom ou sa forme, n'est que la manifestation du Dieu caché.

Le sommeil de Dieu est un des mythes fondamentaux de la conscience indienne. Le mythe du sommeil du Dieu plonge l'esprit dans le mystère du temps circulaire. La création est un éternel recommencement : à la fin d'un cycle, tout le créé se dissout dans l'océan primordial qui est la bouche de Vishnou. Vishnou s'endort, couché sur le serpent cosmique de la dissolution du cosmos. On l'appelle soit « serpent d'éternité », Ananta, soit celui qui « reste », Shésha.

Sous le nom de Nârâyana, Vishnou se présente comme couché sur le serpent Shésha et flottant sur l'Océan primordial ; souvent un lotus sort de son nombril. Brahmâ le démiurge trône sur la fleur épanouie tandis qu'il crée les mondes. Une femme parfois se tient à ses côtés ou à ses pieds : Nidrâ, le sommeil. Cette scène est représentée sur les parois de grottes sculptées, à Badami par exemple, à Mahâbalipouram, ou à Ellora où elle orne l'un des panneaux de la grotte des dix *avatâr*. Elle se retrouve aussi dans d'innombrables temples, comme à Shrîrangam, en pays tamoul, ou à Gourouvâyour, au Kérala, dont la légende nous apprend que la statue du temple que Krishna avait fait bâtir à Dvarka, sa capitale, est celle de Nârâyana. Le Kérala est d'ailleurs particulièrement riche en représentations de Nârâyana : celui-dont-le-nombril-fait-surgir-un-lotus, Padmabha, est la divinité de prédilection de cette région. Son influence sur toute la côte ouest de l'Inde laisse penser que le mythe de Nârâyana pourrait remonter à l'antique civilisation de l'Indus qui s'étendait jusqu'à Dvarka.

Selon la liturgie, le sommeil de Vishnou dure quatre mois, du onzième jour de la lune croissante de *ashâdha* au onzième jour de la lune croissante de *kârtika*. Ces quatre mois correspondent à la saison des pluies, dont les deux premiers sont restés sous le patronage de l'Indra védique, les deux derniers étant sous celui de Krishna. Pendant ces jours d'*ashâdha* et de *kârtika* les pèlerins se rassemblent à Pandharpour pour célébrer leurs deux grandes fêtes annuelles. Le *Harivamsha* donne souvent à Krishna le nom de Shyâma, qui signifie « sombre comme un nuage de mousson ». Une fois même, Balarâma dit à son frère Krishna que les nuages de mousson chargés de pluie lui ont emprunté leur couleur sombre :

Regarde, Krishna, ces noirs nuages ornés par les aigrettes qui viennent d'apparaître : ils ont surgi dans le ciel en te volant la couleur de ton corps !

C'est la saison où tu t'endors ; le ciel se fait semblable à ton corps. Comme toi la Lune va pendant cette saison habiter une demeure inconnue.

Voici qu'à l'arrivée de la saison des pluies, le ciel se fait sombre, aussi foncé que le lotus bleu, aussi brillant que ses pétales.

Regarde, Krishna, comme le Govardhan, cette montagne qui fait prospérer les vaches, se plaît en compagnie de ces nuages noirs saturés d'eau qui le ceinturent.

Des antilopes noires bondissent partout dans les forêts, excitées à l'accouplement par la pluie qui tombe en les inondant de joie.

Les plantes vertes et tendres frémissent de plaisir sous les caresses de l'eau et couvrent la terre d'un vêtement de verdure, ô toi aux yeux de lotus !

C'est à ta triple enjambée qu'appartient cet entre-ciel-et-terre qu'Indra le cavalier unit de son arc diapré sans flèches ni corde !

Le ciel, occupé aux grandes pluies, investi par les nuages ventrus sans fond et sans limites, semble se confondre avec l'océan.

(*Harivamsha*, LIV, 22.)

Selon le *Harivamsha*, il y a une sorte de connaturalité entre Krishna, la mousson, l'Océan primordial, et le sommeil de Nârâyana :

Vishnou reposait sur une couche divine, rafraîchie par les nuages et par l'océan, observant son vœu diluvial.

Surgissant du nombril de l'Endormi, le lotus où trônait le Démiurge brillait au soleil.

Tout en dormant, sans rien dire, il déroulait entre ses doigts le fil du devenir et dirigeait le cycle des mondes.

De sa bouche béante, des troupes de vivants entraient et sortaient par vagues, entraînées par le feu de sa respiration.

A mesure que ces vagues sortaient, le Démiurge les répartissaient en quatre classes (varna), *et chacun allait poussé par sa propre nature pour accomplir son propre* dharma.

C'est à la fin de la saison sèche que Vishnou s'endort : même les dieux ne peuvent plus le voir.

Indra déclenche alors la saison des pluies, et c'est lui qui exécute le rêve de Vishnou quand celui-ci dort.

Cette obscure et mystérieuse puissance (mâyâ) *agit le monde sous la forme de la Nuit* (nidrâ) *cosmique.*

Occulté par elle, Vishnou dormait ainsi depuis des milliers d'années, tandis que s'écoulaient le quatrième et le troisième âge (youga).

Ce n'est qu'à la fin du deuxième âge que, s'apercevant du malheur des mondes, il s'éveilla à l'appel des poètes désespérés.

(*Harivamsha*, XL, 9.)

Vishnou-Nârâyana se réveille pour s'incarner en Krishna, le Sauveur noir. Pour les uns, ce n'est qu'un rêve produit par sa *mâyâ.* Mais pour les pèlerins de Nâthdvara et de Dvarka qui suivent le dualisme enseigné par le philosophe Vallabha, l'enfant bouvier a joué dans les bosquets de Vrindâvan avec les *gopi*, puis il a délivré la terre de la pesante domination des *kshatriya* en faisant s'entre-tuer toute la chevalerie du deuxième âge, il a par sa mort provoqué l'avènement du nouvel âge. Krishna, après la grande guerre des Bhâratas, se retira avec ses bouviers à Dvarka. Là, au cours d'une querelle d'ivrognes, tout son clan s'entr'égorgea, et lui-même périt de la flèche d'un chasseur qui avait pris ses pieds pour les oreilles d'une antilope.

Le récit de la ville engloutie illustre la vérité mythique de la vie et de la mort de Krishna. Un jour, les flots puissants de l'océan, soulevés par Varouna, leur Neptune, engloutirent la Dvarka bâtie par Krishna. Du cataclysme, on put sauver la statue de Nârâyana que Vâyou le Vent arracha à Varouna, et que Brahmâ, le gourou des Dieux, installa à Gourouvâyour, au Kérala. On put également sauver une bûche contenant les ossements incinérés du corps de Krishna ; vents et marées lui firent accomplir le tour de la péninsule indienne pour finalement la faire échouer sur les sables blancs de Pouri, en Orissa. A marée basse, les pèlerins de Dvarka peuvent apercevoir, surgissant des hauts-fonds, les colonnes des anciens palais submergés. C'est là que l'océan cosmique acheva l'œuvre de

Krishna en purifiant la terre des cendres des bûchers des derniers *kshatriya* : un nouvel âge commençait, libre de l'oppression des guerriers avides et des princes ivres. Un nouvel âge dont les Dieux seraient Krishna le bouvier noir et son frère aîné Balarâma le bouvier blanc qui, pendant le raz de marée sur Dvarka, reprit son aspect cosmique de serpent Ananta-Shésha.

***

Il est, sur les bords de l'océan Indien, à l'embouchure de la Narmadâ, un petit village de pêcheurs appelé Mégâon où l'on raconte le mythe de Nârâyana d'une façon quelque peu différente. La Narmadâ est ce fleuve royal qui sépare l'Inde du Nord de l'Inde du Sud. Il faudrait peut-être mieux dire le fleuve charnière où l'Inde du Nord et l'Inde du Sud mélangent leurs gonds, car c'est sur ses rives que les grands ascètes de jadis, descendant de leurs Himalayas ou de leurs Nilgiris, venaient goûter les fruits de leurs ascèses. On y vit Agastya, Gautama, Kapila, on y vit même Vyâsa, mais on y vit surtout Mârkandéya. A Mégâon, où les eaux du fleuve de zinc se joignent à celles de l'océan de mercure, on connaît toujours la vision dont y fut gratifié Mârkandéya.

C'était un adolescent dans toute la beauté de sa jeunesse. Il s'était arrêté sur le sable blanc de la plage pour se reposer, pendant le mois torride qui précède la mousson. Il venait de Dvarka et progressait à petites étapes, de temple en temple, vers Oudipi, en pays canarin, où la bûche portant les reliques du bouvier divin avait été aperçue.

La fatigue faisait partie de son bonheur. Il aimait l'errance, et, comme il avait l'éternité devant lui, il ne se hâtait pas. Il jouissait de sa durée toujours neuve depuis que Shiva l'avait arraché au lasso du trop ponctuel Dieu de la mort, Yama. Comme tout mortel, Mârkandéya était un mort en sursis, mais ce sursis pour lui s'achéverait dès sa seizième année. A l'approche du terme, l'adolescent avait en effet serré de toutes ses forces le *linga* de Shiva. La boucle du lasso de Yama s'était enroulé autour de son corps et de la pierre, de sorte qu'en tirant Yama commença à déraciner le *linga* sacré. Shiva dut intervenir et, comme il ne pouvait renier l'engagement qui le liait à Yama et qui stipulait l'échéance des seize ans, il accorda à Markandéya le privilège de rester éternellement un adolescent de seize ans.

Face à l'océan sans limite Mârkandéya eut alors une vision : il vit flotter une forme géante entourée de vaguelettes qui ressemblaient à des replis de serpent. La forme ronflait, la bouche mi-ouverte, produisant en alternance un grondement sourd comme un tremblement de terre et un sifflement strident comme celui d'un volcan en éruption. Mârkandéya, fort de son immunité, plongea pour inspecter cette merveille, mais il s'approcha trop près de la bouche du géant qui l'aspira, si bien qu'il se retrouva dans ses entrailles, assis près de l'embouchure de la Narmadâ et méditant.

D'autres pèlerins étant arrivés sur la rive de l'océan, il se joignit à eux et avec eux accomplit la Grande Pérégrination autour de l'Inde qui, de nouveau, le conduisit aux bouches de la Narmadâ où il s'assit pour méditer. Trop près de la bouche du géant, il fut pris cette fois dans le flux de son expiration volcanique, qui le jeta dans l'océan sans limite. A force de nager, il arriva auprès d'un figuier banyan, cet arbre dont les nouvelles racines descendent des branches pour former des arcades de verdure. Et dans le creux d'une feuille ourlée comme un berceau, il vit un bébé joufflu qui jouait avec le pouce de son pied et qui l'interpella : « Approche-toi, Mârkandéya, mon fils ! » La familiarité de cet appel irrita fort l'adolescent que des siècles de mortifications avaient empli de prétention. Les ascètes, en Inde, sont souvent irascibles ! Le *Mahâbhârata* est plein de leurs colères. « Et toi, qui es-tu, pour oser m'appeler ton fils ? » répondit-il d'un ton acide.

« Quand tu avais seize ans, ne t'ai-je pas arraché du lasso de la mort ? » Et l'enfant se remit à sucer le pouce de son pied. Mârkandéya se rapprocha de lui : « Mais qui es-tu donc ? » L'enfant lâcha son pouce, puis se mit à gazouiller si doucement que Mârkandéya fut obligé d'approcher son oreille tout près de sa bouche.

A cet endroit du récit, l'auteur du *Mârkandéya Pourâna*, sans doute quasi contemporain de celui du *Harivamsha* qui du reste le cite, se laisse aller à une de ces envolées mythologiques si familières aux poètes de cette époque : « Je suis, dit le bébé, l'Homme Primordial, le *Pourousha* cosmique, le début, la fin et la renaissance de tout. Je suis le cycle des âges des hommes et des mondes. De moi tout naît, en moi tout se résorbe à la fin d'un cycle. » « Apprends-moi le secret de ta mystérieuse puissance *(mâyâ)*. » Mais le murmure de l'enfant se faisant presque inaudible, le sage s'approcha encore de sa bouche et bascula dans son gouffre, où il se retrouva méditant sur la rive de l'océan sans limite, près de la bouche de la Narmadâ. Il se releva, plus adolescent que jamais, et reprit son pèlerinage vers Oudipi et Gourouvâyour.

Comme tous les grands centres de pèlerinage indiens, Gourouvâyour se trouve au confluent de ces mythologies en apparence contradictoires qui s'expliquent si on les considère comme l'expression du monothéisme alternatif. Nous avons vu comment le démiurge Brahmâ et Vâyou le Vent arrachèrent à Varouna, le maître des eaux cosmiques, la statue du Nârâyana de Dvarka. Et c'est Shiva et son épouse Pârvatî qui l'accueillirent à Gourouvâyour, sur les bords du lac couvert de lotus où ils s'étaient retirés pour méditer. L'arrivée de la statue les remplit d'une si grande joie que Shiva se mit à composer les admirables chants de la *Roudra Gîtâ* : quand la divinité de prédilection d'une région est une forme de Vishnou, Shiva en devient son *bhakta*, son fidèle adorateur.

Il est à Gourouvâyour deux grandes fêtes, comme à Pandharpour : la première se célèbre autour du jour du réveil de Vishnou, le onzième jour clair de *kârtika*.

La deuxième, la fête patronale, se situe autour de la pleine lune de *phalgouna* ; on l'appelle à Nâthdvara *Pat Outsava*, à Mathoura, la fête de l'amour, et ailleurs en Inde, *Holî*. La liturgie n'est pas la même selon les régions : parfois les mythes associés aux mêmes rites diffèrent, parfois ce sont les rites qui diffèrent pour la célébration des mêmes mythes. A Gourouvâyour, par exemple, on installe les statues mobiles sur de grands éléphants caparaçonnés pour les circumambulations autour du temple, tandis que dans le pays tamoul voisin, ou en Orissa, d'énormes chars sont utilisés pour le même usage, et, au Mahârâshtra, des palanquins d'apparat.

Dans cette région, les aventures de Krishna sont chantées ou racontées sur la route du pèlerinage, alors qu'à Gourouvâyour elles sont chantées et dansées sur le parvis du temple. Ces fêtes, d'une extrême beauté, sont appelées le *Krishnattam* et durent huit nuits. Les péripéties du mythe sont chantées par un chœur et des solistes, tandis qu'une troupe de danseurs minutieusement grimés miment les mêmes scènes. Ce style remonterait au prince de Calicut, Manavédan, au début du XVIIe siècle, qui emprunta les grands thèmes de ces représentations au *Gîta Govinda* que l'on récitait et dansait à Pouri, en Orissa, depuis le XIIIe siècle, et au *Bhagavata Pourâna*.

Le mythe comporte huit épisodes qui forment chacun le thème d'une nuit de spectacle grandiose, qui se suivent selon un déroulement immuable :

1re nuit : l'*Avatâra*, ou récit de la descente de Krishna ;

2e nuit : le *Kaliyamardana*, sa lutte contre divers démons ;

3e nuit : le *Rasakrida*, ses jeux avec les *gopi* ;

4e nuit : le *Kamsavadha*, le détrônement de Kamsa ;

5e nuit : le *Svayamvara*, le mariage de Krishna ;

6e nuit : le *Banayouddha*, sa victoire sur Bana ;

7e nuit : le *Vividhavadha*, quelques-uns de ses exploits ;

8e nuit : le *Svargarohana*, son ascension au ciel.

Le *Krishnattam* est sans doute l'ancêtre du célèbre style de danse *kathakali*, avec sa luxuriance de masques et de costumes, comme le *Gîta Govinda* est à l'origine du style de danse *odissi* qui s'est développé dans le temple de Krishna-Jagannâth à Pouri. Mais les techniques de danses odissi diffèrent de celles du *Krishnattam*, car le Krishna mythique qu'elles célèbrent n'a pas exactement la même nature.

***

La divinité de prédilection de Pouri est Jagannâth, c'est-à-dire Krishna en tant que maître de la Terre. Il est entouré ici de son frère, qu'on appelle Balabhadra, et de sa sœur Soubhadra. Celle-ci avait été mariée à Arjourna, le Pândava auquel Krishna révéla la *Bhagavad Gîtâ*. Elle lui donna un fils, Oupamanyou, qui eut à son tour un fils, Parikshit : devenu le roi de l'Orissa, Parikshit accueillit sur les sables de la plage la bûche aventureuse qui venait de Dvarka avec les reliques de son grand-oncle Krishna.

La présence, à ses côtés, de son frère et de sa sœur souligne un des aspects essentiels du personnage de Krishna. Balabhadra, le Balarâma du *Mahâbhârata*, est une incarnation du serpent cosmique Shésha sur lequel Vishnou repose au cours de ses sommeils, qui séparent chacune des créations successives. La triade de Pouri préside au passage d'un cycle à un autre, celui de la préhistoire à l'histoire, puisque Parikshit est le premier roi « historique » que se reconnaît l'Inde. Autrement dit, c'est la naissance de l'Inde moderne, de l'Inde de l'après-guerre des Bhâratas, que l'on célèbre à Pouri.

Les nombreux voyageurs français qui firent le pèlerinage de Pouri à la fin du XVIIIe siècle, Anquetil-Duperron, Grandpré, Foucher d'Obsonville, Sonnerat, ne s'y trompèrent pas. Ce dernier écrit par exemple en 1782 : « Quichena [Krishna] paraît être le même qu'Apollon gardant les troupeaux d'Admète et terrassant le serpent Python : les Indiens datent l'âge présent de la mort de Quichena, et je suis persuadé qu'un savant qu'on enverrait faire des recherches sur l'antiquité de ce peuple en trouverait l'origine dans le temple de Jagrenat » (*Voyages aux Indes*, I, 171). Sonnerat rapporte la tradition orale qu'il recueillit des brâhmanes du temple : « Les calculs des Brames font remonter son antiquité au temps de Paritchitou, premier roi de la côte d'Orixa, dont ils placent le règne au commencement du quatrième âge du monde, ce qui donne à cet édifice une durée de 4 883 ans. » Quelques années après Sonnerat, Foucher d'Obsonville se fait l'écho de la même tradition : « La mort de Chrisnen [Krishna], l'ère du *Calyougam*, qui, en 1787, remonte à 4 888 ans, et le règne du successeur immédiat de Djadousteren [Youdhishthira], nommé Paritchitou, coïncident ensemble. Cependant l'époque qui a commencé une nouvelle période de siècles et d'événements ne date réellement que de la fin du règne de ce dernier souverain. Ainsi dois-je à la précision d'observer qu'entre l'époque de cette ère et la mort de Chrisnen qui la précéda il y a eu un intervalle de quelques années » (*Le Bagavadam*, p. 50).

Ce double témoignage montre clairement que, dans la conscience des pèlerins de Pouri, l'incarnation de Krishna dans leur ville coïncidait avec la naissance du nouvel âge, un âge noir certes *(kali)*, un âge de malheur et de dégénérescence, le nôtre, mais pour lequel Krishna lui-même apportait un message et un moyen de libération, celui de la *bhakti*.

Prévenu par une vision, Parikshit descendit sur la berge de l'océan : ayant trouvé la bûche au long cours, il décida d'en sculpter trois images et de construire un temple pour les abriter. Mais cette bûche était en margousier, un bois si dur que tous les sculpteurs de la cour y brisèrent leurs burins. Enfin, un vieux charpentier, issu de l'une de ces tribus de chasseurs néolithiques qui hantent encore les monts de l'Orissa, promit de faire l'ouvrage en quinze jours, à condition qu'on l'enferme dans son atelier et que personne ne vienne l'y déranger. Au bout de dix jours, la reine, inquiète du silence qui l'accueillait chaque fois qu'elle écoutait furtivement à la porte, crut que le vieillard était malade ou mort, et persuada son époux d'entrer dans l'atelier. Il n'y avait plus de charpentier, et les statues n'étaient que grossièrement ébauchées : il leur manquait cinq jours de finition.

De fait, les trois statues de Pouri, singulièrement rustiques, ne sont pas des œuvres d'art : celle de Krishna est noire, mangée par un énorme visage aux immenses yeux ronds ; celle de son frère, Balabhadra, est blanche, avec des yeux en amande ; elles ont toutes deux des bras en forme de moignons, tandis que celle de leur sœur, Soubhadra, plus petite et de couleur jaune, est dépourvue de membres. Ces statues ne rappellent guère les délicates sculptures qui ornent les autres temples de Krishna et ressemblent beaucoup aux poteaux-idoles de certaines tribus aborigènes des montagnes de l'Orissa. Le culte de Krishna à Pouri représenterait « un phénomène d'intégration, par la tradition indoue, d'un culte tribal » (Dr K. Goswamy, p. 128). Cette hypothèse pose en fait plus de questions qu'elle n'en résout. La tradition indoue n'a jamais éprouvé le besoin d'intégrer des cultes locaux pour fonder ses grands centres de pèlerinage, bien au contraire. De nombreuses populations aux traditions culturelles différentes n'ont cessé de traduire dans leur idiome propre une mythologie commune à tout l'espace indien. Les Krishna de Mathoura, de Nâthdvara, de Pandharpour, de Gourouvâyour ou de Shirangam ont chacun leurs spécificités propres. Et comme les pèlerins de Pandharpour reconnaissent en Vithobâ le Krishna qui s'est incarné pour eux, ceux de Pouri voient en Jagannâth le Krishna tel qu'il se révéla, dès son origine, à son peuple de l'Orissa.

De nombreux indices militent en faveur de cette interprétation. Le bas clergé du temple appartient à une caste, les Daïtyas, dont les ascendances tribales ne sont pas contestées. De plus, ce temple, comme beaucoup d'autres, distribue des repas aux pèlerins les jours des grandes fêtes, parfois à plusieurs centaines de milliers de personnes. D'immenses cuisines ont donc été construites dans l'enceinte du temple. Or les cuisiniers appartiennent tous à la tribu des Savaras, qui nomadisent dans les montagnes au sud de Pouri.

Il existe un indice encore plus prégnant. La fête principale du temple de Pouri est la célèbre procession des chars. Elle se déroule chaque année autour du onzième jour du mois de *ashâdha* et commémore, on s'en souvient, le sommeil de Vishnou. La procession commence le deuxième jour de la première quinzaine, dite quinzaine claire de ce mois, pour donner aux pèlerins le temps de faire l'aller et retour jusqu'au petit temple de Goundichâ, la forme locale de Shrî, la déesse de la Fortune. Le court mais très lent voyage des énormes chars qui portent les statues est rituellement destiné à donner à Krishna l'occasion de passer quelques jours avec son épouse. Cela n'a rien d'inhabituel dans la liturgie des temples. Mais il est une tradition propre à celui de Pouri : chaque année, quinze jours avant le départ de la procession, on renvoie les statues à l'atelier. Pendant ces quinze jours, le temple est fermé, et les statues, confiées aux soins exclusifs des Savaras, sont nettoyées, grattées, lavées, revernies et parées d'atours neufs. Tous les douze ans, ces quinze jours de vacances données aux divinités sont utilisés à les renouveler. Un dignitaire savara, dont c'est le privilège héréditaire, retourne dans sa forêt natale pour y couper un margousier choisi selon des rituels précis, et l'on en fait de nouvelles statues pour remplacer celles que onze ans de bons et loyaux services ont défraîchies. Le Krishna de Pouri peut ainsi être considéré comme la divinité des charpentiers sauvages, des tribus et des cuisiniers.

Le Dieu aussi des danseuses d'amour. Les foules des pèlerins qui convergent à Pouri sont comme des fleuves puissants dont les sources jaillissent aux quatre orients lointains de l'Inde. En 1757, Anquetil-Duperron notait avec stupeur qu'on y venait « de toute la presqu'île de l'Inde, du Bengale, de la Tartarie : j'y ai vu jusqu'à des Chrétiens noirs ! » Au XIIe siècle, un de ces pèlerins, originaire du Bengale, devait devenir célèbre : Jayadéva était déjà, avant de quitter son Bengale natal, un poète de cour apprécié des princes. Lorsqu'il découvrit la liturgie de Pouri et surtout les danses, il entra dans une si vive extase qu'il résolut d'épouser une danseuse. Il s'installa à demeure et bientôt composa un poème, le *Gîta Govinda*, que les brahmes et les danseuses du temple psalmodièrent à leurs différentes heures. C'est dans cette œuvre que Radhâ, la vachère passionnée, prit une place éminente qui ne lui sera plus contestée. Dès le IXe siècle au moins, les poètes *Alvars* du pays tamoul avaient distingué l'une des *gopi* amoureuses de Krishna, comme sa *gopi* de dilection. C'est à Pouri que sans doute elle prit son nom de Radhâ, l'amante « comblée », et sa fonction dans la conscience du pèlerin : symboliser son attachement passionné à son Dieu qui peut flamber jusqu'aux délires de l'extase.

Le *Gîta Govinda*, écrit dans un sanskrit extrêmement fleuri, n'était accessible qu'aux brâhmanes et aux danseuses du temple, les deux grandes classes de lettrés traditionnels. Mais en 1510, un jeune brâhme bengali de Nadiya, Chaïtanya, après avoir reçu l'initiation d'un maître de l'école *Madhva* (ou de l'école *Sahajiya*), devint en quelque sorte possédé par le couple divin de Radhâ et de Krishna. Il résida longtemps à Vrindâvan, à quelques lieues au nord de Mathoura. S'il ne composa rien lui-même, il inspira aux disciples qu'il recrutait au cours de ses incessantes randonnées la même dévotion pour Radhâ et Krishna : la répétition continuelle des noms de Radhâ et de Krishna le faisait entrer dans des transes extatiques. Acceptant comme disciples des gens de toutes castes, même des intouchables et des aborigènes, ce personnage charismatique eut une énorme influence sur tout le nord de l'Inde. On le nomma le *Mahâ-Prabhou.* Il retourna à Pouri où il se fixa. Vers 1534, au cours d'une transe prolongée, il plongea dans l'océan où il se noya, réalisant en quelque sorte un retour individuel à l'Océan primordial d'où avait surgi la bûche-reliquaire. Après sa mort, les maîtres des écoles qui se créèrent parmi ses disciples prirent généralement le titre de *prabhou*, qui a été récemment importé en France par les adeptes européens du « culte de Krishna ».

Les pèlerins qui se réclament de Chaïtanya sont tous des adeptes de cette forme de *bhakti*, la *madhouriya bhakti*, dont nous avons déjà parlé, mais où le Bengale privilégie l'amour émotionnel pur, ou *préma*, et le plaisir érotique, ou *hlâdinî*. A partir de leurs expériences extatiques, les maîtres chaïtanyens de Vrindâvan, qui prenaient le titre de *goswami*, élaborèrent une théologie montrant l'incompréhensible unité des contradictoires, l'*acintya-bhédâbhéda*. Ainsi Radhâ, tout en conservant sa totale féminité, est considérée comme une forme féminine de Krishna, le couple Radhâ/Krishna constituant une entité unique et, finalement, Chaïtanya lui-même représentant l'incarnation présente de cette entité duelle.

Les écoles chaïtanyennes se développèrent dans tout le nord de l'Inde du XVe au XVIIe siècle, époque où cette région subissait la domination musulmane qui favorisait le monothéisme. Certains *goswami* et *prabhou*, n'échappant pas à cette influence, firent de Krishna la seule et authentique figure de l'Être suprême transcendant.

***

La dernière région qui modela la figure de Krishna est l'Assam, à l'extrême nord-est de l'Inde. Il existe dans cet État deux grands centres krishnaïtes : l'un près de Gauhati, la capitale, et l'autre à Tezpour. Nous ne nous arrêterons que sur ce dernier, car le premier, selon la lointaine légende de fondation, n'en serait que le prélude.

C'est à Tezpour qu'eut lieu le combat de Krishna contre le roi démoniaque Banâsoura, qui est célébré à Gourouvâyour, au Kérala. L'inclusion du mythe d'un temple de l'extrême nord-est dans les célébrations d'un temple de l'extrême sud montre bien l'influence de la personnalité de Krishna à travers toute l'Inde, d'autant que le mythe et la célébration se réfèrent au Krishna de Dvarka, à l'extrême ouest.

Bana était le roi de Tezpour, alors connue sous le nom de Shonitpour, ou ville du sang. Il appartenait à une longue lignée démoniaque puisqu'il était le fils de Bali, le bon roi démoniaque du Kérala que Vishnou vainquit par ruse, et le petit-fils de Prahlâda, le pieux démon que Vishnou sauva en prenant la forme d'un homme-lion.

Or le roi Bana avait une fille d'une beauté merveilleuse qu'il surveillait avec une sourcilleuse inquiétude. Une nuit, la belle Oushâ, c'était son nom, fit un rêve étrange. Elle faisait l'amour avec le plus beau des Dieux, qui lui procurait une surnaturelle extase. A son réveil, elle interrogea sa nourrice, Citralékhâ, qui était astrologue et un peu sorcière. Celle-ci prit un pinceau et dessina le portrait des Dieux. La jeune rêveuse reconnut enfin son visiteur nocturne : c'était Anirouddha, le petit-fils de Krishna. La devineresse s'envola aussitôt grâce à ses pouvoirs magiques pour Dvarka et atterrit au milieu de la nuit dans la chambre où le jeune homme dormait sur une couche somptueuse. Elle s'empara de la couche avec son contenu et regagna à tire d'ailes Shonitpour. Le déplacement d'air provoqué par l'atterrissage réveilla la belle Oushâ, qui pensa être encore dans son rêve ; les deux amants s'enlacèrent passionnément.

Quelques jours passèrent. Dans le harem de Bana, on commença à s'étonner. La princesse paraissaît transformée, radieuse et comblée. Bana soupçonna le pire. La nuit suivante, il pénétra dans la chambre de la princesse sa fille et surprit les deux amants en train de jouer aux dés. Il se précipita sur l'intrus qui portait sur son visage et sa poitrine les marques trop visibles des griffures d'amour de ses folles nuits. Anirouddha était un athlète, mais Bana était doté de mille bras : la lutte resta longtemps indécise. Finalement, Bana lança autour de son adversaire un lasso de serpents vivants et le malheureux amant fut réduit à l'impuissance. On le jeta aux oubliettes.

La belle était désespérée. Sa confidente, Citralékha, réussit à échapper à la surveillance des gardes du harem et, reprenant le chemin des airs, elle partit à Dvarka prévenir Krishna des malheurs de son petit-fils qu'il aimait tendrement. Krishna réunit son armée, l'entassa sur l'oiseau Garouda et, d'un coup d'aile, arriva aux portes de la ville du sang. Mais Bana, averti par ses astrologues, avait mis sa cité en état de défense. Il avait même convoqué son puissant allié Shiva, qui était venu à son aide.

Étrange combat de Krishna contre une armée de sortilèges appuyée par Shiva ! Les astrologues déchaînèrent contre les guerriers de Krishna une horde d'esprits qui leur tournèrent la tête et les rendirent fous. Voyant cette débâcle, Krishna se saisit de sa formidable massue et se précipita sur Shiva, qui le cribla de ses flèches. Il les repoussa de son disque, puis asséna sur le chignon de Shiva un coup terrible qui paralysa son adversaire. Il s'approcha alors de Bana. Maniant son disque avec une divine rapidité, il sectionna un à un les mille bras du géant, qui tomba à ses pieds en implorant sa clémence.

Krishna, ivre de rage, était sur le point de lever sa massue pour délivrer le coup mortel quand Shiva, sortant de sa léthargie, arrêta le bras vengeur. Il rappela à Krishna qu'il était Vishnou et que Bana était le petit-fils de ce Prahlâda auquel il avait accordé jadis sa protection. Les deux adversaires en vinrent à la palabre. Bana accepta que sa fille parte pour Dvarka épouser Anirouddha. Les deux amants furent enfin réunis par les liens légitimes du mariage brâhmanique. Tout rentra dans l'ordre.

A Gauhati même se trouve un temple appelé l'Ashvakranta, à l'endroit où les cavaliers de Krishna atterrirent. Le sanctuaire contient une délicate statue de Vishnou dormant sur le serpent d'éternité, luimême supporté par une tortue, une grenouille et une algue marine. Autour du serpent géant, des serpentes sont en adoration. L'Assam semble avoir investi Vishnou-Nârâyana et Krishna de sa tradition astrologique. Le roi de Dvarka démontre ici l'excellence de ses pouvoirs magiques pour libérer ses dévots de tous les sortilèges. Au pays des astrologues, Krishna se devait d'être un peu mage.

Krishna n'est pas ceci ou cela dans l'absolu. Chaque région lui donne un visage familier, chaque pèlerin une nature conforme à son adoration. Mais il est toujours le Transcendant suprême qui pour le plaisir d'aimer et d'être aimé, pour celui surtout de sauver, se manifeste à l'occasion des situations humaines les plus désespérées, comme au cœur de tout homme qui l'appelle. Ses descentes incessantes dans notre monde sublunaire l'obligent parfois à se mesurer avec une autre divinité. On l'a vu faire de l'Indra védique un de ses alliés subalternes et de Shiva un de ses adorateurs. Mais son rival le plus constant dans le cœur et la conscience des Indiens est sans doute cette autre forme de Vishnou, le roi Râma.

DEUXIÈME ÉTAPE

Râma
ou
Dieu fait roi

En 1648, Laboullaye Le Gouz, gentilhomme angevin, arrivait à Surate. C'était l'un des premiers Français à s'aventurer jusqu'aux rivages de l'Inde. Comme la plupart de ses compatriotes qui lui succédèrent aux XVIIe et XVIIIe siècles, il se montrait fort curieux des mœurs des Indiens, et en particulier de leurs croyances religieuses. Or il découvre que « le premier article de leur foy est que RAM est Dieu, et le premier des Estres, lequel, vivant autresfois en homme ici-bas, leur a donné la loi sacrée qu'ils observent de père en fils depuis cent vingt mille ans. (...) Ils ne mangent point la vache, ny le bœuf, et les ont pour animaux bénits et chéris de RAM. (...) J'inféray qu'attendu la nécessité que les Indiens ont de cet animal, RAM leur législateur leur a deffendu de le manger par une politique nécessaire, parceque les chevaux n'y valent rien. » (*Voyages et observations*, p. 142.)

Foucher d'Obsonville concluait, lui, de ses conversations avec les indous de la côte de Coromandel que leur Dieu suprême était Krishna. En fait, les deux voyageurs avaient tous deux raison. Krishna et Râma sont des Dieux alternatifs, Krishna étant sans doute apparu le premier dans la mythologie indoue.

Tel est l'avis de Jean-Emmanuel Gorse : « Depuis sa naissance, le ramaïsme s'est toujours trouvé dans une position d'infériorité par rapport au krishnaïsme du fait de son développement plus récent et plus lent. (...) La date où Râma fut reconnu comme *pûrnâvatara* (incarnation complète) et Être suprême est controversée, mais on peut établir comme *terminus aquo* le XIe ou XIIe siècle, et comme *terminus ad quem* l'époque de Râmânand, autrement dit le XIVe ou, au plus tard, le XVe siècle. » (*Les Chants nuptiaux de Toulsi-dâs*, p. 196.)

Cette opinion est confirmée, pour le sud de l'Inde, par Miléna Salvini, quand elle décrit les conséquences du succès que les représentations du *Krishnattam* rencontrèrent au Kérala : « L'enthousiasme que provoqua la troupe de Calicut se répandit à travers les royaumes voisins et parvint aux oreilles du râja de Kottarakkara : curieux de découvrir ce spectacle, il sollicita du zamorin de Calicut la faveur d'accueillir sa troupe pour quelque célébration. (...) L'invitation fut déclinée. L'humiliation que ressentit le râja eut sur celui-ci un effet stimulant car la riposte ne se fit pas attendre ! Prenant pour sujet l'histoire de Râma, le râja imagina à son tour une œuvre dramatique, le *Râmanâttam*, s'inspirant du *Râmâyana* de Valmiki et de versions populaires de l'époque en langue malayalam. » (*Le Kathakali à travers le Râmâyana*, p. 71.)

Tout est dit en effet sur Râma dans le *Râmâyana*.

On ne sait si cette œuvre est plus ancienne ou plus récente que le *Mahâbhârata.* Elles sont en tout cas contemporaines dans le cœur des pèlerins. Le mythe de Râma est raconté dans le livre III du *Mahâbhârata,* dans un chapitre intitulé « *Râmopâkhyâna* ». Celui de Krishna ne figure pas dans le *Râmâyana,* mais cela ne permet pas de conclure à l'antériorité d'un mythe sur l'autre. Au Ve siècle, Râma occupait déjà une place de choix dans la culture indienne, comme on le voit dans le *Raghouvamsha* du poète Kâlidâsa.

De sa divinité de prédilection, le *Râmâyana* dit qu'il est : « semblable à Vishnou pour l'énergie, à Soma pour le charme, à l'Agni escatologique pour sa colère, à la Terre pour sa longanimité, à Koubéra pour sa munificence, à Dharma pour sa justice » (I, 1, 18-19). On reconnaît presque terme à terme dans cette énumération les divinités alternatives du diagramme de l'*Atharvavéda* décrit dans notre introduction, représentant le brâhmane occupé à sa fonction de sacrifiant. Râma fut dès l'origine le champion du maintien de l'ordre cosmique, le *dharma.* Un autre verset du même chant le confirme. Revenu en vainqueur à Ayodhyâ, sa ville royale, Râma y institue un royaume idéal selon les valeurs du *dharma* :

> *Il affermira les quatre castes en ce monde, chacune dans son* dharma.
>
> *Après avoir régné dix mille ans et dix siècles de plus, Râma se rendra au paradis de Brahmâ. (...)*
>
> *Le brâhmane qui récite le* Râmâyana *acquiert le*

> *pouvoir de l'éloquence ; le* kshatriya, *la domination sur le monde ; le* vaishya, *la prospérité de son commerce et le* shoudra, *l'excellence dans son métier.*
>
> (*Râmâyana*, I, 1, 96-100.)

Enfin, un autre verset de ce chant du *Râmâyana*, (I, 94) affirme que, grâce à l'observance stricte du *dharma*, tous les sujets du roi Râma « vivront dans une félicité perpétuelle, comme durant le *krita-youga* », c'est-à-dire l'âge d'or. Le livre IX du *Bhagavata Pourâna* explicite ce thème :

> *Râma gouverna comme un père ses peuples qui étaient attachés à leur* dharma, *et qui observaient les distinctions des classes (*varna*) et des états (*âshrama*) ; et ces peuples à leur tour crurent voir en lui un père.*
>
> *Quoiqu'on fût dans l'âge* tréta, *on se croyait dans le* krita-youga, *pendant que le roi Râma, qui connaissait le* dharma, *apportait le bonheur à tous les êtres.*
>
> (*Bhagavata Pourâna*, IX, 10, 49.)

***

Mais voici qu'un jour Râma apprend que le malheur est apparu dans son royaume. Un paysan brâhmane entre dans son palais, portant le cadavre de son enfant mort. Il accuse le roi d'en être responsable :

« La mauvaise conduite du prince cause la mort prématurée de ses sujets. » Râma s'interroge : il n'a pas souvenance d'avoir commis une action contraire au *dharma*. Sans doute quelqu'un, quelque part, l'a-t-il enfreint sans qu'il le sache. Il entreprend donc de visiter son royaume :

> *Le souverain se dirigea d'abord vers la région de l'ouest, l'Harit, qu'il explora de tout côté. Puis il gagna la région du nord, occupée par l'Himalaya. Il ne découvrit pas même le moindre méfait.*
>
> *La région de l'est fut alors sondée à fond par le monarque. Des gens aux mœurs pures, immaculées comme la surface d'un miroir, voilà ce que, du haut de son char, voyait le prince aux grands bras.*
>
> *Celui qui faisait la joie des prophètes parcourut enfin la région du sud. Sur le flanc nord du Shaïvala lui apparut un très grand lac. Et, dans ce lac, le fortuné Râma aperçut un ermite suspendu la tête en bas qui pratiquait une très rigoureuse ascèse.*
>
> (*Râmâyana*, VII, 75, 10-14.)

Râma l'interroge, lui demande sa caste. L'ascète lui répond :

> *Je suis né d'une matrice de* shoudra, *illustre Râma, et je m'applique à une ascèse rigoureuse, parce que j'aspire à la dignité de dieu avec mon corps. Je ne mens pas : oui, je veux conquérir le*

> *paradis des Dieux. Sache que je suis un* shoudra. *Shambouka est mon nom.*

La conclusion de cet épisode se retrouve dans un autre texte :

> *Sachant qu'un* shoudra *n'a pas le droit de faire l'ascèse et qu'il attirait ainsi le malheur sur le peuple, le justicier résolut de lui trancher la tête et saisit son arme.*
>
> *La tête du* shoudra, *avec ses poils grillés par les étincelles du feu, ressemblait au nénuphar quand les fibres en sont abîmées par le frimas ; il la fit choir de son cou de lotus.*
>
> *Dès qu'il eut subi ce châtiment des mains mêmes du roi, le* shoudra *obtint la condition des justes — son ascèse rigoureuse ne pouvait la lui valoir, parce qu'il violait ainsi le* dharma.
>
> (*Raghouvansha*, XV, 51.)

Nous découvrons ici deux aspects du personnage de Râma : il est l'archétype du roi juste, mais aussi du justicier impitoyable qui fait observer rigoureusement le *dharma* par ses sujets. Ainsi, concernant la pratique de l'ascèse, la loi imposait à chaque âge des règles différentes. A l'âge d'or, seuls les brâhmanes étaient autorisés à la pratiquer ; à l'âge suivant (*tréta*), les *kshatriya* acquirent ce privilège ; à l'âge suivant (*dvâpara*), les *vaishya* purent, à leur tour, s'en prévaloir, mais les *shoudra* ne purent le pratiquer légalement que dans le dernier âge (*kali*). Or, selon le *Râmâyana*, Râma vivait pendant le *dvâpara-youga ;* en pratiquant l'ascèse, le malheureux *shoudra* commettait donc un crime et le devoir du roi était bien de le faire périr. Après l'exécution, le royaume entier redevint prospère. A cette conséquence heureuse pour le monde entier, le *Raghouvamsha* en ajoute une autre pour le *shoudra* décapité : Dieu, en le tuant de sa propre main, le fait entrer dans son paradis, ce qu'il n'aurait jamais réussi à obtenir en pratiquant l'ascèse.

Le *Mahâbhârata* situe l'incarnation de Krishna à la charnière entre l'âge du *dvâpara* et du *kali-youga*, le *Râmâyana* place l'incarnation de Râma au *dvâpara-youga*, soit quelques millénaires avant celle de Krishna. Quant au *Bhagavata Pourâna*, il la fait remonter plus loin encore, jusqu'au *tréta-youga*. Au demeurant, grâce à sa férule impitoyable, Râma fait revenir l'âge d'or, le *krita-youga*, sur terre pour le temps de son règne. Envisagée de ce point de vue, les âges ne se succèdent plus vraiment selon un ordre quaternaire, du meilleur au pire ; l'opposition réelle se situe entre l'âge présent et les âges passés, entre le *kali-youga*, où nous sommes, et tous les autres qui l'ont précédé et provoqué.

L'évocation du *kali-youga* donne lieu à un tableau du fonctionnement de la société. L'auteur du *Bhagavata Pourâna*, au VIe siècle, n'apprécie guère son environnement social :

> *Les brâhmanes sont adonnés à la luxure et à la gourmandise ; les jeunes brâhmanes ne gardent point leurs vœux, ils ne pratiquent plus la pureté ; les chefs de maisons se font mendiants (au lieu de donateurs) ; les ermites viennent habiter les villages ; les renonçants sont avides de richesses.*
> (*Bhagavata Pourâna*, XII, 3, 32-33.)

Il en est de même des autres castes (*varna*), dont aucune ne se conduit selon son *dharma*. Cette dégénérescence observée au VIe siècle de notre ère était déjà celle que le *Mahâbhârata*, au IIIe siècle avant notre ère, déplorait en comparant avec nostalgie le présent à l'âge d'or où :

> *les brâhmanes ne faisaient pas commerce de leur science [comme ils le font aujourd'hui], les* kshatriya *ne commettaient pas les crimes qui viennent du désir et de la colère, ils n'imposaient pas une justice injuste [comme le font nos princes], les marchands ne vendaient pas leurs marchandises en se servant de fausses mesures [comme c'est leur pratique actuelle], les paysans n'attelaient pas leurs bœufs au joug et ne les maltraitaient pas ; ils ne trayaient pas les vaches qui nourrissaient leurs veaux...*
> (*Mahâbhârata*, I, 64, 3-54.)

Ainsi, les textes les plus anciens n'évoquent la loi des quatre castes et des quatre états de vie (*catour —*

varna — âshrama — dharma) que pour regretter sa transgression universelle. Le *Râmâyana* affirme que cette loi fut établie durant le *tréta-youga* afin d'établir une hiérarchie entre les castes au profit des brâhmanes (VII, 74, 14). La figure du roi Râma symbolise cette institution. Le poète brâhmane du *Râmâyana*, qui l'exalte, rêve qu'elle va revenir sur terre pour y faire refleurir cet âge d'or où les brâhmanes bénéficiaient de la largesse des princes qui dépendaient d'eux pour se concilier les Dieux. Le *Bhagavata Pourâna*, comparant l'âge *kali* aux âges précédents, lui trouve au contraire bien des vertus puisque Dieu s'y rapproche des hommes et leur permet de s'approcher de lui :

> *Nârâyana est honoré pendant les âges* krita, tréta, dvâpara *et* kali *sous des couleurs, des noms, des formes multiples et de diverses façons.*
>
> *Dans le* krita-youga, *il est blanc, a quatre bras, ses cheveux sont tressés (comme ceux d'un ascète) ; il est vêtu d'écorce et de peau d'antilope noire, il porte le cordon brâhmanique, des dés, un bâton, une écuelle. On lui donne alors les noms de Hamsa, Dharma, Maître du yoga, Pourousha, Paramâtman, etc.*
>
> *Dans l'âge* tréta, *il est rouge, a quatre bras, trois ceintures ; ses cheveux sont d'or, il est l'essence du* Véda *et tient les deux cuillères à sacrifice. On le nomme alors Vishnou, le Sacrifice, etc.*
>
> *Dans le* dvâpara-youga, *il est de couleur foncée, vêtu de jaune : pour le connaître, les mortels*

honorent, par les Védas *et les* Tantras, *le Pourousha vêtu des insignes de la souveraineté universelle.*

Dans le kali-youga, *il est de couleur noire (*krishna*), non pas obscur mais resplendissant. Les sages l'honorent par leurs chants en guise de sacrifices.*

C'est ainsi que sous des noms et des formes appropriées à chaque âge, le Bhagavat *est adoré par les hommes de cet âge. Les âmes choisies, qui connaissent les vertus de l'âge* kali *et qui s'en nourrissent, honorent cet âge, où il suffit de chanter le* Bhagavat *pour combler tous ses désirs.*

Point de réussite plus haute que celle-là pour les mortels qui transmigrent sans cesse : ils y trouvent la fin de leurs errances et la paix.

Pendant les trois premiers âges, on souhaite revivre un jour dans l'âge kali, *car alors Nârâyana devient leur suprême séjour.*

(*Bhagavata Pourâna*, XI, 5, 20-38.)

Ceux qui ont choisi Krishna comme divinité de prédilection expriment souvent ce désir paradoxal de renaître encore et toujours dans l'âge *kali*, bien qu'il soit celui des catastrophes et des malheurs, parce qu'il instaure un échange d'amour entre l'homme et son Dieu. En revanche, pour ceux qui préfèrent Râma, l'âge *kali* représente le temps du désordre et de l'anarchie universelle, et seule l'intervention du roi universel, Râma, peut les en arracher.

***

Au XVIe siècle, le plus grand des poètes ramaïtes, Toulsi-dâs, compose en hindi un *Râmâyana* édifiant. Dans une autre de ses œuvres, le *Vinaya Patrikâ*, il adresse une série de lettres désespérées à sa divinité de prédilection où il dépeint en termes pathétiques ce *kali-youga* qui l'oppresse.

Aujourd'hui, l'esprit des brâhmanes a succombé à la colère, à la passion, à l'arrogance, à la vanité, à la convoitise et à l'envie.

On voit chez les princes une corruption incroyable qui ne cesse d'inventer de nouvelles fraudes : on discute ouvertement et on attaque même les lois les plus sacrées et les formes de culte les plus traditionnelles ;

La société ignore les règles du dharma *des quatre castes et des quatre états : on ne respecte plus les commandements du* Véda *;*

tous les sujets du royaume sont devenus hypocrites et ne pensent qu'à la transgression, chacun ne recherchant que son plaisir ;

la terre qui était la bonne vache d'abondance est entre les mains de boucher du kali-youga, *et elle s'affole et demeure stérile.*

Souviens-toi, Seigneur, que tu es le roi universel !

(*Vinaya Patrikâ*, 139, 2.)

Alors que les adorateurs de Krishna considéraient leur Dieu soit comme un enfant à materner, soit comme un compagnon sur qui s'appuyer, soit encore comme un amant avec qui s'unir en de folles extases, les fidèles de Râma s'approchent de leur Dieu comme des sujets s'approchent de leur roi, quand ils sont dans la détresse. Un roi universel qui, selon Toulsi-dâs, pouvait seul libérer l'Inde de la domination des Grands Mogols.

L'influence des soufis a peut-être contribué à conférer à Râma l'absolue transcendance et la miséricorde infinie de l'Allah des musulmans. Kabîr, l'un des grands poètes mystiques de langue hindie, était d'origine indo-musulmane et appartenait à la basse caste des tisserands. L'hypocrisie du clergé musulman le révoltait tout autant que celle des brâhmanes indous. Pour lui, le Dieu unique, Râm ou Allah, était trahi par ceux qui prétendaient le faire connaître :

Réfléchis, ô pandit, dis-moi ce qu'est la mâyâ, *mâle ou femelle ?*

Dans la maison du brâhmane, c'est une brâhminî, dans celle du yogî, c'est une yoginî ;
en récitant la kalimâ, *elle est devenue musulmane, au* kali-youga, *elle reste seule...*

Sans prendre époux, sans s'accoupler, elle enfante des fils !
Elle ne repousse aucun homme, chevelu ou rasé : de l'origine à maintenant elle est restée vierge.

Elle ne loge pas chez son père, ni chez son beau-père,
ni ne couche avec son époux.
Ils vivent éternellement ceux qui ont abandonné caste et famille.

(*Au cabaret de l'amour,* LV.)

Kabîr situe Râma au-delà de toute détermination. Les religions ne sont pour lui que des créations humaines et leurs Dieux, les manifestations illusoires de leurs rêves.

Pourtant, s'il donne au sien le nom de Râma, c'est qu'il l'a trouvé à Bénarès où son père tenait échoppe, et où il côtoyait tous les jours les brâhmanes de la caste des Pandé, qui vivaient du service des temples, et les cadis qui faisaient observer la loi coranique :

Si Allah demeure dans une mosquée,
à qui appartient le reste du monde ?
Les Indous disent qu'Il demeure dans une idole.
Ils se trompent les uns et les autres.
Ô Allah-Râma, c'est pour toi que je vis,
ô Maître, aie pitié de moi !

On dit que Vishnou demeure au sud,
et Allah à l'ouest :
cherche-Le dans ton cœur, dans tous les cœurs ;
Là est sa demeure.

Le brâhmane jeûne chaque onzième jour des demi-lunaisons,
le cadi observe le ramadan :

il met de côté onze mois de l'année,
pour ne travailler à son salut que le douzième !

Pourquoi se baigner à Jagannâth Pouri,
pourquoi se prosterner à la mosquée ?
Qui prie, le cœur plein de fourberie,
que lui sert de faire le pèlerinage à la Ka'ba ?

Hommes, femmes, ils sont tous tes créatures,
tous des formes de Toi ;
Kabîr est le disciple de Râma et d'Allah,
tous les êtres sont mes gourou et mes pîr.

Écoutez Kabîr, hommes et femmes,
prenez refuge dans l'Unique ;
invoquez seulement son nom,
et vous serez sauvés.

(*Au cabaret de l'amour,* VI.)

***

Le monothéisme œcuménique et révolté de Kabîr faisait de Râma une figure trop proche d'Allah et des mouvements spirituels qui se réclament de sa tradition pour que ne naissent pas parfois entre les indous et les musulmans des problèmes de rivalité et d'exclusion.

La renommée de Kabîr déborde largement les frontières du parler hindi. Au Mahârâshtra, Toukâram le cite continuellement. Mais quand, au XVIIe siècle, le roi-guerrier Shivaji demanda à Toukâram d'être son gourou pour donner un appui religieux à son grand projet politique de libérer le pays de la domination musulmane, il refusa, et c'est un brâhmane, Râmdâs, dont la divinité d'élection était Râma, qui accepta. La rivalité entre les partisans de Râmdâs et les pèlerins de Pandharpour, entre Râma et Krishna donc, révèle bien une différence fondamentale entre la *bhakti* des uns et celle des autres.

Les Râmdâsis rêvent de revenir à l'âge d'or qu'ils identifient avec le royaume de Râma, le *Râma-râjya*. Pour eux, si les musulmans ont pu dominer si longtemps les indous, c'est que l'organisation sociale des quatre castes a dégénéré : en particulier, les brâhmanes négligent les vertus qui justifiaient leur prééminence, c'est-à-dire le renoncement, le désintéressement, la recherche intellectuelle : ils se sont laissés corrompre par l'appât du gain et du pouvoir. Pour que cesse la domination des musulmans, il faut, selon eux, que les brâhmanes se réforment et retrouvent leurs anciennes vertus. Le mouvement des Râmdâsis s'adresse donc essentiellement aux brâhmanes. Mais le peuple des paysans du Mahârâshtra qui constitue les foules des pèlerins de Pandharpour et des soldats de Shivadi ne les suit pas. Krishna n'est pas pour eux un Dieu qui les appelle à la guerre sainte. Les brâhmanes râmdâsis ne réussiront pas à transformer la guerre de libération entreprise par les Marathes contre les Mogols en une guerre de religion.

Les Marathes furent victorieux et dominèrent l'Inde de 1707 à 1817. Ils reconstruisirent les temples de Mathoura, la ville de Krishna, mais laissèrent ceux d'Ayodhyâ, la ville de Râma, dans l'état de dévastation où les musulmans l'avaient plongée. Le *Râma-râjya* ne redevint une utopie dynamique que sous l'hégémonisme britannique et diffusa alors les idéaux de la résistance indoue.

Au début du XXe siècle, un brâhmane râmdâsi, Savarkar, s'efforça, au nom de la défense de l'identité indoue, d'organiser une résistance violente au colonisateur. Mais c'est Gandhi qui mobilisa les masses pour une résistance non violente, dans la mouvance de Kabîr, son poète préféré. Son Dieu de prédilection était Râma, le Râma du tisserand de Bénarès, un Râma en quelque sorte krishnaïsé, non celui des brâhmanes réactionnaires d'Ayodhyâ. Gandhi mourut en prononçant le nom de Râma ; le jeune brâhmane qui l'assassina avait été formé dans les gymnases créés par Savarkar et les Râmdâsis.

Ces gymnases sont dédiés à Hanoumân, le Dieu singe qui aida, nous le verrons, le preux Râma à délivrer sa belle Sîtâ enlevée par le démon Râvana. Pour les fidèles de Râma, Hanoumân est le symbole de l'amour d'obéissance ; pour les râmdâsis, il symbolise la force brutale qu'il faut mettre au service de la cause du nationalisme indou.

En 1988, la télévision indienne diffusa un feuilleton en soixante-dix épisodes tiré du *Râmâyana*, qui connut un immense succès auprès de tous les publics. Hanoumân y figurait en bonne place, comme le fidèle allié de Râma, mais surtout comme l'invincible champion de ses combats. Les jeunes fondèrent partout des clubs

Hanoumân et une association, la Râm Limited, édita à plus de cent mille exemplaires une bande dessinée qui décrivait les exploits d'Hanoumân comme une sorte de Superman indien. Elle fabriqua même, en plastique, des modèles de la masse d'armes dont Hanoumân se sert pour écraser ses adversaires. Ce jeu devint populaire auprès des enfants : à Indore, par exemple, on en vendait chaque mois pour plus de 40 000 roupies et partout des bandes de gosses parcouraient leur quartier pour y dépister les démons et les écraser ; ces démons étant le plus souvent les enfants des musulmans ou des intouchables.

Cette chasse aux sorciers dépassa vite les limites d'un jeu d'enfant. Un mouvement intégriste qui revendiquait « l'Inde aux indous », le Vishva Hindou Parishad, lança une campagne au vitriol contre les musulmans, et son slogan le plus populaire était : « Allons reconstruire le temple de la nativité de Râma en Ayodhyâ. » L'année précédante, un mouvement de jeunesse, le Bajrânga Dal (Bajrânga est l'un des noms de l'Hanoumân guerrier) se crée : ses membres font le vœu de reconstruire le temple ou de mourir. Des comités de soutien se forment un peu partout, dont chaque membre fabrique une brique frappée du nom de Râma : de longues processions de chars ornés comme ceux des temples se dirigent vers Ayodhyâ pour les y transporter. Le 9 novembre 1989, avec l'accord tacite du gouvernement qui ferme les yeux, la première brique est posée à quelques pas de la mosquée qui a remplacé le temple, au milieu d'une foule enthousiaste et fanatisée. A la fin du mois, le gouvernement de Rajiv Gandhi perdait les élections et tombait.

***

Ces récents développement du mythe de Râma illustrent d'une façon dramatique combien il correspond, dans la conscience indienne, à la permanence d'un grand rêve. La série télévisée a sans doute eu plus de spectateurs (estimés à 60 millions) que le *Râmâyana* de Valmiki ou même que celui de Toulsidâs n'eurent jamais d'auditeurs ou de lecteurs. Elle provoqua un formidable accroissement des ventes des traductions, dans les langues modernes de l'Inde et en anglais, des œuvres originales. Le succès du feuilleton consacré à Râma entraîna la réalisation d'une nouvelle série, tirée cette fois du *Mahâbhârata*, qui eut plus de succès encore. Krishna et Râma continuaient de se diviser le cœur des Indiens, avec un avantage certain en faveur de Krishna.

Les fouilles archéologiques effectuées sur le site d'Ayodhyâ confirment cette primauté. Près du site de la mosquée sacrilège, on a en effet découvert quelques poteries du VIIe siècle avant notre ère, mais nulle trace du palais fabuleux où serait né Râma. Or à Mathoura, le lieu légendaire de la naissance de Krishna, les fouilles ont mis au jour les fondations de temples somptueux et de bâtiments urbains datant du IIIe siècle avant notre ère.

Il reste que le *Râmâyana* commence et finit par des descriptions grandioses d'Ayodhyâ, bien que la cité royale fût créée plusieurs siècles après celle de Mathoura.

> *La cité était munie de tours aux portes cintrées et fermées de battants qui y protégeaient de nombreux marchés ; les munitions de guerre y abondaient, ainsi que les artisans. (...) Des fossés profonds la rendent inaccessible et imprenable ; nul ennemi ne peut s'en approcher ; elle abonde en chevaux, en éléphants, en bœufs, en chameaux, en ânes.*
>
> *Les rois des alentours y convergent, apportant leurs tributs ; les négociants de tous pays y viennent commercer.*
>
> *Des temples semblables à des montagnes de pierres précieuses la décorent, et mille palais la font ressembler à la cité royale d'Indra. (...)*
>
> *Les logis des artisans y sont à touche-touche ; le terrain en est soigneusement nivelé : le riz y abonde : le jus de canne à sucre y coule comme de l'eau. (...) Ses habitants sont l'élite de l'humanité.*
>
> (*Râmâyana*, I, 10, 9-19.)

On peut imaginer cette cité idéale selon le modèle des grandes cités de la civilisation de l'Indus, Harappa ou Mohenjo-Daro, aujourd'hui au Pakistan. En Inde, à la différence de l'Europe, la civilisation de la cité a précédé celle du village.

Selon la chronologie mythologique, Râma précède Krishna. Mais, entre ces deux figures du Dieu unique, il y eut la naissance du *kali-youga*, qui effaça toutes traces des âges précédents.

Les invasions mogoles du XVIe siècle, par contre, sont encore bien visibles sur le terrain.

Tieffenthaler a décrit, dans sa langue du XVIIIe siècle, ce qu'il a constaté de ses yeux. Ce jésuite tyrolien écrivait en français pour l'Académie des Inscriptions et Belles Lettres, vers les années 1780 : « Avad, appelée Adjudéa par les indous lettrés, est une ville de la plus haute antiquité. (...) Sur la rive sud du Déva se trouvent divers bâtiments construits par les Gentils en mémoire de Râm. (...) Le lieu le plus remarquable est celui que l'on nomme Sorgadoari [Svarga-dvâra, ou Porte-du-Paradis], c'est-à-dire le Temple Céleste. Car ils disent que Râm a enlevé de là au ciel tous les habitants de la ville : ce qui a quelque ressemblance avec l'Ascension du Seigneur. (...) Il y avait ici un temple construit sur les bords élevés du fleuve ; mais Aurengzebe, toujours attentif à propager la secte de Mahomet et ayant en horreur les Gentils, le fit démolir et remplacer par une mosquée accompagnée de deux obélisques, afin d'abolir jusqu'au souvenir de la superstition indoue. (...)

« L'empereur Aurengzebe a fait démolir la forteresse appelée Ramcot, et a élevé au même lieu un temple mahométan à triple coupole. D'autres disent qu'il a été construit par Babor. On y voit quatorze colonnes de pierre noire, hautes de cinq empans, qui occupaient l'emplacement de la forteresse. Douze de ces colonnes portent maintenant les arcades intérieures de la mosquée : deux de ces douze sont placées à la porte du cloître. (...) On raconte que ces colonnes, ou plutôt ces débris de colonnes, artistement travaillées, ont été apportées de l'île de Lanca ou Selendip (appelée Ceylan par les Européens), par Hanoumân, roi des singes.

« On voit sur la gauche une caisse carrée élevée à cinq pouces de terre, revêtue de chaux, longue d'environ cinq aunes, large tout au plus de quatre. Les Indous la nomment Bédi, c'est-à-dire le berceau. La raison en est qu'il y avait autrefois ici une maison où Bescham [Vishnou] nâquit en se produisant sous la figure de Râm, et où sont aussi nés ses trois frères. Dans la suite, Aurengzebe ou, selon d'autres, Babor fit raser ce lieu afin d'ôter aux Gentils l'occasion d'y pratiquer leurs superstitions ; néanmoins ils rendent encore un culte superstitieux à l'un et l'autre endroit, savoir, à celui où était la maison natale de Râm, en en faisant trois fois le tour, prosternés par terre...

« Le 24 du mois de Tschet *[chaïtra]*, un grand concours de peuple célèbre ici le jour de la naissance de Râm, si fameux dans l'Inde entière. Pas loin de là est un endroit où l'on creuse des grains de riz noirs convertis en petites pierres, que l'on dit être cachées sous terre depuis le temps de Râm. » (*La Géographie de l'Indoustan*, p. 252.)

C'est en effet Babour, le lointain descendant de

Gengis Khan, qui fit bâtir au XVIe siècle l'élégante mosquée à trois coupoles, aujourd'hui l'objet de tant de ressentiments. Malgré la construction de la mosquée, les indous continuèrent à venir en foule sur les lieux où était apparu Râma pour établir sur terre son royaume universel. On ne décapite pas un mythe avec le fil d'un cimeterre.

***

Le souvenir ou l'attente de ce royaume utopique sont encore visibles sur le sol jadis florissant du haut Bihar, aux confins des frontières actuelles de l'Inde et du Népal. Râma naquit à Ayodhyâ. Son père régnait sur le Koshala. Pour des raisons politiques, il lui fit épouser la fille adoptive du roi du Mithila voisin, la belle Sîtâ, surnommée la « Jânakî » parce qu'elle appartenait au clan royal des Jânaka qui gouvernait ce royaume. Le *Râmâyana* raconte la naissance miraculeuse de Sîtâ :

> *Je labourais mon champ ; du soc de la charrue sortit une petite fille.*
>
> *Je pris l'enfant et lui donnai le nom de Sîtâ par allusion aux sillons que je traçais dans mon champ. Née du sol, je l'ai élevée comme ma fille.*
>
> (*Râmâyana*, I, 66, 13.)

Cela se passait à Sîtâ-marhi, où l'on montre aujourd'hui la fosse d'où sortit Sîtâ. Ce sillon profond attire les foules des pèlerins pendant les quinze jours qui précèdent la fête de la naissance de Râma (le neuvième jour clair du mois de *chaïtra*). A quelques lieues de là, sur la route de Darbhanga, le petit village de Phouler, célèbre pour la beauté des fleurs qui poussent alentour, dort au pied d'une montagne sauvage. Sîtâ avait coutume de venir y cueillir des fleurs et de se baigner dans la piscine du village, avant de gravir la montagne pour porter ses offrandes embaumées à la déesse Girijâ dont le sanctuaire couronnait le mont. Un jour, elle vint avec une seule compagne : les bras chargés de bouquets, elle croisa deux jeunes gens qui, eux aussi, cueillaient des fleurs. Ses yeux rencontrèrent ceux du plus beau, dont le visage brillait d'un regard étincelant. Elle baissa modestement les yeux et poursuivit sa route, mais Râma, tout songeur, laissa tomber ses fleurs, et après quelques moments de ravissement, entraîna son frère Lakshmana vers leurs coursiers.

Lorsque Sîtâ aperçut Râma et que Râma aperçut Sîtâ, le dieu d'Amour, les visant tour à tour, ajusta soigneusement ses traits.

Ils se dissimulent l'un à l'autre, dès leur naissance, les premiers ravissements de l'amour, comme s'ils enracinaient au plus profond de leur cœur les piliers de leur infinie vertu.

Ils étaient assortis en âge, en noblesse et en charme : on eût dit le roi Adolescent forçant la forteresse de la Beauté.

Cette beauté dont la vision réjouit l'âme, comment

pourrait-on la décrire ? Un muet qui a bu du nectar peut-il en traduire la saveur ?
(*Jânakî Mangala*, 84-87.)

Le *Jânakî Mangala*, qui décrit cette rencontre, s'inscrit dans la tradition des chants nuptiaux que les femmes de toute famille se transmettent de mère à fille. C'est sans doute une des œuvres mineures de Toulsî-dâs, mais elle a connu la plus constante popularité. L'image de Sîtâ qu'il projette a profondément influencé les femmes indiennes. C'est l'image de l'épouse *pati-vrâta*, celle qui est prête à tous les sacrifices pour obéir à son mari et le suivre. Sîtâ est certes le « sillon », donc la terre source de toute prospérité et de toute richesse, mais c'est un sillon tracé par la charrue de son mari. La tradition râmaïque, de Valmiki à Toulsî-dâs, magnifie ce second aspect. Le *dharma* du royaume idéal que Râma est venu restaurer sur terre impose la dure loi des castes (*varna*) qui fait obligation aux *shoudra*, c'est-à-dire à tous les paysans et artisans, de se soumettre aux castes de *kshatrya* et de brâhmanes ; il contraint non moins durement les femmes à l'obéissance à leur mari.

Le *Râmâyana* ne cache pas son opinion défavorable sur les femmes. La rencontre romanesque de Râma et de Sîtâ ne doit pas détourner de l'épisode précédent : le jeune homme et son frère venaient de l'âshram de leur gourou Vishvamitra, situé à quelques lieues de là, à Bésoual. Or son maître lui avait indiqué, entre autres enseignements :

Que le meurtre d'une femme ne t'émeuve pas : c'est l'intérêt des quatre castes qui doit toujours prévaloir dans l'esprit d'un prince.

Pour protéger son peuple un roi doit tout oser, même un crime : c'est l'éternel devoir de ceux qui sont destinés à porter le faix de la royauté.

(*Râmâyana*, I, 27, 17-19.)

Sîtâ sera la plus pathétique victime de cette raison d'État qui justifie tout, dans la perspective du *dharma* de Râma. Râma conquit la main de la fille du sillon, à l'issue d'une épreuve où il brisa l'arc de Shiva. Après le mariage célébré selon les rites brâhmaniques (le *Jânakî Mangala* insiste sur l'orthodoxie de la cérémonie), les nouveaux mariés retournèrent à Ayodhyâ. Pour Sîtâ, les épreuves commencèrent aussitôt.

Râma était en effet l'héritier légitime du roi son père qui, se sentant viellir, décida de renoncer au pouvoir. Il choisit Râma comme successeur, puisqu'il était le fils de sa première femme. Mais les intrigues de sa seconde femme éliminèrent finalement Râma au profit du fils de cette dernière, Bharata. Râma, exilé dans la forêt, supplie Sîtâ de ne pas l'y suivre. En vain :

Il me faut t'accompagner, c'est l'ordre de mes vénérés parents ; ton éloignement m'obligerait à renoncer sur-le-champ à la vie.

Privée de son époux, la femme ne saurait vivre.

(...) Tu es mon mari, je t'accompagnerai, ô mon bien-aimé. (...)

Ô toi dont l'âme est pure, je resterai irréprochable en m'attachant pieusement aux pas de mon époux ; car l'époux est la suprême divinité. (...)

La femme qui, dans ce monde, a été donnée par ses parents à un homme au moyen de l'eau lustrale, suivant le dharma, *lui appartient même après la mort. (...)*

Si malgré ma douleur tu ne veux pas me conduire dans la forêt, je choisirai entre le poison, le feu ou l'eau, ces moyens de mort.

(*Râmâyana*, II, 29, 5-21.)

C'étaient bien les arguments propres à convaincre son mari. Les deux époux partent donc en exil, accompagnés du fidèle Lakshmana, dans l'immense et sauvage forêt de Dandaka, qui couvrait le Dekkan, de Nâsik à l'ouest, à la côte de l'Orissa. Aujourd'hui encore les pèlerins visitent à Nâsik la grotte où Râma et Sîtâ passèrent leurs années d'exil. C'est là que l'on peut voir, émergeant des eaux du fleuve, le roc pointu du nez de la démone Surpanakha : Lakshmana l'avait sectionné pour couper court à ses tentatives de séduction. Cet exploit donna son nom à la ville de Nâsik, la « cité-du-nez ». Mais la démone était la sœur du terrible roi du Shrî-Lanka, Râvana, qui accourut venger l'honneur bafoué de sa sœur. Il tomba à son tour amoureux de Sîtâ et décida de l'enlever. Pour éloigner le mari, il demanda à l'un de ses parents de prendre la forme d'une antilope au poil d'or tacheté d'argent.

La vertueuse Sîtâ voulut s'en procurer la peau avec l'idée d'améliorer le confort de sa grotte : elle persuada Râma, qui partit en chasse, laissant Lakshmana pour protéger Sîtâ. A la suite d'un nouveau stratagème, Lakshmana fut à son tour éloigné par Sîtâ, qui l'accusait, à tort, d'en vouloir à sa vertu. Râvana en profita : prenant l'aspect d'un pieux brâhmane, il se fit donner l'hospitalité par Sîtâ, lui déclara son amour et, devant son refus d'y répondre, l'enleva. Quand Râma revint et trouva la grotte vide, il se laissa aller au désespoir.

Telle est, résumée très rapidement, l'histoire que conte le *Râmâyana* de Valmiki. Dix siècles plus tard, dans le récit de Toulsi-dâs, les plaintes de Râma deviennent paradoxalement un réquisitoire antiféminin.

> *Désir, colère, cupidité, orgueil composent l'armée redoutable de l'égarement ; mais parmi eux tous, le plus terrible ennemi, c'est encore la femme, l'illusion incarnée !*
>
> *Selon l'enseignement des* Védas, *des* Pourânas *et des saints, la femme est comme le printemps dans la forêt de l'illusion, comme l'été brûlant qui assèche les sources et les lacs de la prière, de l'obéissance et des ascèses.*
>
> *Elle est la saison des pluies qui ravive les*

grenouilles du désir, de la colère, de l'orgueil et de la jalousie.

Elle est l'automne qui fait s'épanouir la masse des lotus des mauvaises pensées. Elle est l'hiver qui afflige et détruit les champs où pousse le lotus du dharma. *Et la saison des frimas qui fait refleurir l'arbre nouveau de l'égoïsme, c'est la femme, encore.*

La femme est une nuit sombre et funeste, hantée par les chauves-souris du péché.

C'est un hameçon mortel pour les poissons de la conscience et de la force d'âme.

(*Râmâyan*, III, 20, 43-44.)

De la force d'âme, Râma n'en manquait pas. Il se met en chasse pour retrouver les traces du ravisseur. Mais est-ce vraiment par amour pour Sîtâ ? Grâce à Hanoumân et à ses alliés les singes, il découvre que sa bien-aimée est prisonnière dans l'île de Lanka. Grâce à Hanoumân toujours, il réussit à y faire passer son armée : Râvana est tué, Sîtâ délivrée. Et quelles sont les premières paroles que, selon Valmiki, il lui adresse en la retrouvant ?

Que l'on sache bien, sois-en heureuse, que cette pénible campagne, glorieusement terminée grâce à la vaillance de mes amis, ce n'est pas à cause de toi que je l'ai entreprise ; c'est pour effacer complètement l'affront que j'avais essuyé, pour venger l'insulte faite à mon illustre famille.

Désormais, va-t-en où bon te semblera ; je te congédie. (...) Une femme qui séjourna dans la maison d'un autre, quel homme d'honneur et de bonne famille se laisserait égarer par la passion au point de la reprendre ?

Râvana t'a souillée en te pressant contre son sein, et en jetant sur toi des regards lascifs. Comment te reprendrais-je, moi qui me réclame d'une race illustre ?

Le but pour lequel je t'ai reconquise, je l'ai atteint. Je ne tiens plus à toi. Va-t-en où tu voudras !

(*Râmâyana*, VI, 115, 15-21.)

A ces paroles inspirées par la vanité de l'homme d'honneur plus que par l'affection d'un homme de cœur, Sîtâ répond fièrement :

Ce sont les mœurs de certaines femmes qui te font suspecter notre sexe ; mais bannis ce soupçon, car je te suis connue. (...)

En te livrant ainsi à la colère, tu agis comme un homme de rien, par préjugé contre les femmes.

J'emprunte mon nom à Janaka, non ma vie ; je suis née du sein de la terre !

(*Râmâyana*, VI, 116, 7-15.)

Cette réponse est ambiguë : si Sîtâ n'était qu'une simple femme, elle comprendrait (et approuverait ?) l'attitude de son mari ; mais elle est fille de la Terre, donc quasi-déesse ; en d'autres passages du *Râmâyana*, elle est d'ailleurs identifiée à Shrî ou à Lakshmî. Râma ne devrait donc pas la traiter comme si elle pouvait succomber à la perversité naturelle des femmes. Au reste, son argumentation ne convainc pas Râma, qui n'accepte de la reprendre, provisoirement, avec lui que grâce aux objurgations d'Agni le Feu sacrificiel, de Brahmâ lui-même et d'Hanoumân, attestant que Sîtâ est restée scrupuleusement fidèle à son mari pendant son enlèvement et sa détention. La malheureuse n'est pas encore au bout de ses peines.

***

L'armée victorieuse remonte donc sur ses chars volants et s'en retourne à tire d'ailes vers Ayodhyâ. Alors qu'ils survolent la forêt Dandaka, Hanoumân suggère à Râma de donner à sa mère la joie de le contempler et d'atterrir quelques instants à Nâsik. La région abonde en sanctuaires dédiés au Dieu-singe, appelé localement Mârouti. Ainsi à Nâsik, faisant face à l'entrée du temple du Râma noir (Kala-Râma), se dresse la statue d'un Mârouti dont les deux bras pendent jusqu'aux genoux, et dont les paumes ouvertes pour prier indiquent la terre comme pour supplier Râma d'atterrir en ce lieu ; on dit qu'elle y fut placée par le poète Râmdâs au cours d'un séjour qu'il fit dans un ermitage voisin pendant les années 1630.

La mère d'Hanoumân, Anjanâ, était à l'origine la plus séduisante des nymphes. Quand Vishnou, répondant aux appels au secours de la Terre (qui prit elle-même la forme de Sîtâ), se transforma en Râma, Brahmâ demanda aux Dieux de s'incarner en singes pour constituer l'armée du prince d'Ayodhyâ. Anjanâ, une des divines danseuses du palais de Brahmâ, se fit guenon et épousa un singe à la superbe crinière. C'était un langour, cette sorte d'atèle de l'Inde à la queue immense, au poil de neige, à la face noire. Mais chaque soir, Anjanâ sortait de la caverne conjugale, reprenait sa forme divine et se promenait sur les collines qui dominent Nâsik.

Une nuit, Vâyou, le Dieu du vent, la vit et succomba à son charme : il gonfla ses joues lascives et à coups de vent déshabilla peu à peu la nymphe. La beauté de son corps affola sa passion : il l'enlaça et la pénétra. La belle s'inquiéta des réactions de son mari ; le Dieu la rassura : « Un fils te naîtra et ce sera le plus puissant des Singes. Tu l'appelleras Mârouti, puisque ce sera mon fils. » (Marout est le vieux nom védique du vent.) La nymphe regagna sa couche dans la caverne, et bientôt lui naquit un fils qui, à peine sorti de son sein, cria : « J'ai faim ! »

Anjanâ bondit dehors pour lui cueillir quelque fruit, mais glissa dans un ravin. L'enfant, impatient, criait à fendre les rochers. Finalement, il sortit et aperçut le soleil de l'aube qui montait entre deux collines, pourpre comme une orange mûre, rebondi comme une noix de coco, lustré comme une banane d'or. L'enfant s'élança pour cueillir ce fruit désirable : sa force était telle qu'en un clin d'œil il atteignit les abords du soleil. Vâyou son père, qui avait reconnu ce météore, se plaça invisiblement derrière lui, lui soufflant le plus frais de ses alizés pour l'empêcher de s'embraser.

Or, c'était un jour d'éclipse, et le démon Râhou s'apprêtait lui aussi à dévorer le soleil pour se venger d'une vieille injure. L'enfant le heurta de plein fouet et le fit culbuter dans l'espace. Furieux, le démon courut se plaindre à Indra, qui enfourcha aussitôt son éléphant de guerre pour punir le perturbateur de l'ordre cosmique. Comme ce n'était qu'un enfant, il lui décocha le moins mortel des carreaux de sa foudre. L'enfant, atteint au genou, retomba sur son rocher natal où il se fracassa la mâchoire et s'évanouit. Vâyou, croyant son enfant mort, prit le corps brisé dans ses bras et s'enferma dans la caverne, fou de douleur. Le cosmos, privé de vent, les Dieux et les hommes, privés de souffle, ressentirent les angoisses de l'étouffement final. Ils implorèrent Brahmâ, qui pénétra dans la caverne et ressuscita l'enfant. Vâyou se remit à souffler et le monde à respirer. Les Dieux retournèrent dans leur ciel, non sans avoir accordé à Hanoumân le privilège d'impunité contre toutes les armes brâhmaniques et démoniaques.

Le Dieu-singe, Hanoumân-Mârouti, occupe une place éminente dans le *Râmâyana*.

Quand Râma, désespéré par l'enlèvement de Sîtâ, cherche un allié pour la reconquérir, c'est Hanoumân et ses langours qu'il choisit. C'est lui qui découvre le repaire insulaire de Râvana, lui qui d'un bond prodigieux traverse la mer et sème la panique dans l'armée démoniaque, lui qui rassure Sîtâ et défend publiquement sa vertu quand son mari menace de la répudier.

On sait que chaque Dieu est accompagné d'un animal favori, appelé *vâhana*, ou monture, dont on place la statue en face de la porte des temples de son cavalier. Ainsi le singe langour serait à Râma ce que le milan Garouda est à Vishnou, le taurillon Nandin à Shiva, la souris à Ganésha, le lion à Dourgâ, l'oie cendrée à Brahmâ, l'éléphant blanc à Lakshmî, le paon à Kârtikéya, etc. Ce bestiaire n'aurait-il pas pour fonction d'indiquer la spécificité de chacune des divinités alternatives ? Hanoumân brandit une massue, symbole de l'autorité royale. Cette massue, appelée *gadâ*, est la forme décorative du bâton, *dânda*, insigne de la justice punitive du roi. Le singe serait donc le porte-massue du Dieu justicier, celui qui réprime tous les manquements au *dharma* des castes.

***

En continuant son vol vers Ayodhyâ, les chars ailés de l'armée victorieuse survolent une montagne située au centre de la forêt de Dandaka, à quelques lieues au nord de Nâgpour, là où le *shoudra* Shambouka accomplissait ses ascèses illégales. On se souvient que Râma était revenu l'y tuer pour protéger le *dharma* en péril. En mourant, le *shoudra* lui demanda trois grâces : qu'un temple soit bâti en ce lieu à sa mémoire, qu'il soit lui-même transformé en *linga* et qu'une fête annuelle y attire des foules de pèlerins.

Aujourd'hui, deux grandes fêtes sont célébrées en cet endroit : la principale au neuvième jour clair du mois de *chaïtra*, jour mémorial de la naissance de Râma, la deuxième à la pleine lune de *kârtika*. L'enceinte sacrée enferme plusieurs temples bâtis à des époques différentes : le plus ancien, celui de Râma et de Sîtâ, rappelle le style des temples de Khajouraho ; un autre commémore le meurtre du *shoudra* ; il abrite un *linga* nommé Dhoumréshvar, ou le Seigneur de braise ; un troisième est dédié à Radhâ-Krishna : un autre à Lakshmana ; enfin un curieux édicule, dont la moitié est dédiée à Ganpati et l'autre moitié au Dieu invisible d'une communauté locale de disciples de Kabîr. Le monothéisme alternatif inscrit ici sa mythologie. Sous le patronage général de Râma, chaque pèlerin vient faire sa dévotion à sa divinité d'élection, Râma, Sîtâ, Lakshmana, Krishna, Radhâ, Shiva : il y a même au pied de la colline un vieux temple jaïn, dédié au *tirthankar* Parshva Nâth. (Les *tirthankar*, ou « passeurs-de-gué » de la religion jaïn, correspondent aux *avatâr* des indous.)

La transformation du *shoudra* décapité en *linga* de Shiva montre que la relation entre Râma et Shiva peut être conflictuelle. Les deux noms du *shoudra*, Shambouka ou Dhoumréshvar, ont des consonances shivaïtes évidentes. On se souvient que, pour conquérir Sîtâ, Râma dut briser l'arc de Shiva : Râvana, le puissant roi démoniaque du Shrî-Lanka, était un adorateur fidèle de Shiva, qui lui avait accordé une épée invincible pour lui permettre de conquérir l'univers. Cette relation fort conflictuelle entre Râma et Shiva dans le *Râmâyana* de Valmiki est néanmoins une relation de proximité. Dans le *Râmâyana* de Toulsî-dâs, elle devient une véritable alliance. Le poète de Bénarès avait deux divinités de prédilection, Shiva, dont Bénarès est la cité, et Râma : il composera deux chants nuptiaux, l'un où il célèbre le couple Râma et Sîtâ, l'autre où il célèbre celui de Shiva et Pârvatî.

***

Le survol de l'Inde par le char de Râma après sa victoire sur Râvana permet au Dieu-roi de faire admirer à son épouse délivrée l'immense étendue de son royaume, et au poète du *Râmâyana* de décrire quelques-uns des lieux les plus sacrés de l'Inde de son temps. Passant au-dessus de Tiroupati sur le char volant, cinq singes guerriers de l'escorte royale, Gaksha, Gavaksha, Gavaya, Sharabha et Gandhamadana, demandèrent à leur patron d'atterrir.

Tiroupati est aujourd'hui le pèlerinage le plus populaire de l'Andhra Pradesh et aussi l'un des plus riches de l'Inde. On y vient de partout vénérer le seigneur du lieu, Venkateshvar, que les pèlerins du nord appellent Balaji. Le temple couronne l'éperon le plus méridional d'une cordillère qui porte le nom du serpent Shésha, celui qui sert de couche à Vishnou-Nârâyana quand il sommeille entre deux recréations du monde. La mythologie affleure ici en chaque pointe rocheuse. L'offrande la plus spectaculaire que doivent faire les pèlerins est celle de leur chevelure, et d'immenses salons de coiffure font de Tiroupati le plus grand centre mondial de production de cheveux.

La légende ne dit pas si les singes y avaient sacrifié leurs flamboyantes crinières quand Râma, préparant son expédition contre le Shrî-Lanka, y avait rassemblé ses troupes. Mais les cinq singes avaient profité de l'occasion pour gambader dans les jungles voisines et se gaver de fruits. Sautant d'arbre en arbre, ils étaient arrivés à l'entrée d'une grotte. Ils s'y engouffrèrent hardiment et découvrirent une immense caverne illuminée. Au milieu se dressait un gigantesque char, étincelant d'or et de pierres précieuses, sur lequel des danseuses célestes et les musiciens des Dieux entretenaient un spectacle permanent. On les conduisit jusqu'au trône du maître de ces lieux, que le *Varaha Pourâna* décrit ainsi :

> *Un noble personnage était assis sur le char. Son visage avait l'éclat de la pleine lune. Deux de ses quatre bras tenaient la conque et le disque. Sur son trône d'or fin, constellé de pierreries, siégeaient à ses côtés ses deux* shakti, *Shrîdévi et Bhoudévi, la Fortune et la Terre.*
>
> (*Venkatachala Mahatmya*, p. 121.)

Les singes émerveillés s'inclinèrent pour rendre hommage au Dieu de l'univers qui leur dévoilait ainsi toute sa splendeur. Il les chargea d'un message pour

Râma, l'assurant de sa victoire prochaine sur le tyran du Shrî-Lanka. Le souvenir de cette aventure resta si fortement gravé dans leurs cœurs qu'au retour de l'expédition ils voulurent retourner dans la grotte et y demeurer à jamais. Dès que le char se fut posé sur la sainte montagne, ils coururent vers la jungle où ils avaient trouvé l'entrée de la merveille. Mais ils eurent beau examiner chaque pouce du terrain, chaque rocher, ils ne purent découvrir le passage qu'ils avaient si facilement franchi naguère ! Dieu, conclut le *Pourâna*, ne se découvre que par grâce. Son bon plaisir est imprévisible.

Les singes et toute l'armée remontèrent sur le char qui survola la forêt Dandaka et atterrit enfin à quelques lieues au sud d'Ayodhyâ. Râma envoya alors Hanoumân prévenir son frère Bharata de son retour victorieux. Il ne savait pas quel accueil on lui réserverait. Pendant quatorze ans, Bharata avait régné légitimement sur Ayodhyâ ; mais il aimait tant son frère Râma qu'il avait toujours gouverné en son nom, plaçant même les sandales fraternelles sur le trône royal pour indiquer que le vrai roi d'Ayodhyâ restait son aîné exilé. La nouvelle du retour de Râma le remplit d'une immense joie. Il fit décorer Ayodhyâ pour recevoir dignement son vrai roi.

*
* *

La rencontre de Râma et de Bharata constitue l'un des plus émouvants épisodes du *Râmâyana*. C'est aussi l'une des fêtes les plus populaires de Bénarès. Le onzième jour clair du mois d'*âshvina*, c'est-à-dire le lendemain de la fête de *Dassarâ*, une foule immense assiste au spectacle organisé dans la cité par le *râja* de Bénarès pour commémorer cette rencontre. Le *râja* dirige aussi et subventionne dans sa ville, Râmnagar, située sur l'autre rive du Gange en face de Bénarès, une célèbre *Râma-lîlâ*.

La *Râma-lîlâ* de Râmnagar fut créée il y a moins de deux siècles par un *râja* de Bénarès. L'Inde a le génie de se constituer des traditions qui deviennent immémoriales en quelques années. Le voyageur s'y laisse facilement prendre, qui voit partout l'expression de traditions très anciennes. Tout change au contraire et constamment dans cette civilisation trimillénaire où chaque nouveauté s'intègre comme si elle y avait toujours existé.

Ceux qu'on appelle encore les *râja* de Bénarès appartiennent à une caste de brâhmanes, les Bhoumihâr, qui étaient les principaux paysans-propriétaires de la région. La lignée, d'origine récente, remonte à Mansa-Râm, qui acheta son titre en 1738. Bénarès avait été gouvernée auparavant pendant plusieurs siècles par des dignitaires mogols. Le fils de Mansa-Râm, Balwant Singh, consolida son pouvoir, mais le fils de ce dernier, Chet Singh, dut céder le plus clair de ses prérogatives à Warren Hastings et à la Compagnie anglaise des Indes orientales en 1775. A partir de cette date, les râjas de Bénarès ne le furent plus qu'en titre et n'eurent plus aucun pouvoir exécutif sur leur royaume. Ils durent s'installer de l'autre côté du Gange, où ils fondèrent la cité de Râmnagar. C'est là qu'au début du XIXe siècle le râja Ishwarî Prasâd Nârayan Singh, qui était un mécène éclairé, fit composer le texte de la *Râma-lîlâ*.

Le spectacle met en scène le *Râmâyana* de Toulsî-dâs en un immense « son et lumière » qui dure trente nuits. Chaque soir, quelques épisodes sont joués par cinq acteurs principaux, une foule d'acteurs secondaires, un groupe de choristes et un public qui aujourd'hui connaît son rôle par cœur. Mais le protagoniste principal reste le *râja* ; monté sur son éléphant royal, il célèbre sa royauté perdue en reconstituant sur le terrain la geste du roi universel, Râma.

Les rôles de Râma, de ses trois frères et de Sîtâ sont joués par des enfants de la rue qui, pendant trois mois, quittent leur école pour apprendre la récitation chantée et mimée du texte de Toulsî-dâs, sous la direction d'un vieux brâhmane, de la caste des *vyâsa* (celle des metteurs en scène).

Le vieux brâhmane dirige la célébration. Ce n'est pas une mince affaire, car chaque scène se passe à des endroits différents de la ville, tout entière transformée pour un mois en un immense plateau de théâtre sacré. Ce plateau sur lequel les acteurs et le public se déplacent reproduit la topographie mythique du *Râmâyana*. Ayodhyâ, par exemple, se situe presque contre les murs du palais du *râja*, et le lieu de la première rencontre entre Râma et Sitâ, à plusieurs centaines de mètres de là, au nord. Le scénario l'appelle « Phoulvari » où l'on reconnaît le « Phouler » du Mithila réel. Christiane Tourlet décrit le décor qu'elle put admirer quand elle assista à cette célébration en 1983 : « Il y a de beaux arbres et des allées régulières, des fleurs en forme de doigt suspendues à des arceaux de branchages, un perroquet prisonnier de la végétation gracieuse, un bassin carré en contrebas, deux espaces surélevés se faisant face — dont l'un, surmonté d'un dais, est tendu de tissu blanc —, une petite biche attachée à un piquet, un temple. (...) Une procession s'avance en notre direction. Sîtâ au voile pourpre est assise sur un palanquin ouvert. Deux hommes la précèdent, une torche à la main. Ses compagnes la suivent, chacune revêtue d'une couleur différente. Sîtâ et ses suivantes montent sur l'espace du centre. Le Maharaja la regarde. » (*Quand le Dieu Râma joue à Bénarès*, p. 61.)

Le *râja* est un metteur en scène expérimenté. Depuis que les Anglais privèrent ses ancêtres de leur royaume en ne leur laissant qu'un titre vide, l'organisation de la *Râma-lîlâ* lui permet d'affirmer chaque année son autorité morale. Les enfants-acteurs sont ses porte-parole. Aussi observe-t-il avec attention leur jeu.

« La foule est parfaitement silencieuse. La princesse s'éclipse dans le temple. Là, elle présente à Pârvatî sa requête d'amour. La voix cristalline parvient nettement à mon oreille, comme si l'intérieur du temple suscitait une acoustique prodigieuse. Princesse entraperçue à laquelle répond la déesse invisible. (...)

Toulsî-dâs dépeignait les arbres et les fleurs de toutes sortes, l'étang miroitant au milieu du jardin, le temple à Pârvatî. Et tout est là, sous nos yeux, avec une fidélité qui donne le vertige. » (*Ibid.*, p. 62.)

N'est-ce pas la fonction de la célébration : faire pénétrer dans l'intimité d'un mythe, le faire vivre dans les profondeurs de son inconscient ? Pendant trente nuits, les acteurs, les spectateurs et le *râja*, transportés dans la familiarité de Râma, contemplent son jeune et éternel visage. Les enfants qui jouent Râma, ses frères et Sîtâ deviennent les divinités qu'ils incarnent.

Chaque soirée se termine par un *âratî*, le rite qui clôt les rituels des temples ainsi que de nombreux cérémonials d'hospitalité ou d'allégeance. Un plateau chargé de lumignons est balancé circulairement devant la statue, la personne ou l'assemblée qu'on veut honorer. Pendant la *Râma-lîlâ*, cette cérémonie révèle une des fonctions fondamentales du spectacle : fournir aux spectateurs l'occasion de s'approcher de Dieu, et même de le toucher. Les enfants des rues de Bénarès choisis pour incarner les divinités deviennent ces divinités ; ce sont des *avatâr* de chair et de sang. Le spectacle est une liturgie à laquelle la présence vivante de Dieu donne une intensité émotive bouleversante. Il n'est pas rare de voir des spectateurs entrer dans des transes extatiques.

Les trente nuits d'extase, sans cesse renouvelée dans la contemplation des visages enfantins des Dieux incarnés, se terminent aussi simplement qu'elles ont commencées. Le *râja* invite les acteurs à un banquet de sucreries.

Après la célébration, les jeunes garçons retournent à leur école et à leurs jeux. Agés de huit à treize ans, ils sont choisis pour la tessiture de leur voix et la pureté de leur diction. Chaque année, le *vyâsa*, ou metteur en scène, propose une vingtaine de candidats au *râja* qui choisit en dernier ressort. Souvent, un enfant qui a joué le rôle du petit benjamin des quatre frères joue l'année suivante le rôle de Sîtâ, puis une année plus tard celui de Râma. Pendant la *lîlâ*, ils viennent habiter à Râmnagar avec leur famille, changeant de logement selon la location des scènes pour ne jamais sortir de leur rôle.

Pour eux, comme pour leur public, la célébration constitue une période d'intériorisation du mythe. L'inventaire des scènes jouées pendant les trente soirées offre un répertoire idéal des épisodes du *Râmâyana* considérés par les indous comme les plus fondamentaux. Or, parmi ceux-ci, on ne trouve pas celui de la seconde répudiation de Sîtâ par Râma, après le retour de l'armée victorieuse à Ayodhyâ, ni celui de sa fin tragique quand la Terre sa mère s'ouvre pour l'engloutir définitivement. Quand ces scènes furent représentées dans le feuilleton télévisé, de nombreuses protestations s'élevèrent dans le public. Ne faut-il pas en conclure qu'elles ne correspondaient plus à l'image de Sîtâ que se fait la psyché indienne ?

Selon le psychanalyste indien Sudhir Kakar, Sîtâ représente l'idéal féminin de la *pati-vrâta*, l'épouse fidèle prête à tous les sacrifices pour son mari : « Sîtâ, comme les autres personnages principaux du *Râmâyana* — Râma, Lakshmana, Hanoumân — est une héroïne incomparablement plus familière et plus proche dans l'imagination indoue que peuvent l'être des personnages similaires de la mythologie grecque ou chrétienne dans les fantasmes et les réflexions de l'homme occidental moyen. (...) L'idéal féminin incarné par Sîtâ est chaste, pur, tendre, noble et d'une fidélité particulière qui ne peut être détruite ni même perturbée par les rejets, les affronts ou le manque d'égards de son mari. (...) La légende de Sîtâ nous donne aussi un aperçu du caractère viril (mâle) dans l'imaginaire indou. Râma peut bien revêtir tous les traits d'un héros divin, il n'en est pas moins fragile, soupçonneux, jaloux et très conformiste, cédant aux désirs de ses parents et à l'opinion publique. Progressivement, la petite Indienne incorpore ces aspects à son monde intérieur. » (*Moksha, le monde intérieur*, p. 195.)

De même que Sîtâ personnifie un idéal spécifiquement indien de la féminité, Râma symbolise la royauté idéale et le conformisme à un ordre cosmique contraignant, celui des castes. Ces idéaux, omniprésents dans la conscience indoue, se retrouvent pourtant avec moins de densité sur la carte des sanctuaires de l'Inde que les figures de Krishna, de Shiva, de Dourgâ ou de Ganésha. Peu de grands centres purement râmaïques en Inde, et ceux-ci sont souvent, comme à Bénarès, Nâsik ou Râmeshvaram, dédiés aussi au *shiva-linga*.

Le *Râmâyana* et la figure du roi Râma ont en

revanche inspiré dans toute la Malaisie et l'Indonésie d'innombrables légendes mythologiques, qui donnent lieu à des manifestations artistiques. De la Thaïlande à Bornéo, en passant par le Cambodge, Bali et Java, d'admirables bas-reliefs du IXe au XIIe siècle illustrent des épisodes du *Râmâyana*. De nos jours encore, des troupes de danseuses royales ou de saltimbanques itinérants les représentent par le mime, le chant ou la danse. C'est ainsi que dans la région d'Angkor, selon Charles Meyer, le *Râmakerti*, ou *Reamker*, « indéfiniment recopié sur feuilles de latanier ou sur du papier de riz épais, récité et commenté par les conteurs populaires, mimé et dansé, dessiné et en peintures murales, est extraordinairement présent dans la pensée de toutes les classes sociales et dans la vie culturelle » (*Râmâyana, de l'épopée au spectacle*, p. 13). Ou encore dans le haut Mékong, une version thaï du *Râmakien*, ou *Râmâyana*, composée au XVIIIe siècle par le roi Râma Ier, fondateur de la dynastie Chakri, actuellement régnante, est représentée régulièrement par la troupe royale. A Bali enfin où, selon Jacques Brunet, « tout est bon à l'artiste-paysan pour représenter l'épopée à travers ses propres fantasmes. Un charbon de bois lui permet de dessiner d'un coup de crayon unique et efficace la silhouette gracile de Sitâ ou le bondissant Hanoumân. Une branche tourmentée va créer dans son imaginaire le rictus démoniaque de Râvana. Un tissu de coton et quelques couleurs végétales donneront naissance à un revêtement mural où les personnages grimaçants rappelleront en permanence que les divinités peuvent intervenir à tous moments si les rites qui leur sont régulièrement dévolus ne sont pas scrupuleusement respectés » (*ibid.*, p. 59).

Râma, en traversant les mers orientales, a vu se renforcer son caractère de roi idéal, garant impitoyable d'un ordre social et cosmique auquel tout homme et toute femme doivent se conformer.

TROISIÈME ÉTAPE

Le Shiva-linga
ou
Dieu fait lumière

Toutes les grandes mythologies relatent le récit d'un déluge qui vient renouveler la face de la Terre. En Inde, la mousson qui détrempe chaque année au mois de juin le sol de ses pluies fécondantes invite les paysans à s'imaginer que la vie naquit un jour d'un déluge primordial. Les causes et les circonstances de cet événement diffèrent selon les contextes mythologiques.

Nous avons raconté le mythe de Vishnou-Nârâyana endormi sur le serpent d'éternité flottant sur l'océan cosmique. Quand Dieu s'endort, le monde retourne à l'état de latence : quand il rêve ou se réveille, l'univers déploie de nouveau ses formes évolutives. Nous verrons, dans un autre chapitre, comment la Déesse surgit du barattage de la mer de lait, en même temps que de nombreux autres trésors dont la liqueur d'immortalité. Dans la théologie shivaïte, le mythe du déluge se retrouve dans le récit du surgissement de la colonne de feu lumineux.

Avec la figure de Shiva, la mythologie indoue nous fait accéder à un domaine proprement théologique. Krishna le sauveur et Rama le roi ont une histoire et un lieu de naissance. On les appelle des *avatâr* parce qu'ils sont « descendus » du ciel sur la terre des hommes en des moments de crise qui demandaient une intervention divine. Shiva n'a pas d'histoire : il existe éternellement. Il ne se manifeste pas en un lieu unique, il se dévoile partout. Quand on le représente dans un sanctuaire pour célébrer son culte, on n'y place pas une statue à forme humaine, comme pour Râma ou pour Krishna : on y met un petit cylindre de pierre qu'on appelle un *linga*, c'est-à-dire un « signe ».

A l'origine, « Shiva » était un adjectif qui qualifiait une divinité dangereuse, Roudra, qu'il était prudent de se rendre « propice ». Shiva ne devint le nom propre d'un Dieu qu'au moment du passage de l'Ancien Testament indou au Nouveau, quand l'idée qu'on se faisait de Dieu changea radicalement. Les *Oupanishads* définirent ce Dieu comme le *brâhman*, c'est-à-dire l'Être suprême que sa transcendance absolue situe au-delà de la connaissance même, dont on sait seulement qu'il est « bon ». Le mot *shiva* désigna cette « bonté » de Dieu que l'on représenta pour les besoins du culte sous la forme la plus abstraite et la moins anthropomorphisée qui se puisse concevoir, le petit cylindre de pierre qu'on appela le *Shiva-linga*, ou « signe du Dieu bon ». Au pays marathe, on préfère lui donner le nom de *Shankara-pinda*, ou la bosse (*pinda*) de pierre qui représente le Dieu bienveillant (*Shankara*). Pourquoi ce symbole fut-il choisi pour devenir le signe de la transcendance d'un Dieu bon ?

C'est ce qu'explique le mythe du surgissement, au moment du déluge, de « la colonne de feu lumineux » ou *jyotir-linga*.

Il existe de nombreuses versions de ce mythe ; nous résumons celle qu'on raconte à Bénarès, la cité de lumière (*Kâshî*) dont Shiva est le Seigneur (*Ishvara*).

En ce temps du déluge, le Gange avait débordé, recouvrant toutes les terres habitées. Toutes, sauf un roc qui semblait flotter sur le magma universel. Sur ce roc, Vishnou et Brahmâ se disputaient la primauté, l'un en qualité de démiurge, l'autre parce que c'était lui qui maintenait dans l'existence tout ce que Brahmâ avait créé. Ils en vinrent à se battre avec une telle violence que le rocher trembla.

Shiva qui, invisible, maintenait émergé le rocher à la pointe de son trident, éclata de rire : n'était-il pas, lui, le Dieu unique et transcendant ? Pour départager les deux rivaux et leur donner une leçon méritée, il se transforma en colonne de feu lumineux, fendit le roc entre les deux adversaires puis alla se perdre dans la nue. Une vibration sortit alors de la colonne, et les deux divinités, ici plus rivales qu'alternatives, entendirent une voix qui leur disait : « La primauté appartient à qui pourra découvrir l'une ou l'autre de mes extrémités. »

Aussitôt Vishnou revêtit sa forme de sanglier et creusa les profondeurs du rocher pour atteindre la racine de la colonne : il creusa mille ans, en vain. Refaisant surface, il avoua sa défaite. Brahmâ n'eut pas cette honnêteté. Se métamorphosant en oie cendrée, l'oiseau migrateur des hautes altitudes, il s'envola vers la cime de la colonne. Au bout de mille ans, épuisé, il s'arrêta. Il vit alors danser dans l'éther une fleur de pandanée (*ketakî*), cette fleur que les prêtres déposaient sur les *linga* d'adoration. Il la persuada d'affirmer qu'il l'avait recueillie sur le sommet du *linga* de lumière et atterrit, triomphant, prenant la fleur à témoin de sa victoire.

Sous l'effet de l'indignation, la colonne de feu s'échauffa tant qu'elle se fissura. Shiva en surgit sous sa forme terrifiante, Bhaïrava. Il se précipita sur Brahmâ et, d'un coup d'ongle, lui arracha sa cinquième tête, celle qui représente la transcendance. Il le condamna en outre à ne recevoir aucun culte pendant tout le temps du *kali-youga*.

L'histoire, selon la version de Bénarès, continue. Un poète en extase, Pagal, la raconta dans les années 1970 à Diana L. Eck. Il la conduisit au sommet d'une colline qui domine la ville, où, parmi les tombes musulmanes, subsistent quelques vestiges du premier temple de la cité, Aumkareshvar : « C'est ici, lui expliqua-t-il, qu'en ces temps-là le *linga* de lumière creva le rocher. Des giclées de laves brûlantes tracèrent sur le rocher le "AUM" primordial. Voyez au nord le A, à l'ouest le U, au sud le M, à l'est le point de nasalisation et là, au centre, la vibration pure. » Le poète s'arrêta quelques instants, puis continua l'histoire.

Shiva-Bhaïrava, aveuglé par la colère, en décapitant Brahmâ avait commis le plus impardonnable des crimes, celui de brâhmanicide, puisque Brahmâ est la divinité éponyme des brâhmanes. La tête coupée resta collée à sa paume assassine malgré tous ses efforts pour s'en débarrasser. Dans une folle course expiatoire, il fit le tour de l'Inde, douze ans durant. Le crâne s'était desséché sur sa paume et lui servait d'écuelle pour recevoir la nourriture qu'il mendiait. Il revint à Bénarès quasi désespéré, quand, près de l'étang qui depuis s'appelle le Kapâlamochana, le crâne *(kapâla)* se décolla enfin de sa main. Son crime inexpiable lui était pardonné.

Le mythe du surgissement du *linga* de lumière explique les deux formes sous lesquelles Shiva se manifeste selon la mythologie shivaïte. Ainsi, dans le *Shiva Pourâna* :

> *Seul Shiva peut être adoré selon sa forme sans détermination (*nishkala*), puisqu'il est identique au* brahman *suprême, et selon une forme déterminée ou incarnée. Il est à la fois transcendant et immanent. C'est son aspect transcendant que le* linga *rend manifeste.*
>
> (*Shiva Pourâna*, I, 5, 10-11.)

Ce texte revient souvent sur l'idée que le *linga* est le signe de la transcendance :

> *Pour humilier l'orgueil de Vishnou et de Brahmâ, Shiva leur manifesta sa forme transcendante sous l'aspect d'une colonne de feu, et il se montra sous*

un aspect incarné (Bhaïrava) qui surgit de cette colonne. (...)

Pour punir Brahmâ de son mensonge, il surgit de la colonne de feu. Le voyant, Vishnou joignit les mains pour l'adorer.

(*Shiva Pourâna*, I, 5, 28-29.)

La colonne de feu lumineux serait à l'origine de tous les *linga* :

Cette colonne sans racine ni faîte sera miniaturisée pour être vue et adorée par le monde (...) qu'on la regarde, qu'on la touche ou qu'on en fasse l'objet de sa méditation, elle délivre des renaissances tous les êtres vivants.

(*Shiva Pourâna*, I, 9, 19-20.)

Certes, le *Shiva Pourâna* n'a jamais eu l'influence sur les mentalités indiennes d'un *Bhâgavata Pourâna* et seules quelques sectes le considèrent comme l'un des grands *Pourânas*. Mais il nous fait comprendre ce que le *linga* représente généralement pour les indous. « Le mot *linga* a pour sens premier "signe", note P.-S. Filliozat. Le *linga* n'est pas une image de Dieu, mais un signe de la présence de Dieu. Cet objet a été consacré par des prêtres lors de son installation dans le temple, non pas pour qu'il devienne objet de culte, mais pour qu'il soit habilité à devenir un support à la conception abstraite qui est dans l'esprit du fidèle. »

Nous voici dans les mystères du *linga*. Les représentations de Krishna ou de Râma montrent l'intervention du Dieu unique dans l'histoire des hommes : Dieu s'est incarné en un temps et en un lieu déterminés pour venir au secours d'une humanité en péril. Elles racontent une histoire. Le *linga*, au contraire, évoque l'idée de Dieu que la philosophie indienne a élaborée à partir de l'expérience intérieure de ses grands spirituels.

Le renonçant, qui concentre sa pensée dans sa méditation, atteint à la pointe de son âme un signe. Un signe dont la représentation comme *linga* cache d'étonnantes richesses. Il existe certes une grande variété de *linga*. Certains ont la forme d'un phallus en érection, la moins fréquente, d'autres sont des protubérances sur un rocher ou, dans certaines grottes du haut Himalaya, des stalagmites de glace. Tous se réfèrent à la structure des *linga* que l'on érige dans les sanctuaires des temples : un cylindre plus ou moins haut, planté dans un socle appelé *yoni*. « Dans le culte shivaïte, écrit P.-S. Filliozat, la *yoni* est un support : d'une part pour le *linga*, d'autre part pour les offrandes de fleurs et de liquides faites à la divinité. Elle a une forme répondant à cette double fonction, d'abord celle d'un socle avec retrait, ensuite celle d'un déversoir » (*Yoga et vie*, 1986, p. 25).

C'est devant cette représentation du Dieu « bon » que le fidèle shivaïte fait sa méditation quotidienne : « il reconnaît dans le *linga* l'aspect *"pourousha"*, c'est-à-dire transcendant et inconnaissable de la divinité, et dans la *yoni* l'aspect *"prakriti"* de la divinité qui se dévoile au cœur de tout ce qui existe » (*ibid.*, p. 25).

***

Sur la tortue du monothéisme alternatif, Shiva représente le Dieu du philosophe. Mais la philosophie en Inde n'est pas réservée aux plaisirs secrets de quelques professeurs, comme l'attestent les innombrables *linga* que l'on trouve du nord au sud de l'Inde. Selon la tradition, il existe douze lieux privilégiés où le *linga* de feu s'est révélé, Bénarès étant le plus connu. En réalité, de Kédarnâth aux sources du Gange, à Râmeshvaram près du cap Comorin, de Somnâth au Goujarat à Shrishaïlam en pays andhra, toute la carte de l'Inde s'inscrit dans le losange sacré tracé par les *jyotir-linga*.

L'un des plus significatifs est peut-être celui qui se dresse sur l'île de la Narmadâ à laquelle il a donné son nom, Aumkareshvar. La particularité de ce site est que l'île entière à la forme du caractère sanskrit qui transcrit le son AUM. Le pèlerin y parcourt un circuit calligraphique qui, de temple à temple et de *linga* à *linga*, le conduit jusqu'au cœur du mythe. Claude Lagoutte, un peintre français, y fit un pèlerinage en 1989 : « Cette promenade, aidée par l'image sainte représentant l'île, est la première que je fasse de ce type. Thème du parcours : suivre le tracé d'un mot ! Ou "lire avec ses jambes". Le paysage-écriture se lit dans une expérience de parcours (...). (Tout un sujet de réflexion pour moi). Les indous ont peut-être trouvé depuis longtemps la solution de ce qui me tracasse : que mes mains [de peintre] veuillent bien dire ce que mes jambes ont lu (...) c'est mon souci quotidien. »

Le *linga* de lumière a parfois des dimensions gigantesques, comme le laisse entendre ce verset du *Shiva Pourâna* (I, 9, 20) :

> *Comme le* linga *s'éleva dans la nue comme une montagne de feu, on le célébrera comme le mont fauve.*

A Tirouvannâmalei, en pays tamoul, toute la montagne est considérée comme un *linga* ; on l'appelle Arounâchala, le mont de la couleur fauve de l'aurore. L'un des premiers Français à le visiter fut sans doute Pierre Sonnerat en 1780 : « Le temple très célèbre de Tirounamaley est construit sur une montagne sacrée, parce qu'elle représente Chiven [Shiva] ; ce dernier y descendit en colonne de feu, pour terminer une dispute de préséance élevée entre Vichnou et Brouma. Chiven, pour perpétuer la mémoire de cet événement, changea la colonne enflammée en une montagne de terre : c'est à cause de son premier état qu'on allume sur le sommet un grand feu qui dure pendant la neuvaine [qui prépare la pleine lune de *kârtika*]. Ils le placent dans un immense chaudron de cuivre et l'entretiennent avec du beurre et du camphre qu'on y envoit de tous côtés : la mèche est composée de plusieurs toiles de soixante-quatre coudées chacune. » (*Voyages aux Indes*, I, 238.)

Sonnerat était un philosophe des Lumières, plus féru de botanique que de mystique. Dom Le Saulx, un bénédictin breton séduit par l'Inde, fit retraite en mars 1952 sur les flancs du mont fauve : sans doute aucun Européen n'a-t-il ressenti aussi profondément son mystère que ce moine venu d'Occident dont la formation théologique brouillait un peu l'esprit :

Le Seigneur a choisi des lieux où sa grâce serait tangible,
où avec plus d'abondance son amour se déverserait.
Avec ferveur il les a préparés
quand il jetait les fondements de la terre
et dressa les monts au-dessus de l'abîme.
Les sages les ont devinés et s'y sont cachés
pour y être inondés de Ta lumière, embrasés de Ton feu.
Le peuple y sentit Ta présence
et la traduisit en des mythes.
Colonne de Feu, colonne d'amour
lieu de l'Esprit !
En ton cœur sacré je me réfugie
en la caverne de Ton côté
où de l'eau et du feu je renais.
Ô, Jésus, Aurore resplendissante, rouge de Ton sang
et de Ton amour, Arouna ; Montagne de l'Aurore,

AROUNACHALA !
Jésus, l'Advaita, l'unique Fils du Père,
auquel nous ne sommes pas des seconds
mais en qui nous sommes tous l'Unique Fils,
Jésus la Grâce, Jésus la Paix,
JÉSUS BRAHMAN !
(*La Montée au fond du cœur*, pp. 57-58.)

En décrivant cette nature de Shiva, le bénédictin témoignait d'une remarquable intuition. Comme si, en méditant dans une des grottes de la montagne fauve, il en avait expérimenté le mystère. Son secret serait-il compréhensible même pour des non-indous ? La signification symbolique de la montagne de l'aurore pourrait-elle se lire directement à partir de la forme de ses rochers, sans que l'on ait besoin de passer par l'interprétation d'une mythologie particulière ?

Shiva est en effet très étroitement lié à l'idée de montagne. Le lieu par excellence de sa présence cosmique est le mont Kaïlasa, près du lac de Manasarovar, sur le haut plateau tibétain, de l'autre côté de la chaîne himalayenne. Son paradis céleste s'appelle aussi le *Kaïlasa.* Son épouse, nous le verrons, est la fille de la montagne, Pârvatî. A Tirouvannâmalei, la montagne Arounâchala désigne aussi la montagne de l'aurore, ou du soleil levant.

Dans le plus ancien texte de la tradition shivaïte, la *Shvétâshvatara Oupanishad*, qui a sans doute précédé de peu la *Bhagavad Gîtâ*, Shiva a déjà un symbolisme solaire. L'auteur, qui se cache sous le nom de l'ascèteau-blanc-mulet (Shvétâshvatara), selon Aliette Silburn, « s'inspire des hymnes du *Véda* et cite de préférence ceux qui exaltent le soleil érigé en Dieu suprême et unique sous les noms de Hiranyagarbha (embryon d'or) et de Savitar (incitateur). Cependant, il éclaire d'un sens nouveau ces strophes védiques, interprétant les unes selon sa dévotion théiste et les autres selon les conceptions nouvelles du *Sâmkhya* » *(Shvétâshvatara Oupanishad*, p. 14). Ainsi dans cette célébration de Savitar :

> *Savitar attelant d'abord le sens interne, tendant les pensées, discerna le feu comme lumière, l'apporta de la terre.*
>
> *Avec la pensée attelée nous sommes sous l'incitation du dieu Savitar pour le ciel, pour la puissance.*
>
> *Quand, à l'aide du sens interne et de la pensée, il attelle les dieux qui s'en sont allés vers la lumière, qui créeront le ciel, l'aurore, puisse Savitar les inciter.*
>
> (*Shvétâshvatara Oupanishad*, II, 1-3.)

Dans le *Véda*, Savitar est la forme naissante du soleil, quand il fait se réveiller les êtres : c'est le *brihad-jyotir*, la lumière fauve de l'aurore. Dans l'*Oupanishad*, c'est le feu de la concentration et de l'ascèse, de l'attelage des sens et de la pensée et de leur contrôle total qui conduit le renonçant à la lumière incréée du Dieu unique. Shiva, dès l'origine, est considéré comme le maître du yoga, *Mahâyogin*, et l'incitateur au réveil. Une autre image, à la fois solaire et sacrificielle, explique le mystère du *linga* de Shiva. Aux temps védiques, pour produire le feu du sacrifice, on faisait pivoter une bûchette de bois dur en la pressant fortement et en la faisant tourner avec un archet sur une bûche de bois moins dur et cette espèce de barattage faisait jaillir le feu. L'*Oupanishad* s'inspire de ce rituel pour expliquer la nature du *linga* :

> *De même que la forme matérielle du feu n'est pas visible dans sa source* (yoni) *mais y est présente sous sa forme subtile* (linga) *puisqu'on peut la faire surgir de cette source* (yoni), *ainsi tous deux* (yoni *et* linga) *surgissent du corps par le (frottement) de la syllabe (AUM).*
>
> (*Shvétâshvatara-Oupanishad*, I, 13.)

Dans ce verset, le *linga* représente le virtuel et le subtil, tandis que la *yoni* signifie la source, le jaillissement, l'actualisation de ce virtuel. Ainsi le *Shiva-linga* composé d'un *linga*, au sens strict, et d'une *yoni*, dans une représentation holistique, manifeste dans la nature du Dieu unique, Shiva, son être invisible immanent, et son être visible et donc adorable. De ce point de vue, le *Shiva-linga* apparaît comme le seuil subtil entre l'invisible et le manifeste. Vénérer le *linga*, ce n'est donc pas donner à Dieu le visage qu'il a choisi au cours de l'une de ses incarnations, c'est le concevoir en deçà de toute manifestation. Pour les vishnouïtes, le mythe du sommeil de Dieu — Nârâyana couché sur le serpent d'éternité — constitue une « cosmogénèse » fréquente dans toutes les mythologies du monde, que l'on trouve par exemple dans la Bible avec le mythe du déluge. Dans le shivaïsme, c'est une « onthogénèse » qui révèle non pas une histoire des origines du cosmos et de l'humanité, mais la structure intérieure même de ce cosmos.

***

Colonne de feu lumineux ou mont de l'éveil auroral, le *linga* revêt parfois des formes singulières qui relèvent d'un certain humour. Ainsi à Kédarnâth, aux sources du Gange, dans un somptueux décor de neiges éternelles, le *linga* de lumière apparaît sous l'aspect d'une excroissance hémisphérique du rocher divisée en deux parties égales par une fente.

La guerre du *Mahâbhârata* était finie, les massacres voulus par le destin accomplis, et les cinq frères Pândavas gouvernaient le monde en observant le bon *dharma*. Mais ils étaient pleins de remord et de culpabilité. N'avaient-ils pas dû occire sur le champ de bataille nombre de brâhmanes qui combattaient dans les armées de leurs cousins et ennemis ? Se sentant coupables d'un brâhmanicide de masse, ils décidèrent un jour d'aller en pèlerinage jusqu'au *jyotirlinga* himalayen, réputé pour délivrer de ce crime, puisque Shiva est un spécialiste dans l'absolution de cette faute irrémissible. Les cinq frères enfourchèrent leurs destriers et entreprirent la rude montée.

Shiva entendit le martellement des sabots de la troupe : il n'appréciait que la solitude, qui favorisait sa concentration. Pour éviter de rencontrer les importuns, il prit la forme d'un taureau et s'enfuit dans les herbages. Les Pândavas l'y débusquèrent et se lancèrent à sa poursuite. Shiva, se voyant près d'être rejoint, creusa le sol pour s'y dissimuler. Il était trop tard. Quand les Pândavas le rejoignirent, son arrière-train dépassait encore de la terre, et c'est sous cette forme qu'ils purent enfin adresser leurs prières au maître de l'univers.

Le temple de Kédarnâth, à Bénarès, réplique du sanctuaire himalayen, offre à la vénération de ses fidèles un *linga* hémisphérique identique. Mais c'est un autre mythe qui explique sa présence. En ce temps-là vivait dans la ville-lumière, Kâshî, l'ancien nom de Bénarès, le roi-ascète Mândhâtri. Il allait sans cesse dans les Himalayas pour y vénérer le *linga* hémisphérique, ce qu'il faisait sans difficulté grâce à ses pouvoirs magiques. Vint la vieillesse ; ses forces le trahirent. Shiva le releva du vœu qu'il avait fait de toujours commencer son pèlerinage à jeun : il lui ordonna même de manger un bon repas avant de se mettre en route.

Le jour du pèlerinage arriva. Le roi, en bon Banarsien, s'était préparé une platée de riz aux lentilles, le célèbre *kitcheri*, mais il attendait, avant de commencer son repas selon les rites, qu'un hôte se présente pour le partager avec lui. Les heures passèrent, pas de visiteur : le plat de riz refroidit. Enfin, un mendiant arriva. Le roi se précipita sur le riz et s'efforça de le fendre d'un grand coup de couteau pour le couper en deux. Mais le riz s'était solidifié et la lame se brisa dans la fente à peine entamée. Mândhâtri se retourna désolé vers le mendiant et vit Shiva qui lui souriait : « Nul besoin désormais pour toi d'aller sur ma lointaine montagne ; je serai présent pour toujours près de toi, dans cet hémisphère de riz fendu. » Voilà pourquoi la boule pétrifiée de *kitcheri* vénérée comme *linga* dans le sanctuaire de Kédarnâth à Bénarès ressemble si fort à l'arrière-train du Kédarnâth himalayen.

***

Quand Shiva se manifeste sous une forme « incarnée » et non plus seulement comme « signe », le couple *linga-yoni* devient le couple *Shiva-Shakti*, où la *shakti* peut prendre des noms divers, comme Pârvatî, Oumâ, Dourgâ, Kâlî, Gaurî, etc. A Jéjouri, au pays marathe, on l'appelle Mhâlsâ. Les légendes du temple commencent toutes par le récit du mythe du barattage de la mer de lait, l'un des plus universels de l'Inde, puisqu'on en trouve le récit aussi bien dans le *Mahâbhârata* que dans le *Râmâyana*, dans le *Harivamsha* et dans plusieurs *Brâhmanas*, dans le *Bhagavata Pourâna* comme dans le *Shiva Pourâna*. Chacun y apporte des variantes : nous suivrons la version du *Bhagavata*.

Nous sommes aux temps primordiaux de l'Ancien Testament indou, mais d'un Ancien Testament réinterprété par l'esprit du Nouveau. Les Dieux (védiques, les *Soura*) et les Démons (les *Asoura*) sont mortels et désirent donc obtenir la liqueur d'immortalité, l'*amrita*. Nârâyana conseille aux dieux de baratter la mer de lait pour en faire surgir l'*amrita*. C'était la technique utilisée par les sacrificateurs védiques pour faire sortir le feu du bois. En évoquant cette technique dans un autre contexte, les poètes du Nouveau Testament indou rattachent en quelque sorte le barattage de la mer de lait à un rituel sacrificiel.

Les Dieux et les Démons unirent leurs efforts : ils décidèrent d'abord de déraciner le mont Mandara pour s'en servir de baratton. Ce mont, qui se trouve dans le sud du Bihar, conserve sur son granit la trace de la corde dont se servirent les Dieux et les Démons pour faire tournoyer le baratton. Mais la montagne était si lourde que ses porteurs, épuisés, durent s'arrêter en chemin. Vishnou-Nârâyana saisit alors la montagne d'une seule main (geste qu'il accomplira de nouveau lorsqu'il s'incarnera en Krishna), la plaça sur son véhicule, le milan Garouda, et la fit tomber dans la mer.

Les Dieux, menés par le roi Indra, et les Démons, conduits par le roi Bali, mobilisèrent le roi des serpents, Vasouki, pour qu'il serve de corde autour de la montagne et ils se mirent à baratter la mer. Quoique la rotation ne fut pas rapide, la montagne s'enfonça dans la mer, où elle disparut. Les baratteurs déjà fatigués cessèrent le travail, et Vishnou dut de nouveau intervenir : il prit la forme d'une gigantesque tortue, plongea et glissa sa carapace sous la montagne pour la supporter. Mais les futurs immortels n'avaient plus cœur à l'ouvrage. Vishnou prit alors d'un côté la forme d'un Démon et de l'autre la forme d'un Dieu, et le travail s'accéléra. Comme l'*amrita* ne paraissait toujours pas à la surface de la mer, Vishnou mobilisa toutes ses forces cosmiques et imprima au baratton une rotation infernale. Un liquide noirâtre suinta aussitôt de la mer et envahit le cosmos : c'était un poison mortel.

Menacés de mourir rapidement au lieu de devenir immortels, Dieux et Démons se tournèrent vers Shiva. Ils commencèrent par faire amende honorable, regrettant de l'avoir laissé jusque-là de côté :

Ceux qui t'accusent d'être cruel, emporté,
de te livrer au plaisir dans les cimetières,
et de ne jamais rien faire qu'en compagnie d'Oumâ,
ô toi dont les sages primordiaux contemplent
dans leur cœur les empreintes,
toi qui te consumes dans l'ascèse,
on méconnaît la grandeur de tes œuvres.
Nous, nous voyons en toi l'Être suprême,
ô Shiva, nul ne te surpasse.
(*Bhagavata Pourâna*, VIII, 33-35.)

Flatté par ce discours, Shiva se manifesta avec Satî, sa première *shakti* ; il recueillit dans sa paume tout le poison répandu et l'avala. La drogue mortelle ne fut capable que de bleuir la gorge qui l'anéantissait. Shiva en gardera le nom de « Gorge-bleue ».

Le barattage reprit de plus belle, et voici que de merveilleux produits surgirent tour à tour de la crème qui s'épaississait. D'abord la vache d'abondance dont s'emparèrent les maîtres du sacrifice (védique), puis le cheval blanc que s'adjugea le roi des Démons, Bali ; ensuite l'éléphant royal dont Indra fit aussitôt sa monture ; ensuite encore un éclatant rubis dont Vishnou orna sa poitrine ; puis l'arbre-à-souhaits que les Dieux plantèrent dans leur jardin paradisiaque, et les danseuses célestes qu'ils embauchèrent pour leurs harems ; et enfin l'Adorable, la femme la plus belle du monde, que Dieux, Démons et humains inspectent avec concupiscence. Shrî-la-Fortunée, c'était aussi son nom, inspecta ses inspecteurs pour y sélectionner un époux. Après mûre réflexion, elle choisit Krishna qui la pressa aussitôt sur son cœur.

Mais la précieuse récolte n'était pas tout à fait terminée. La liqueur hallucinogène *vârouni* apparaît à son tour et devient la propriété des Démons. Enfin parut un merveilleux jeune homme, éclatant de toute la beauté de sa peau noire, qui portait la coupe remplie de la liqueur d'immortalité. Les Démons sautèrent sur lui et s'emparèrent du vase. Les Dieux, voyant s'évaporer leur désir d'immortalité, se tournèrent en geignant vers Vishnou. C'est alors que se produisit l'événement le plus singulier de cette singulière histoire. Pour détourner l'attention avide des Démons,

Vishnou prit l'aspect d'une voluptueuse courtisane, Mohinî :

Son teint avait la couleur foncée d'un beau lotus bleu ;
tous ses membres étaient parfaits, ses oreilles égales
et ornées d'anneaux, ses joues belles et son nez long.

Son ventre s'effaçait sous le poids de ses seins,
auxquels la jeunesse épanouie donnait leur perfection.
Des abeilles, attirés par le parfum de ses lèvres,
bourdonnaient devant ses yeux troublés.

Ses cheveux s'ornaient de jasmins en fleur ;
des joyaux couvraient son col et sa gorge ;
des bracelets entouraient ses bras.

Une ceinture étincelante faisait ressortir la beauté
de ses hanches larges, vêtues de pureté.
Ses chevilles en marchant faisaient tinter leurs grelots.

Ses regards se coulaient sous ses sourcils moqueurs,
et, pudiques, allumaient le désir du roi des Démons.
(*Bhagavata Pourâna*, VIII, 42-46.)

Les Démons n'ont plus d'yeux que pour Mohinî. Ils sont tellement subjugués par elle qu'ils lui confient la précieuse coupe pour qu'elle fasse une juste distribution de l'ambroisie. Elle dispose donc les Dieux et les Démons en deux rangs parallèles et, servant d'abord les Dieux, elle retient par ses œillades l'attention des Démons. (Un seul Démon, Rahou, ne s'y laissa pas prendre. Il s'insinua dans le rang des Dieux et but sa part d'ambroisie. Or ses voisins, le Soleil et la Lune, s'en étant immédiatement aperçu, avertirent Vishnou qui, d'un coup de disque, trancha la tête de l'imposteur. Son corps s'affala sur le sol, mais sa tête, pleine d'ambroisie, était devenue immortelle. Vishnou l'envoya rouler dans le ciel, où depuis elle suit une orbite et tente régulièrement d'avaler le Soleil et la Lune, provoquant les éclipses.)

Quand la belle courtisane eut donné sa part au dernier des Dieux, elle reprit sa forme originelle, et les Démons privés de leur dû entrèrent dans une folle colère. Une guerre inexpiable entre les Démons et les nouveaux Immortels s'ensuivit.

C'est là que la légende de Jéjouri insère son appendice. Pendant la distribution de l'ambroisie, Shiva était tombé follement amoureux de Mohinî. Il la prit donc à part avant qu'elle n'abandonne sa forme affolante, et lui demanda sa main. Vishnou lui promit de la lui accorder lors de l'une de ses prochaines incarnations, à Jéjouri.

***

La grande guerre des Dieux et des Démons eut en effet lieu dans ce voisinage. Les Démons étaient conduits par deux héros, Mani et Malla. Ils ravagèrent le territoire, persécutant les brâhmanes locaux, interdisant leurs sacrifices. Les Dieux, frustrés de leur nourriture, demandèrent de nouveau à Shiva de les secourir. Celui-ci mobilisa donc une immense armée composée des troupes de tous les Dieux ses vassaux, et se mit à leur tête sous sa forme terrible de Bhaïrava, la Colère-de-Dieu.

Son général en chef, Skanda, était suivi de ses troupes montées sur leurs paons de guerre. Venaient ensuite les troupes d'Indra montées sur leurs éléphants, celles d'Agni montées sur leurs béliers, celles de Yama montées sur leurs buffles, celles de Varouna montées sur leurs crocodiles, celles de Ganésha montées sur leurs souris, celles du Soleil montées sur leurs chars à sept destriers, celles de Brahmâ montées sur leurs oies cendrées. Bhaïrava lui-même chevauchait un blanc destrier et brandissait un gigantesque sabre.

Lorsqu'ils passèrent par Névâsé, au confluent de la Godâvarî et de la Pravarâ, Bhaïrava fit halte pour y retrouver sa chère Mohinî. La légende locale du temple dédié à Mohinî sur les rives du fleuve raconte que c'est aussi là qu'eut lieu la distribution d'ambroisie. Quand Vishnou décapita le Démon Rahou, quelques gouttes du précieux liquide tombèrent dans le confluent, le rendant sacré à jamais. Un riche marchand du lieu, Timmashét, de la caste des banians, eut une nuit en rêve la vision de sa divinité de prédilection, Shiva, qui lui ordonna de fermer les yeux. Les ouvrant après le laps de temps fixé, il vit à terre devant lui un ravissant bébé qui vagissait : c'était Mohinî, re-née. Il lui donna le nom de Mhâlsâ. Elle grandit, devint une jeune fille au caractère indépendant et risque-tout, qui ne rêvait que de Shiva comme futur époux.

La rencontre entre les deux amoureux fut passionnée. Shiva-Khandobâ enleva sa belle sur sa monture et l'emmena à Pâlî, un petit village de montagne à quelques lieues de Karhâd, dans le district de Sâtârâ, où il l'épousa. (Chaque année, au mois de *pausha*, dans le temple de ce village dédié à Khandobâ et bâti par la communauté des banians de Sâtârâ en 1496, on commémore ce mariage avec une grande solennité.)

Puis Bhaïrava-Khandobâ fit monter Mhâlsâ en croupe et reprit la tête de ses armées. Arrivés à Jéjouri, ils livrèrent bataille aux Démons. Bhaïrava laissa à Mhâlsâ le soin de tuer le roi Mani, et se chargea lui-même de Malla. Avant de mourir, ce dernier implora la grâce d'être honoré en ce lieu parce que la main du Dieu unique l'avait libéré des enfers en le tuant. C'est pourquoi Khandobâ est appelé en ce lieu Mallâri, le destructeur-de-Malla.

A Jéjouri, comme à Pâlî, le sanctuaire du temple offre une singularité. On y trouve deux *linga* côte à côte : l'un est celui de Bhaïrava-Khandobâ, l'autre celui de Mohinî-Mhâlsâ. Le *linga* peut donc être le « signe » d'une divinité féminine : les deux *linga* placés l'un à côte de l'autre soulignent la croyance générale à l'étroite et constante collaboration entre Shiva et sa *shaktî* dans toutes leurs activités.

Shiva, malgré son caractère passionné, est un époux volage. A peine installé au sommet de la colline de Jéjouri avec sa terrible épouse, il tomba amoureux d'une jeune bergère qui paissait ses moutons dans un pâturage voisin. Il avait en effet coutume de se promener incognito dans ses domaines. La beauté de la jeune Bânâï le fascina. Un jour, il laissa tomber près d'elle une paire de sandales de grand prix. Pensant qu'elles appartenaient à quelqu'un habitant le château d'en haut, la bergère alla les rapporter. Elle fut conduite devant le châtelain et son épouse Mhâlsâ, reconnut l'homme des sandales et tomba amoureuse de lui. Elle ne fit rien voir de ses sentiments et retourna vers son troupeau. Mais son cœur était resté au sommet de la colline. Elle écrivit une lettre d'amour au seigneur d'en haut. Ils échangèrent des billets de plus en plus passionnés. L'un d'eux fut intercepté par Mhâlsâ qui, folle de jalousie, obligea son seigneur et maître à enfermer la tendre pucelle dans une affreuse caverne, sous le château, à mi-chemin du sommet. Mais peut-on emprisonner l'amour ? Shiva s'arrangea en cachette pour faire creuser un puits qui communiquait avec le cachot de son amante : ils se parlaient chaque jour, se donnaient des rendez-vous et se rencontraient la nuit pendant le sommeil de Mhâlsâ. Ils n'eurent pas d'enfants, mais vécurent désormais dans le bonheur.

Ce joli conte a de nombreuses et multiples versions. Certains font de Bânâï la seconde femme légitime de Shiva. A Naldourg, près d'Ousmânâbâd, on commémore chaque année ce mariage par une grande fête, au premier jour clair du mois de *mârgashîrsha*. Le fait que Shiva soit doté fort souvent de deux épouses et que l'une soit de haute caste, tandis que l'autre appartient à la plus humble classe des habitants du lieu, tendrait à montrer qu'il ne fait pas acception de castes.

On raconte à Shrishaïlam, en pays télougou, une histoire fort semblable. C'est le plus grand centre shivaïte de toute cette province, et l'on y vénère Shiva sous le nom de Mallikârjouna. Le temple, niché au centre de sauvages collines, est immense et fort riche. Mallikârjouna y a deux femmes, l'une de caste brâhmanique et l'autre appartenant à une tribu de chasseurs néolitiques qui nomadisent dans la région, les Chenchous.

***

Les grands textes sanskrits, surtout ceux de tendance vishnouïte comme le *Mahâbhârata* ou le *Bhagavata Pourâna*, se plaisent à raconter les mésaventures matrimoniales de Shiva.

La première femme de Shiva est connue sous le nom de Satî, c'est-à-dire « celle-qui-se-manifeste-dans-toute-existence », « l'Immanente absolue ». Selon la légende du *Mahâbhârata*, Satî est une des filles du prophète Daksha, celui qui révéla aux hommes les techniques du sacrifice védique. Un jour, Daksha célébra un grand rituel ; à cette occasion, il avait convoqué tous les Dieux auxquels il avait donné ses quinze autres filles en mariage, mais il avait négligé d'inviter Shiva. Il haïssait son gendre, qu'il considérait comme un dangereux transgresseur :

J'ai donné, quoique malgré moi, ma fille à ce comtempteur des sacrifices, à cet impur, à cet orgueilleux,
à ce violateur de toutes les lois, comme on donne
à un shoudra *la parole sainte du* Véda.
Voyez-le entouré de Prétas et de troupes de Bhoutas,
semblable à un insensé, nu, les cheveux en désordre,
riant et pleurant tour à tour, errer par les demeures terribles des morts,
faisant ses ablutions avec la cendre des bûchers,
ayant pour guirlande un collier de crânes,
et pour ornements des os humains et se prétendant Shiva,
lui, ce misérable fou que seuls les fous vénèrent,
ce chef des Pramâthas et des Bhoutas,
dont la nature n'est que ténèbres.

(*Bhagavata Pourâna*, IV, 2, 13-15.)

Selon le *Bhâgavata*, Shiva était en effet la personnification même de ce que le *dharma* condamnait, de tout ce qui était considéré comme impur et souillant. Pourtant il le reconnaît aussi comme une forme alternative du Dieu suprême.

Satî, poussée par le ressentiment que lui inspirait la non-invitation de son mari au sacrifice organisé par son père, brûlait du désir d'y assister. Shiva tenta de l'en dissuader. En vain. Elle arriva en plein milieu du sacrifice : sa mère et ses sœurs l'accueillirent avec affection, mais son père refusa de lui parler. Elle se lança alors dans une véhémente apologie du style de vie de son mari, puis se tut et se mit en posture de yoga : elle en pratiqua les techniques avec une telle concentration que bientôt son corps s'embrasa tout entier.

Shiva, averti par Nârada, le gazetier du paradis, de la mort de son épouse, entra dans une grande colère. Il s'arracha une touffe de ses longs cheveux dont se moquaient les autres Dieux et la jeta sur le sol. Un géant terrifiant en surgi, Vîrabhadra-le-Mâle, qui aussitôt enrôla quelques-uns des courtisans douteux de Shiva comme les Bhoutas, esprits malveillants de ceux qui sont morts de morts violentes, les Prétas, esprits frustrés de ceux pour qui personne n'a accompli les rites funéraires, ou les Pramâthas, esprits de ceux qui sont morts sans s'être vengés d'une injure. Vîrabhadra courut avec eux jusqu'au lieu du sacrifice, qu'il saccagea : il dispersa les feux, massacra les célébrants, expulsa les Dieux à coups de pierres et, finalement, décapita Daksha lui-même, faisant rouler sa tête dans les braises profanées. C'était un brâhmanicide de masse aggravé d'un sacrilège contre ce que les *Védas* tenaient pour le plus saint, le sacrifice.

Les dieux allèrent se plaindre à Brahmâ et à Vishnou. Tous ensemble, ils se mirent en route vers le *Kaïlasa*, où ils trouvèrent Shiva, assis en lotus sous un immense figuier banian, en train d'enseigner calmement Nârada. Au nom de tous les dieux, Brahmâ fit amende honorable :

> *Je te reconnais pour le souverain suprême, le maître unique du* pourousha *et de la* prakriti, *la*

semence et la matrice du cosmos, le brahman *insécable.*

Tu es, en tant que Shiva et Shakti, ces deux principes identiques l'un à l'autre, le créateur, le mainteneur et le destructeur de tout cet univers soumis à ton bon plaisir comme une araignée au centre de sa toile.

C'est toi qui as institué les rites du sacrifice fixés dans les Védas, *toi qui as décidé des devoirs et des fonctions de chaque être, toi qui as fixé les frontières que les brâhmanes doivent ne pas franchir.*

Tu accordes le bonheur, soit dans ton paradis, soit dans la béatitude suprême, à qui se conduit bien ; tu punis dans ton terrible enfer ceux qui transgressent. Qui pourrait trouver à redire à ta propre conduite ?

(*Bhagavata Pourâna*, IV, 6, 42-45.)

Brahmâ assura Shiva que Daksha et ses brâhmanes s'étaient rendus coupables d'une regrettable ignorance des rites. Désormais il aura sa part légale dans tout sacrifice :

Que ce qui reste du sacrifice soit ta part ! Que la cérémonie, toi qui peux la détruire, soit accomplie pour toi au moyen de cette part même !

(*Ibid.*, IV, 6, 53.)

Shiva se laissa convaincre que Daksha n'avait été coupable que d'une erreur dans le déroulement du rituel : il ressuscita tous les célébrants, qui purent ainsi reprendre le sacrifice.

Dans le *Bhagavata*, comme dans le *Shiva Pourâna*, tout se finit bien, même pour Satî qui, transformée en flamme, prend possession d'un lieu himalayen où elle est vénérée sous cette forme de feu à Jvâlâmoukhî. Elle obtint en outre de renaître comme Pârvatî :

> *La déesse Satî devint la fille de l'Himalaya sous le nom célèbre de Pârvatî. Elle se rendit propice par un rigoureux ascétisme Shiva, qu'elle épousa.*
> (*Ibid.*, IV, 7, 58-59.)

Néanmoins, les versions « féminines » de ce mythe, nous le verrons, lui donnent une issue beaucoup plus dramatique.

***

Le *linga* est toujours le signe de l'unité du *pourousha* masculin et de la *prakriti* féminine, là même où il constitue le seul objet du culte d'un temple. Une fête annuelle célèbre dans ces sanctuaires la mémoire du mariage de Shiva avec l'une de ses *shakti*. Dans la conscience de tout indou, le couple Shiva-Pârvatî représente l'idéal du couple humain.

Parmi les innombrables chants nuptiaux qu'on entonne pendant les cérémonies de mariage, l'un des plus populaires dans le nord de l'Inde est celui que composa Toulsî-dâs sur le mariage de Shiva et de

Pârvatî. Celui qu'il composa sur le thème du mariage de Râma et de Sîtâ n'eut pas le même succès.

Si Pârvatî est incontestablement l'image de l'épouse idéale, Shiva est loin de constituer le mari parfait. Leur idylle commença dans l'Himalaya. Pârvatî, réincarnation de Satî, était la fille du roi de la Montagne, d'où son nom de « Montagnarde ». Fillette, sa pensée déjà ne pouvait se détacher de Shiva. Quand elle devint nubile, ses parents lui cherchèrent un bon parti ; ils s'adressèrent à Nârada, qui leur prédit que leur fille épouserait un fou. Et s'ils voulaient lui éviter ce destin, il fallait qu'elle aille implorer Shiva sur sa montagne.

Pârvatî trouva Shiva perdu dans une méditation profonde et s'en éprit sur-le-champ. Elle s'installa non loin de lui et s'imposa un yoga rigoureux, sans réussir à attirer l'attention de Shiva. Finalement, elle fit appel au Dieu d'amour, Kâma, qui décocha une de ses flèches fleuries dans le cœur de Shiva. Le coup réveilla le Dieu de sa contemplation ; celui-ci ouvrit les yeux et, furieux d'avoir été dérangé, foudroya de son troisième œil le présomptueux archer, qui tomba calciné. Puis il changea de montagne et reprit son yoga.

Pârvatî, désespérée, resta sur place et se livra sans retenue à de terribles ascèses :

Elle délaissa toute nourriture, comme on fuirait une maladie ou un serpent. De tout son cœur, elle s'absorba dans des mortifications que les moines ne sauraient pas même imaginer.

Son corps si tendre que faisait frissonner le seul contact de ses vêtements et ornements, elle le voua, par amour pour Shiva, à de terribles macérations.

Elle ne connaît plus ni sommeil, ni faim, ni soif; ses nuits ressemblent à des jours; ses yeux pleurent, ses lèvres ne cessent de murmurer le nom aimé, son corps entre en transe et son cœur reste fixé en Shiva.

Pour toute nourriture, elle ne prend que des racines ou des fruits, parfois de l'eau seulement, parfois de l'air. D'autres jours, elle ne broute que des feuilles de bilva *séchées, les favorites de Shiva.*

(*Pârvatî-Mangala*, 34-38.)

Pârvatî murmure inlassablement le nom de Shiva, d'une voix de plus en plus affaiblie. Enfin Shiva la remarque. Décidant de la mettre à l'épreuve, il prend l'apparence d'un jeune et bel adolescent brâhmane, s'approche de Pârvatî et lui demande la raison de ses mortifications. Apprenant qu'elle se consume d'amour pour Shiva, il lui fait un portrait peu flatteur de l'objet de sa flamme :

C'est un garçon sans qualités, sans naissance,
sans honneur, sans caste et de surcroît sans parents.
Il mendie sa pitance et ne dort que sur des bûchers.
Il danse nu au clair de lune en lutinant les vampiresses.

Il s'adonne à la marijuana et aux hallucinogènes.
Il s'enduit le corps de cendres ; c'est un yogi, *un ascète*
aux cheveux nattés, irascible, ennemi du plaisir.
Il n'a aucune des qualités qui font un bon mari,
tous les défauts qui rendent un homme tyrannique.
Ses bijoux favoris sont des crânes humains, une peau
d'éléphant et des serpents venimeux.
Il n'est amoureux que du croissant de lune,
crois-tu qu'il se souciera jamais de toi ?
C'est un fou.

(*Pârvatî-Mangala*, 49-56.)

Shiva n'est pas dénué d'humour : il se dépeint tel que beaucoup de gens l'imaginent, comme le Dieu des ascètes gyrovagues qui errent sur les routes de l'Inde dans différents degrés de nudité et, qui, grâce à des exercices ascétiques parfois singuliers, acquièrent de dangereux pouvoirs occultes. Mais cette description peu flatteuse ne décourage pas l'amoureuse Pârvatî : elle l'aime tel qu'il est. Touché de sa sincérité, Shiva finit par se révéler dans toute sa magnificente nudité et s'engage à épouser l'obstinée Montagnarde.

Les préparatifs du mariage commencent dans l'observance des coutumes brâhmaniques. La date de la cérémonie est fixée par les astrologues, les parents de Pârvatî décorent leur palais et invitent tous les princes des environs. Shiva s'approche, entouré de ses compagnons habituels qui ont revêtu pour une fois des formes plaisantes et élégantes. Mais la mère de Pârvatî a conservé toutes ses préventions contre Shiva, et ce dernier s'entend avec les autres Dieux pour lui donner une leçon.

Bientôt on annonce l'arrivée au palais du cortège du gendre. La mère de Pârvatî se met à son balcon, s'attendant au pire. Lorsqu'elle aperçoit le premier Dieu, Vasou, et son brillant entourage, elle croit voir Shiva et s'en réjouit. Mais on la détrompe : ce n'est que le moins grand des Dieux et le plus humble des serviteurs de Shiva. L'idée qu'elle se faisait de son gendre se transforme peu à peu, à mesure que les Dieux défilent sous ses yeux avec une pompe toujours grandissante. Quand Vishnou paraît, monté sur son milan Garouda harnaché d'or et de pierreries, elle pense que c'est Shiva qui s'avance. Apprenant qu'il s'agit de Vishnou, le maître de cérémonie du mariage et l'ami de Shiva, elle se pâme presque d'aise. Si Shiva a de tels serviteurs et de si riches amis, quelle ne doit pas être sa splendeur !

Shiva arrive enfin, entouré de ses gens qui ont repris leurs formes repoussantes. Shiva lui-même est nu, barbouillé de cendres, vêtu d'un haillon que retient un serpent enroulé autour de sa taille. Bien plus, quand le serpent aperçoit le milan de Vishnou, il a si peur qu'il s'enfuit, laissant l'ascète dans l'état de nature. La reine s'évanouit d'horreur. Mais elle reprend ses sens et découvre alors son gendre dans son aspect le plus éblouissant. Le mariage est aussitôt célébré selon les rituels dans la liesse générale.

Les chants nuptiaux s'arrêtent là et ne nous apprennent rien sur la vie du couple après le mariage. La leçon qu'ils suggèrent est claire : jeunes filles, aimez vos maris jusqu'au suprême sacrifice ; parents, ne jugez pas vos futurs gendres sur l'apparence.

Shiva, dans toute cette histoire, apparaît comme le Dieu des ascètes qui préfère les lieux sauvages et la fréquentation des gobelins aux territoires civilisés et aux cours princières où se complaisent les autres Dieux et en particulier Vishnou : mais ils agissent tous à l'occasion ensemble, chacun respectant le territoire des autres.

***

Le légendaire de Bénarès, le *Kâshî Khanda*, prend le relais. Shiva retourna à ses montagnes et pendant quelque temps pratiqua avec son épouse des exercices de yoga et de méditation. Mais Pârvatî, malgré tout son amour conjugal, regrettait le confort de la ville. Elle convainquit Shiva de descendre dans la plaine. Il envoya ses gnomes en tournée d'inspection et décida d'aller s'installer à Bénarès, la plus florissante et la plus agréable des villes qu'ils avaient visitées, mais qui était pour lors gouvernée par un excellent roi, Divodâsa. Il fallut donc l'en déloger.

Shiva fit de nouveau appel aux autres Dieux et les délégua auprès du roi pour le persuader de renoncer à son pouvoir. Successivement les Yoginîs, qui jouent à la cour de Shiva le même rôle que les Apsarâs à celles d'Indra, puis Sourya le soleil, puis Brahmâ, puis les gnomes, puis Ganésha s'en vinrent à Bénarès. Mais ils se trouvaient si bien dans cette ville de rêve qu'ils y restèrent. (C'est pourquoi il y a à Bénarès des temples de tous les Dieux de l'Inde.) En désespoir de cause, Shiva envoya son plus puissant allié, Vishnou, qui imagina un singulier stratagème : il prit l'apparence d'un moine bouddhiste, Pounyakîrti, tandis que Lakshmî se transforma en moniale, Vijnânakaumoudî, et le milan Garouda en moinillon. Ils s'installèrent à Sârnâth, près de la ville, et s'employèrent à convertir tous les habitants à leur religion. Avec un plein succès : la non-violence y régna bientôt, interdisant tout sacrifice, et la croyance en l'égalité de tous les hommes y abolit la distinction des castes. Voyant la ville devenir un monastère, le roi décida de l'abandonner, et Shiva put enfin s'y établir.

Shiva et Pârvatî construisirent leur ermitage dans une forêt voisine, Ananda-vana, le « bois-de-béatitude », où ils pratiquèrent dans le bonheur leur occupation favorite, l'ascèse. A ce point du récit, la mythologie bascule et nous renvoie aux temps primordiaux qui suivirent le déluge et le surgissement du *linga* de feu lumineux représentant l'union du *pourousha* et de la *prakriti.*

> *Shiva et Shakti créèrent ce lieu. Shiva est le* pourousha *et Shakti la* prakriti. *Un jour, Shiva et Shakti, qui vivaient dans le bois-de-béatitude, se mirent à rêver d'un être qui s'occuperait à créer le*

monde, à le gouverner et le protéger. Libres de tout souci, ils pourraient ainsi continuer en paix leur poursuite de la libération absolue. Ils créèrent donc Vishnou avec toute sa beauté et sa puissance et toutes les qualités possibles. Ils le chargèrent de créer le monde selon les plans du Véda.

Vishnou entra aussitôt en méditation. Puis, grâce à son disque appelé chakra, *il creusa un étang superbe qu'il nomma l'étang-aux-lotus, Poushkarinî. Il le remplit de sa sueur et reprit sa méditation. Un jour, Shiva et Shakti passèrent par là et l'aperçurent entouré des flammes de son ascèse. Shiva lui demanda d'émettre un vœu : « Vivre pour jamais en ta présence ! » répondit Vishnou. Cette réponse les remplit d'une telle joie qu'ils se mirent à danser et se plongèrent dans l'étang. La perle du diadème de Shiva et les boucles d'oreilles de Shakti y tombèrent. C'est pourquoi on appelle cet étang le Mani-karnikâ, l'étang-de-la-perle-et-des-boucles.*

(*Kâshî Khanda*, XXVI, 1-65.)

Le *Shiva Pourâna* place cet épisode avant le surgissement du *linga* de feu lumineux. Selon lui, en effet, la danse du couple primordial dans l'étang le fit déborder, si bien que les eaux couvrirent toute la terre. Pour préserver le site de leur forêt-de-béatitude, Shiva piqua alors le rocher de Bénarès à son trident et le brandit au-dessus du niveau diluvial. C'est alors que Brahmâ et Vishnou se disputèrent la primauté sur l'univers.

Pârvatî perd à Bénarès son identité de fille de la montagne pour se fondre dans le concept de la *shakti*. Dans cette cité aux mille temples, il n'y en a pas un seul qui lui soit dédié en tant que Pârvatî, comme si l'adoration des fidèles au *Shiva-linga* lui était aussi destinée. La légende du temple d'Annapournâ, la *shakti* la plus célèbre de Bénarès, situé non loin de principal temple du *Shiva-linga* appelé Vishveshvar, Seigneur du cosmos, mentionne seulement Pârvatî en un temps où la ville était déjà florissante et donc peu hospitalière. Vyâsa, le compilateur du *Véda*, y vint un jour mendier : ne recevant rien de personne, il s'apprêtait à maudire la ville, quand il frappa à la porte d'une humble demeure où Pârvatî lui servit un repas si délicieux que l'irascible sage tourna sa malédiction en bénédiction : « que tous ceux qui viendront à Bénarès y trouvent désormais une abondante nourriture ! » Aussi, depuis ce temps, le temple est-il dédié à Annapournâ, « la-pourvoyeuse-d'abondance ». Le rituel principal, lors des fêtes annuelles, consiste à offrir un repas à tous les pèlerins.

***

La plus importante *shakti* de Bénarès est le Gange. Dans le mythe de sa descente, qui est représenté sur la fresque des rochers de Mahâbalipouram, Shiva joue un rôle essentiel. Le Gange est femme et il aurait été plus convenable de lui garder son nom sanskrit de Gangâ.

En ces temps-là, le roi Bhagîratha régnait sur la plaine autour de Bénarès. La terre manquait d'eau, et les hommes ne pouvaient plus pratiquer les rites funéraires. Or le roi avait à incinérer soixante mille de ses grands-oncles ! Il s'adressa donc à Brahmâ pour qu'il demande à la Voie-Lactée qui irriguait le ciel de descendre sur terre afin d'y remplir la même fonction. La Voie-Lactée refusa d'abord, puis se laissa convaincre et quitta les pieds de Vishnou où elle prenait source. Mais le roi craignit qu'en arrivant sur terre elle ne provoque un déluge catastrophique. Il implora Shiva de se dresser sur sa montagne et de recevoir sur sa tête chevelue le torrent du ciel pour en amortir le choc. L'eau s'y divisa en effet en de multiples petits torrents qui irriguèrent la terre dans les quatre directions.

La Gangâ se trouvait si bien dans la chevelure de Shiva qu'elle résolut d'y rester. Mais Pârvatî, jalouse, persuada Shiva de laisser partir Gangâ pour qu'elle accomplisse sa fonction sur la terre. Il s'en sépara donc. La Gangâ partit alors pour Bénarès, où elle renouvela l'eau des étangs en leur accordant ses vertus salvifiques ; elle recommença à chacune de ses grandes crues jusqu'à ce que les Anglais construisent des digues pour les contrôler.

Les eaux du Gange céleste se répandirent aussi dans toute l'Inde, ce qui explique que chaque rivière soit considérée comme une de ses branches, jusqu'à la Cavérî, à l'extrême sud.

***

Les rochers sculptés ou les bas-reliefs des parois des cavernes-sanctuaires racontent les grands mythes de l'Inde mieux que les textes écrits car, visant l'essentiel, ils ne retiennent que les épisodes indispensables. Les murs d'une grotte illustrent les aspects du mythe de la divinité de son sanctuaire, comme un catéchisme en image destiné à imprégner la conscience du fidèle qui vient y méditer. Les temples-cavernes sont en effet moins des lieux de culte que des chambres de méditation. Par sa nature même, le *Shiva-linga* constitue un objet de vénération idéal.

A Ellora, par exemple, la plupart des caves sculptées sont dédiées à Shiva : c'est là que se trouve aussi l'un des douze grands *jyotir-linga* de l'Inde, celui que l'on appelle Ghrishméshvar. Les fresques, qui furent peintes entre le VIe et le VIIIe siècle, représentent le combat de Shiva contre le démon aveugle Andhaka. La scène, dont les textes nous parlent peu, se déroule au temps où Shiva et Pârvatî s'étaient retirés dans une grotte du mont Mandara pour y méditer.

La terre entière était alors la proie d'un féroce démon, Andhaka, qui était né dans cette grotte au cours des jeux érotiques de Shiva et de Pârvatî. Celle-ci avait mis ses mains sur le front de Shiva, lui fermant les yeux. La nuit aussitôt avait recouvert la terre, tandis qu'un autre phénomène, plus singulier encore, se produisait : les paumes de Pârvatî exsudaient une liqueur aphrodisiaque qui tomba sur le troisième œil brûlant de Shiva et en fit jaillir une goutte de sueur séminale. La goutte tomba à terre, d'où surgit un être difforme et aveugle d'une terrible puissance. Parvâtî l'éleva comme un fils, mais Shiva bientôt le donna à un puissant démon, Hiranyaksha, qui n'avait pas d'enfant. A la mort de son père, Andhaka avait pris sa succession et conquis les trois mondes, la terre, l'espace intermédiaire et le ciel.

Shiva et Pârvatî se trouvaient alors dans la grotte pour y pratiquer leur yoga. Andhaka ignorait qu'il était d'une certaine façon leur fils. Apprenant que Pârvatî était fort belle, il résolut de l'enlever. Il envoya des messagers expliquer à Shiva qu'un ascète n'avait que faire d'une épouse aussi belle que Pârvatî, qu'elle risquait de mettre en péril son vœu de chasteté, qu'il ferait donc mieux de la donner comme compagne à Andhaka, leur roi. Shiva leur répondit qu'il n'était qu'un ascète, certes, mais que si leur roi désirait s'emparer de sa femme, il devrait le combattre. Le roi envoya son armée, entoura la grotte que défendait le seul Vîrabhaïrava, mais subit une déroute totale.

Cependant Shiva, troublé par le raisonnement des messagers du roi démoniaque, décida d'entreprendre une forme de yoga qu'on pratique dans une solitude absolue. Il partit donc sur une autre montagne, laissant Pârvatî seule dans sa caverne sous la garde de Vîrabhaïrava. Andhaka en profita pour renouveler son attaque. Vîrabhaïrava, rendu vulnérable par l'absence de Shiva, fut blessé et tomba devant l'entrée de la caverne. Les troupes démoniaques partirent à l'assaut. Pârvatî se réfugia dans le fond de la grotte et appela toutes les *shakti* des dieux du Ciel qui, en un clin d'œil, vinrent l'entourer. Les terribles amazones, Lakshmî et Sarasvatî en tête, foncèrent alors sur les Démons. Un combat épique s'engagea entre ces mâles Démons et ces Dieux femelles. Shiva revint de sa montagne vers la fin du combat et assista calmement aux exploits guerriers de son épouse. Quand les Démons se furent tous enfuis, il félicita les dames puis les renvoya à leurs maris.

Voyant les Dieux partir, Andhaka reprit courage et engagea l'ogre terrible appelé Vighasa. Les troupes d'Andhaka attaquèrent de nouveau la caverne. Cette fois, Shiva convoqua les Dieux, qui arrivèrent aussitôt avec leurs armées. Le combat recommença, mais à mesure que les Dieux chargeaient, l'ogre, ouvrant la bouche, les avalait. Indra, Brahmâ, Vishnou disparurent ainsi dans les entrailles de l'ogre. Vîrabhaïrava en porta la nouvelle à Shiva, qui récitait au fond de la grotte des mantras védiques. Ils revinrent ensemble jusqu'à l'entrée de la caverne. Encouragés par la présence de Shiva, Vîrabhaïrava et Pârvatî tentèrent une dernière charge mais furent engloutis à leur tour par le monstre. Les Démons entonnaient leur péan de victoire, lorsque Shiva se mit à chanter les mantras magiques qui provoquèrent le vomissement de l'ogre. Il dégurgita Pârvatî, tous les Dieux et leurs armées, avant de se dégurgiter lui-même dans un dernier spasme.

Les Démons jonchaient le sol, mais de leur sang renaissaient de nouveaux monstres. Pensant que le combat ne se terminerait jamais, Vishnou revêtit une forme féminine, et recueillit dans une coupe le sang des Démons tués. Bientôt Andhaka resta seul en face de Shiva, qui le transperça de son trident et le brandit haut, pendant que Vishnou récoltait son sang. Andhaka s'avoua vaincu. Dans un dernier râle, il implora Shiva de renaître comme chef de ses armées, ce qui lui fut accordé. Puis Shiva remercia les Dieux, les renvoya dans leur paradis, et reprit ses jeux amoureux avec Pârvatî dans la caverne du mont Mandara.

***

Le couple idéal se livrait à d'autres jeux. Les bas-reliefs des grottes d'Ellora montrent souvent Shiva et Pârvatî en train de jouer aux dés, ou plus exactement au *sârîpât*. Ce jeu de hasard, l'un des jeux de société les plus populaires de l'Inde, se joue à deux ou à quatre et ressemble au jeu des petits-chevaux. L'échiquier a la forme d'une croix à quatre branches, dont le centre est appelé le trône. Chaque joueur a quatre pions *(sârî)* qui ont la forme de cônes ou de ruches d'abeilles. Chaque série de quatre pions est de couleur différente : vert, jaune, rouge et noir. Les cases forment un parcours qui suit les quatre branches de la croix ; certaines cases représentent des asiles où le joueur est à l'abri des agressions. Au début du jeu, le trône est vide : pour y placer un de ses pions, il faut lancer les dés et tirer le bon numéro. Les dés sont le plus souvent des petits coquillages appelés *cauris*, que l'on jette devant soi pour calculer le chiffre selon qu'ils présentent leur dos nacré ou leur fente vulvaire. Chaque joueur doit avancer le plus rapidement possible ses pions sur le parcours et les faire rentrer sur le trône central. Quand deux pions rivaux s'arrêtent dans la même case, le dernier arrivé expulse le premier occupant, qui doit recommencer le parcours, à moins qu'il ne se trouve sur une case-asile où il est intouchable, l'autre étant dans ce cas expulsé.

Pourquoi Shiva et Pârvatî sont-ils si souvent représentés en train de jouer aux dés ? Faut-il penser à la célèbre partie de dés entre les Pândavas et les Kauravas racontée par le *Mahâbhârata*, qui décida de la grande guerre entre les cousins et donc du passage de l'ordre ancien à l'âge nouveau ? Ou à cet autre passage qu'aimait raconter Dumézil dans lequel Indra, le roi des Dieux renaissant à chaque cycle cosmique, vit une étrange aventure en sortant d'une assemblée où l'on avait discuté de l'immortalité :

« Revenant de cette étrange assemblée, Indra aperçoit une femme qui pleure et dont les larmes se transforment en lotus d'or. Il l'interroge sur la cause de sa peine : “Tu ne peux la connaître, répond-elle, que si tu m'accompagnes.” Il la suit, et elle le mène sur un sommet de l'Himalaya, où il voit un beau jeune homme assis sur un trône et jouant aux dés avec une jeune femme. Indra se présente : “Sache, intelligent jeune homme, que le monde est en mon pouvoir !” Le joueur, absorbé, ne l'écoute pas. Irrité, Indra répète : “Je suis le maître du monde.” Le jeune homme se retourne et sourit, mais d'un sourire qui glace Indra. Le jeune homme — c'est Shiva — achève la partie de dés, puis dit à la femme : “Emmène Indra ; je ferai en sorte que l'orgueil n'entre plus dans son cœur.” Dès que la femme le touche, il tombe sur la terre. Shiva lui dit : “Ne recommence pas ! Déplace cet énorme rocher et entre dans la caverne qui s'ouvrira !” Or, dans la caverne, quatre hommes attendent déjà, tous semblables à Indra : ce sont en effet quatre Indra des temps antérieurs, qui ont déjà commis le même péché que lui, la même offense envers Shiva. » (*Mythe et épopée*, I, p. 111.)

Indra, terrifié, se répand en louanges tardives. Mais Shiva le fait entrer dans la caverne où il attendra le moment de renaître parmi le monde des hommes.

Dans les deux cas, le jeu de dés est lié au passage d'un âge à un autre, comme si ce passage était le fait du hasard. Mais ce n'est pas un hasard si les noms des âges *(youga)* — *krita*, *tréta*, *dvâpara*, *kali* — sont aussi ceux de coups de dés. Shiva est donc, dès l'âge du *Mahâbhârata*, associé au jeu de dés, comme si, parmi ses qualités, il y avait celle d'être imprévisible.

C'est du reste à une partie malheureuse qu'est due l'installation du *jyotir-linga* d'Ellora, selon la légende locale. Un jour, Shiva jouait avec Pârvatî à son jeu favori, dans le bois-de-béatitude de Bénarès, mais il perdait sans cesse. Irrité et excédé, pour retrouver son calme il quitta Pârvatî et s'enfuit dans la forêt-du-désir qui se trouvait sur les bords de la Godâvarî.

Pârvatî se reprochait amèrement d'avoir gagné au jeu et perdu son époux. N'y tenant plus, elle se lança sur ses traces et arriva sur les rives du fleuve. Mais là, réfléchissant à des situations précédentes où Shiva n'avait retrouvé son calme que dans les bras d'une autre femme, elle imagina un subterfuge pour récupérer son mari. Elle se transforma en belle sauvage à la jeunesse radieuse et aux œillades assassines. Puis, s'arrêtant partout où elle pensait que Shiva pourrait se cacher pour méditer, elle chanta d'une voix douce cette mélodie préférée de Shiva qu'on appelle le *Raga Malhâr*. Son seigneur et maître l'entendit enfin. Il interrompit sa méditation pour chercher la chanteuse. Il la vit et la désira. Quand la belle se mit à danser pour accompagner son chant, il se précipita sur elle, lui prit la main et entra dans sa danse, qui le fit tomber en transe. Quand la belle le vit dans cet état, son cœur bondit de joie, et sans reprendre encore son aspect de Pârvatî, elle dit à Shiva : « Je ne me marierai que sur l'ordre de mes parents et, de plus, j'y mettrai quelques conditions ! » — « Dis-moi tes conditions, je suis d'accord avec toutes ! » — « Tu devras d'abord oublier ta colère contre ton épouse : ensuite, tu devras t'installer avec moi dans ce bois-de-désir. D'accord ? » — « D'accord, d'accord », répéta Shiva en serrant très fort la main de la belle sauvage qui reprit à cet instant son visage de Pârvatî. A cette vue, Shiva fut rempli de confusion et demanda son pardon. Les deux époux décidèrent de s'installer dans cette forêt.

La danse avait assoiffé Pârvatî. Shiva enfonça son trident en terre et en fit jaillir une source. Pârvatî allait chaque jour s'y désaltérer ; un jour, en se penchant sur la fontaine, elle aperçut son visage qui s'y reflétait comme sur un miroir. Elle se mit aussitôt à se farder. Prenant dans sa paume gauche la pâte de safran, elle y frotta son index droit et se traça sur le front la marque de l'épouse. La pâte sur sa paume prit la forme d'un minuscule *linga*, qu'elle déposa à terre et que l'on nomma le *linga*-de-safran, ou Ghrishméshvar. Puis, peu à peu, dans le flanc des falaises qui formaient comme un cirque autour de la fontaine, les ermites creusèrent des cellules, des monastères, des temples, dont les parois se couvrirent de légendes.

***

Les textes classiques attribuent à Shiva cent huit danses différentes. Nous ne connaissons avec précision que les sept modes, dits *Tândava*. Selon le *Nâtya-Shâstra*, composé au début de notre ère, Shiva et Pârvatî auraient inventé la danse, l'un dans ses modes virils ou *Tândava*, l'autre dans ses modes gracieux ou *Lâsya*.

Plusieurs temples sont consacrés à Shiva en tant que roi de la danse, *Nata-râja*. Le plus célèbre, celui de Cidambaram, construit au IXe siècle, développe ses magnifique architectures à quelques lieues au nord de

Pondichéry. Cette proximité explique qu'il fut souvent visité par des Français. L'un d'eux, Jacques Maissin, y cantonna avec ses troupes en 1753. Il a raconté la légende selon laquelle Shiva entra en rivalité avec sa *shakti*, qu'il nomme Cali (Kâlî), à propos de leur excellence à la danse :

« La jalousie s'empara de l'esprit de Cali : elle proposa le défi ; Shiva l'accepta. Ils commencèrent leur danse et la continuèrent pendant trois jours sans interruption. Cependant Shiva commençait le premier à se lasser, et il était sur le point d'être vaincu par Cali, lorsque Vishnou qui s'aperçut de son embarras, lui fit un signe en levant le pied gauche et les yeux vers le ciel. Shiva, qui entendait à demi-mot, levant un pied et dansant sur l'autre, laissa apercevoir ce que la pudeur ordonne de cacher.

« Cali, honteuse de voir la nudité de Shiva, baissa la tête ; ce qui la dérouta ; elle regarda les dieux avec colère et leur dit : Est-ce ainsi qu'on me trompe ? Permettez-moi de prendre un caleçon, afin que je puisse danser comme Shiva. Nous recommencerons, pour lors vous verrez qui des deux aura le dessus. » (*Recherche de la vérité*, p. 255.)

Les dieux refusent d'accorder à Kâlî une seconde chance, mais obligent Shiva à prendre Kâlî pour épouse. Malgré son ton ironique, cette légende de Cidambaram fait sentir combien cette activité de Shiva et de Pârvatî leur est commune. A l'entrée de la grotte d'Éléphanta, près de Bombay, deux magnifiques bas-reliefs se font face : l'un représente Shiva en maître du yoga et l'autre en roi de la danse. Au fond de la grotte se trouve le célèbre Shiva à cinq têtes dont trois seulement sont visibles. On lui donne tantôt le nom de Trimourtî, c'est-à-dire celui-qui-a-trois-aspects, tantôt plus justement celui de Maheshvar, le Grand-Seigneur. Le pèlerin qui y allait méditer pouvait lire sur les murs le même grand enseignement mythologique. Le Dieu unique, à la fois intérieur et personnel, qui se dévoile dans la grotte de son cœur constitue l'essence et la substance de tout être. Et si le maître du yoga représente son aspect de *pourousha*, le roi de la danse exprime le dynamisme de sa *prakriti* qui se déroule en cinq étapes, que les membres du danseur comme les têtes du Maheshvar représentent une à une.

Le bras qui tient le petit tambourin *damarou* et la tête brâhmanique représentent l'énergie créatrice ; le bras dont la main s'ouvre dans le geste apaisant de l'*abhaya-moudra* et la tête vishnouïque représentent l'énergie vivificatrice qui maintient le créé dans l'être ; le bras dont la main tient une boule de feu et la tête roudraïque représentent la destruction escatologique des êtres ; le pied qui foule le Démon de la non-mémoire *Apasmara* et la tête cachée représentent l'énergie au repos dans les périodes de latence ; quant à la jambe dressée vers le ciel et la tête invisible, c'est l'énergie libératrice qui donne accès au suprême séjour. Le bras qui sépare avec la puissance d'une trompe d'éléphant, les trois premières étapes de l'évolution cosmique, comme le mur du fond de la caverne, indiquent le passage du mouvement à la stabilité, du cosmos à l'individu, du visible à l'invisible, du couple à la fusion.

C'est aussi le sens des nombreuses représentations de Shiva *ardha-nâri*, mi-homme, mi-femme, qui donnèrent aux artistes des grottes comme aux sculpteurs qui leur succédèrent une occasion singulière pour inventer des formes inoubliables. La plus bouleversante est peut-être celle qu'abrite le sanctuaire de Cidambaram : non plus un *linga* de lumière, mais un *linga* de vide.

QUATRIÈME ÉTAPE

Adi-Shakti
ou
Dieu fait femme

Chacun des dieux mâles que nous avons rencontrés jusqu'ici, Krishna, Râma ou Shiva, était accompagné d'une *shakti*, souvent considérée comme son épouse. Certaines, comme Roukminî, Sîtâ, Satî et surtout Pârvatî prennent parfois une telle indépendance par rapport à leurs époux qu'on leur reconnaît le rang de divinité à part entière. Cette divinité prend le nom générique d'Adi-Shakti, ou Shakti primordiale. Selon ses fonctions, elle s'appelle Dourgâ, Kâlî, Gaurî, Lakshmî ou Shrî, pour ne citer que ses principaux noms.

Il n'est pas rare non plus qu'on la désigne comme la Déesse Mère ou Grande Déesse, ce qui n'est pas faux, mais ne rend pas compte de sa fonction alternative dans l'univers mythologique de l'Inde. « La Déesse est une catégorie fondamentale de la conscience hindoue comme telle, dont on ne saurait faire l'économie et qu'on ne peut dissoudre en des composantes qui ne la restitueraient jamais comme catégorie, remarque Madeleine Biardeau. S'il a fallu poser la Déesse face aux dieux masculins, c'est donc qu'elle a sa place nécessaire dans l'ensemble, un sens qui lui est propre. » (*Autour de la Déesse hindoue*, p. 14.)

La prédominance des dieux mâles dans les mythologies occidentales a fait considérer les déesses comme l'expression de mentalités « païennes », voire barbares. Or ce sont les croyances relatives à la Déesse qui ont le plus évolué dans les textes sacrés. A l'exception de quelques figures secondaires comme la Nuit, l'Aurore, la Terre, les Eaux, l'Oblation ou la Parole rituelle, on n'adresse les sacrifices, selon le *Véda*, qu'à des Dieux mâles. Il existe pourtant un personnage quasi divin, Yamî, l'Ève indienne, qui, selon un hymne du *Rigvéda*, a l'initiative de la création :

Yamî :
Puissé-je vers l'union attirer mon ami,
si loin qu'il soit allé par-delà l'océan !
Que sa sagesse procure un petit-fils à notre père :
exerçant sur la terre sa longue prévoyance !

Yama :
Ton ami ne veut pas d'une telle amitié
qui fasse une étrangère de celle au même signe.
Les messagers du puissant Dieu qui gouverne le ciel
espionnent tout le cosmos.

Yamî :
Ce que veulent les Immortels, n'est-ce pas
qu'au seul mortel échoie une descendance ?
Dépose ton âme en mon âme,

entre en époux dans le corps de ton épouse...
Le désir de Yama me point,
de m'étendre avec toi sur la couche commune ;
Je veux te livrer mon corps d'épouse,
qu'il tournoie avec le tien comme les roues d'un char. (...)
Le jour Yamî t'adorerait, comme la nuit,
Elle aveuglerait l'œil justicier du Soleil.
Comme la Terre s'accouple avec le Ciel,
ainsi doivent s'unir les jumeaux !
Yamî portera seule l'inceste de Yama.
(*Rigvéda*, X, 10.)

Yama était le jumeau de Yamî. Le *dharma* leur interdisait d'avoir des rapports sexuels. Mais Yamî obéit à une loi plus haute puisque sa fonction est précisément d'engendrer l'humanité, fût-ce au mépris du *dharma*. Dans cet hymne, la Déesse est la sœur des Dieux. Cette structure fraternelle est celle même qui unit les héros du *Mahâbhârata*, les cinq frères Pândavas, qui représentent chacun une divinité védique. De même, à Pouri, Krishna, Balabhadra et Sobhadrâ sont frères et sœurs et vénérés comme trois divinités séparées. « La Déesse, note Madeleine Biardeau, est la forme féminine de la divinité qui se concrétise dans les temples, soit en des déesses solitaires, vierges et farouches, plus ou moins faciles à se concilier, de haut ou bas statut, soit comme parèdre de Shiva, mais presque toujours explicitement reconnue comme sœur de Vishnou. » (*Autour de la Déesse hindoue*, p. 11.)

On se souvient de la naissance mouvementée de Krishna. Comme le roi démoniaque Kamsa faisait mourir tous les enfants de sa sœur Dévakî, quand celle-ci accoucha de Krishna, son père Vâsoudéva emporta le bébé et le confia à la femme d'un vacher qui venait elle aussi d'accoucher. Il rapporta le bébé fille de celle-ci et le plaça aux côtés de Dévakî. Le roi sans pitié accourut aussitôt et la saisit par les pieds pour la fracasser contre un rocher, mais soudain celle-ci lui échappa et s'envola dans les airs, en lui révélant qu'elle était la Déesse Dourgâ et qu'il serait lui-même tué par le bébé qu'on avait soustrait à sa cruauté.

Plus tard, à la fin de leur exil dans la forêt, les Pândavas suspendent leurs armes pour les cacher dans un buisson. Depuis deux mille ans, cet épisode du *Mahâbhârata* est rejoué chaque année à l'occasion de la fête de la *Dassarâ*.

Or, pour obtenir la victoire, les cinq frères adressent à Dourgâ cette prière :

Hommage à toi, donneuse de dons !
Tu es noire, jeune et vierge,
ton corps est comme le soleil levant
et ton visage comme la pleine lune. (...)

Avec ton diadème diapré qui retient tes cheveux,
ton pagne de serpents enlacés,
ta ceinture de lumière autour des reins,
tu brilles comme le mont Mandara
que fait étinceler le serpent qui l'entoure...

Ô toi qui a tué le Démon-buffle,
Toi, la plus éminente des Divinités,
sois bien disposée envers moi,
prends-moi en pitié, sois-moi bienveillante !

Tu es la Victoire et le Triomphe,
tu donnes victoire au combat,
accorde-moi d'être victorieux,
exauce mon vœu sans tarder.

Ta demeure éternelle est le Vindhyâ
la plus éminente des montagnes.
Kâlî, Kâlî, Grande Kâlî !
Tu aimes l'alcool, la viande des animaux sacrifiés.

Ô Dourgâ, tu tires de difficulté
les égarés dans les forêts, les naufragés des océans.
Aussi t'appelle-t-on Dourgâ.

Dernier recours des victimes de brigands,
de ceux qui traversent les fleuves rapides,
les grandes forêts ou les déserts,
Tu ne laisses jamais défaillir ceux qui t'invoquent,
Ô Grande Déesse !

Tu es la gloire, l'éclat royal, la fermeté, la réussite,
la modestie, le savoir, la descendance, la pensée ;
Tu es le crépuscule, la nuit, la lumière, le sommeil,
le clair de lune, la beauté, la compassion.
(*Mahâbhârata*, IV, 6, 1-29.)

Cet hymne permet de comprendre la fonction que

Dourgâ assumait dans le panthéon indou dès les premiers siècles de notre ère. Le roi Youdhishtira, l'un des frères Pândavas qui représente la légitimité du pouvoir royal, s'adresse à la Déesse pour qu'elle donne la victoire à ses troupes. Dourgâ n'est pas une déesse spécifiquement guerrière : on la prie dans tous les cas désespérés, un voyageur perdu dans une forêt sauvage, un marin en péril sur une mer déchaînée, ici un roi détrôné qui s'attaque à un usurpateur avec des forces dérisoires. Si Dourgâ est le dernier recours pour tout requérant, c'est qu'elle est la tueuse du Démon-buffle.

Ce mythe, sous de multiples versions, est raconté dans de nombreux textes, comme sur les bas-reliefs des temples-cavernes. Il n'est guère de village où une telle stèle ne soit érigée dans un temple pour y représenter la protectrice de la communauté villageoise. Ainsi les voyageurs français de naguère croyaient-ils que le Dieu suprême des Indous était femme.

C'est ce que pressentit Laboullaye Le Gouz quand il débarqua à Goa en 1649. Les Portugais avaient occupé cette île un peu plus d'un siècle auparavant pour y installer le centre de leur commerce asiatique. Ils avaient suivi l'ordre que leur avait donné, en 1540, le roi du Portugal, « de détruire tous les temples indous sans en laisser un seul debout sur une seule île, et de confisquer leurs richesses pour l'entretien des églises qui seront construites à leur place ». La magnifique cathédrale baroque n'avait été terminée qu'en 1631. Or elle avait été bâtie avec les pierres du temple dédié à la protectrice du lieu, que Laboullaye appelle Bagotî, forme portugalisée de Bhâgavatî, le nom de Dourgâ à Goa et sur toute la côte de Malabar. Se référant à la mythologie de son pays, où le monde du divin ne compte que des figures masculines, il la décrit ainsi : « Bagotî est une saincte qui eut la force de combattre et vaincre les Géans, laquelle n'est point morte : elle est montée sur un lyon, avec huict bras, tesmoignage de sa grande sainctеté et grande vertu : c'a été à mon avis une autre Pucelle d'Orléans, laquelle aura combattu avec succès pour le zèle de sa Religion et de la liberté de sa patrie. » (*Voyages et observations*, p. 172.)

Jeanne d'Arc, la sainte imposée aux clercs par le peuple, était une des seules figures chrétiennes qui, selon Laboullaye, gentilhomme angevin, permettait d'expliquer aux Européens ce que représentait Dourgâ pour les Indous. Pour les Portugais, Dourgâ était une sorte de sainte Catherine à qui ils dédièrent leur cathédrale, Catherine, une des voix qui incitèrent la Pucelle d'Orléans à commencer la bataille pour libérer son peuple. Le triptyque qui surmonte le grand autel de la cathédrale de Goa est féminin : un panneau représente le martyre de sainte Catherine, un autre l'Assomption de la Vierge et le dernier les saintes femmes au tombeau du Golgotha. Sans le savoir, les artistes portugais avaient christianisé un des grands mythes de l'Inde.

***

La fonction de Dourgâ est en effet de combattre les « Géants », c'est-à-dire les Asouras, ou Démons. En ce temps-là, l'un d'entre eux régnait sur terre, dont la forme favorite était celle d'un buffle gigantesque. Nous avons rencontré à maintes reprises les descentes, ou *avatâr*, du Transcendant dans le monde des hommes. Les Dieux se réunissent pour imaginer une parade, élisent Indra ou, plus souvent encore, Brahmâ comme leur porte-parole auprès du Dieu suprême qui, selon les cas, était Shiva ou Vishnou, et ce dernier décide de s'incarner pour détruire le Démon. Mais ici, le scénario ne peut se dérouler ainsi, car il ne semble plus y avoir de monarque à la cour des Dieux. C'est alors que, selon la version du *Dévî Mâhâtmya*, un phénomène original se produit :

A ce discours des Dieux,
Vishnou s'enflamma de colère,
Shiva grimaça de rage en fronçant les sourcils.

Et voici : du visage enflammé de colère de Vishnou
émane une flamme éblouissante,
comme de celui de Shiva et de Brahmâ,

du corps des autres Dieux et d'abord de celui
d'Indra émane aussi une grande lumière,
et toutes ces lumières se fondent en une seule !

On eût dit une montagne flamboyante
embrasant tout l'espace,

et les Dieux s'étonnaient devant cette masse lumineuse.

Alors, cette lumière extraordinaire
issue du corps de tous les Dieux,
fondue en une masse unique embrasant l'univers,
devint femme !

(*Dévî Mâhâtmya*, II, 9-13.)

Et cette femme avait quelque chose de chacun des Dieux. Elle avait la bouche de Shiva, les cheveux de Yama, les bras de Vishnou, les seins de la Lune, le ventre d'Indra, les jambes de Varouna, les fesses de la Terre, les pieds de Brahmâ, les orteils du Soleil, les doigts de Vasou, le nez de Koubéra, les dents de Prajâpati, les yeux d'Agni, les sourcils de l'Aurore et du Crépuscule, les oreilles de Vâyou.

Chaque Dieu lui donna son arme favorite : Shiva son trident, Krishna son disque, Varouna sa conque, Agni sa lance, Vâyou son arc, Indra son foudre et la cloche de son éléphant royal, Yama son bâton et son lasso, Prajâpati son rosaire, Brahmâ son pot, le Soleil ses rayons, le Temps son épée et son bouclier, la Mer-de-Lait son collier et tous ses bijoux, Vishva-karmâ sa hache et son armure, l'Océan ses lotus et l'Himalaya son lion.

Alors la Déesse se mit à rire. Son rire terrifiant fit frémir l'univers et alerta le Démon-buffle, qui rassembla ses hommes et partit au combat. La lutte fut sanglante et sans merci,

et le lion rugissant, la crinière hérissée,
parcourait le champ de bataille pour broyer
les âmes qui s'échappaient des corps des Démons morts.

(*Dévî Mâhâtmya*, II, 68.)

La Déesse et le Démon en arrivent enfin au corps à corps. Un long duel s'engage. Le Démon, grâce à ses pouvoirs magiques, se change en lion, en homme, en éléphant, reprend sa forme de buffle. La Déesse est incapable d'en venir à bout :

La Mère des mondes, furieuse, but à longs traits
la boisson forte que contenait son hanap,
et, les yeux rouges, éclata de rire !

Le Démon, de son côté enivré par sa puissance,
meugla horriblement et, brisant les montagnes
avec ses cornes, les lança contre la Déesse...

« Mugis ! Mugis, pour le moment ! Ivrogne !
pendant que je bois ; tout à l'heure, quant je t'aurai tué,
Les Dieux mugiront à leur tour ! »

Elle dit, et d'un bond se jucha sur le dos
du Démon-buffle ; mettant son pied sur sa nuque,
elle le perça de son trident.

Pris sous le pied de la Déesse,
le Démon sortit de la gueule du buffle,
mais à moitié seulement, car elle le maîtrisait.

Bien qu'à moitié sorti de la gueule du monstre,
il s'efforçait de continuer la lutte.
D'un coup de sabre elle le décapita. Il périt.
(*Dévî Mâhâtmya*, III, 34-42.)

Cette scène de la décapitation du buffle est reproduite sur les stèles où la Déesse reçoit la vénération des villageois. Le buffle est la monture du Dieu de la Mort, Yama, ce même Yama qui, aux temps védiques, était le nom du premier homme. Le buffle est regardé en Inde comme une bête ignoble, alors que la vache y est considérée comme une princesse. La vache est au buffle ce que le brâhmane est à l'intouchable. Le buffle est bête des marais, la vache bête des pacages de jungle (la jungle indienne est un territoire où poussent les fruitiers, où gambadent les gazelles et les antilopes, où paissent les vaches, où l'air est léger, sec et sain). Le buffle symbolise tout ce qui est malsain et impur. Quand la Déesse tue le buffle, elle tue la maladie, la souillure et la mort.

Mais le buffle est aussi une bête magnifique, puissante et docile, indispensable au paysan des rizières. La bufflesse donne un lait riche, abondant, onctueux. Elle a la peau sombre comme celle de Krishna, rebondie comme celle des nuages de mousson. On en fait des outres énormes pour tirer l'eau des puits, ou on la gonfle en flotteur pour passer les rivières. Ses cornes annelées, recourbées en guidon de bicyclette, sont des armes assez puissantes pour éventrer les tigres.

Pour la grande fête de la Déesse, les neuf nuits, *Navarâtra*, qui se terminent par le dixième jour appelé jour de la victoire, *Dassarâ* ou *Vijayâ-Dashâmî*, on sacrifie un ou plusieurs buffles. Ce rituel, l'un des plus spectaculaires de l'Inde, est considéré par les brâhmanes avec mépris et fut interdit par les Anglais. C'était naguère le rituel royal par excellence, la fête où les princes et les chefs de guerre réunissaient leur armée et décidaient de l'expédition à entreprendre. Aujourd'hui, on l'assimile toujours à celui des guerriers. A la fin de la mousson, la nature renaît. En attendant que le riz mûrisse, le paysan était libre de partir guerroyer.

Le peuple, toutes castes représentées, se réunit, la nuit du neuvième jour, autour de l'aire du sacrifice. Le célébrant principal, pour cette partie de la fête, est appelé, au Mahârâshtra, le *Pot Râj*, et appartient à une caste dite intouchable, les Mahârs. Pendant la semaine qui précède le sacrifice, il parcourt les rues du village en jouant du tambour et en brandissant une torchère allumée, la *pot*, formée d'une bande d'étoffe de coton étroitement torsadée et enroulée autour d'un manche en bois. Il la trempe dans un bain d'huile puis y met le feu. Pendant qu'elle se consume lentement, sans flamme, il va de maison en maison pour annoncer la date du sacrifice et y invite les familles au nom de la Déesse ; il leur offre des cendres de sa mèche, et en retour reçoit de la poudre rouge et quelque nourriture.

La neuvième nuit, à l'heure et au lieu annoncés, le village se rassemble autour de son chef. Le *Pot Râj* attache au cou du buffle qu'on va sacrifier une chique de bétel suspendu à une cordelette rouge. Tandis qu'il tourne autour de la bête en dansant et en se frappant jusqu'au sang avec un fouet, il lance des invocations à la Déesse. Parfois, il saute sur le dos du buffle en exécutant quelques pas de danse frénétique. Il conduit ainsi l'animal devant le chef du village, qui tranche d'un coup de sabre la cordelette rouge soutenant la chique de bétel. Ce coup de sabre est interprété comme le coup de grâce qui décapite la bête. Le *Pot Râj* et ses assistants tuent ensuite le buffle et se partagent la viande ou la distribuent aux membres de leur caste.

La célébration de la Déesse rassemble toute la communauté du village, de son chef à ses castes les plus humbles, telles que celle des éboueurs Mahârs, qui considèrent comme une de leurs prérogatives d'en être les acteurs principaux. Ils sont prêts à se battre pour le revendiquer. Ainsi, en 1777, le chef du village d'Islaq, près d'Ahmednagar, décida de partager ce privilège entre les Mahârs et les Mângs, une autre caste intouchable. Les Mahârs se mirent en grève, et les ordures s'accumulèrent dans les ruelles. Après plusieurs péripéties parfois sanglantes, le litige fut porté devant la cour de justice du chancelier de Pouné, qui consulta les us et coutumes immémoriales et confirma les Mahârs dans leur privilège. Le chef du village dut s'incliner et Islaq redevint un village propre.

Si la Déesse est considérée par les villageois comme

la protectrice de leur communauté, c'est que ces fêtes sont l'occasion d'un renforcement de leur cohésion. Toutes les castes du village sont impliquées dans ces célébrations : les potiers fabriquent et offrent les pots de terre, les *ghata*, qui, remplis d'eau et coiffés d'une noix de coco et de feuilles de margousier, représenteront, pendant la cérémonie, la ou les Déesses qui y sont invoquées. De même, les charpentiers, les forgerons, les orfèvres jouent chacun un rôle. Les commerçants assument les frais de la fête, certains clans de paysans fournissant les bêtes à sacrifier.

Si la Déesse, sous une de ses formes, apparaît comme la divinité des intouchables, sous beaucoup d'autres elle est la divinité de prédilection des castes guerrières et particulièrement des clans princiers. On le voit dans la suite du sacrifice du buffle, qui se déroule le dixième jour, ou fête de la victoire, *Vijayâ-Dashamî*. Pendant la première phase de la cérémonie, les hommes sont allés jusqu'aux limites du territoire communal, qu'ils ont franchies symboliquement. Ils y ont planté un roncier *shamî*, ou bauhinier sauvage. C'est en effet dans un buisson de cette espèce que les frères Pândavas, selon le *Mahâbhârata*, avaient dissimulé leurs armes, et c'est là qu'ils les récupérèrent avant de partir pour leur grande guerre. Le symbolisme de ce roncier remonte aux temps védiques ; c'était du bois de roncier que les prêtres utilisaient pour faire surgir par frottement le feu de leurs sacrifices. La Déesse habite invisiblement le buisson comme le feu habite le bois jusqu'à ce que le barattage rituel l'en fasse surgir ; elle en surgira sous la forme des armes qui assureront aux paysans-guerriers la victoire dans leur expédition.

Mais les armes, outils des guerriers, sont pour la société villageoise le paradigme de tous les outils que les castes utilisent dans l'accomplissement de leurs fonctions. Aussi chaque caste doit-elle, pendant la célébration de la Déesse, vénérer ses outils comme symboles de son industrie et de son énergie fonctionnelle. Le potier vénère son tour, le charpentier son marteau et son herminette, le forgeron son enclume et ses soufflets, le charretier sa charrette, le conducteur de taxi ou d'autobus son taxi ou son autobus.

Dans le mythe, la Déesse recevait de chaque Dieu son arme et les rassemblait en une formidable énergie ignée. Dans le rituel, après avoir vénéré le buisson de roncier comme une forme de la Déesse, les villageois se précipitent sur lui et en arrachent les petites feuilles, qu'ils considèrent alors comme des pièces d'or distribuées par la Déesse. Ils vont les offrir au chef de leur village dans un rituel d'allégeance où chaque caste voue son travail au bien-être de la communauté tout entière. Cette cérémonie se déroule selon un ordre de préséance strict qui reproduit la hiérarchie des castes du village. La fête de la Déesse, qui est aussi la fête du village, assure la cohésion de sa structure sociale. De cette cohésion le chef du village est le garant et celui-ci devient donc l'agent privilégié de la Déesse. Il n'est pas le propriétaire de son village, il n'en est que le gérant au nom de la communauté de village. Il n'est rien sans la Déesse. Et elle s'impose à lui puisqu'elle est l'énergie productrice du village, dont chaque caste représente une parcelle.

Dans le pays marathe, le chef de village s'appelle le *pâtil*, c'est-à-dire le « partenaire » par excellence, celui qui jouit de l'autorité sur les autres partenaires villageois que sont les membres des autres castes. Cette autorité ne lui vient pas du bon plaisir du prince, mais de l'hérédité, c'est-à-dire de la structure traditionnelle de la société de son village, et donc, du point de vue mythologique, de la Déesse, comme l'indique un verset des litanies qu'on chante en son honneur :

A la Déesse qui réside
en tant que Caste,
en tous les êtres,
hommage encore, hommage !
(*Dévî Mâhâtmya*, V, 25.)

Ce principe est tout aussi valable à l'échelle de l'ancien royaume. Les rois ne sont que les gérants du territoire sur lequel ils ont imposé leur autorité, gérants au nom de la Déesse (ou de l'empereur lointain qui, d'une certaine façon, joue le rôle de la Déesse). Un des plus célèbres princes marathes, Mahaji Shindé, qui se tailla un royaume au XVIIIe siècle autour d'Oujjaïnî et de Gwalior, dans le Madhya-Pradesh, était si conscient de sa dépendance qu'il refusa toujours de se faire appeler roi ou *râja*, ne se reconnaissant comme titre que celui de *pâtil*. Sa divinité de prédilection était naturellement une forme de la Déesse, Touljâ Bhavânî, considérée comme la protectrice spéciale du pays marathe.

***

Le temple de Touljâpour nous permet d'entrer dans l'intimité de la Déesse. On l'appelle ici Bhavânî, titre qui veut dire « l'Existante », avec une certaine connotation shivaïte. Touljâ Bhavânî signifie la « Déesse Clin-d'œil », celle qui arrive immédiatement au secours de celui qui l'implore. Ainsi, en 1659, elle sauva Shivadji, le fondateur de la puissance marathe, d'une capture imminente par le général mogol Afzal Khan. Elle était la divinité d'élection du clan Bhonslé auquel appartenait ce Vercingétorix marathe.

Lorsque l'on gravit les pentes de la montagne de Touljâpour, à quelques lieues au nord de Sholapour, on pénètre dans un paysage proprement mythologique. Tout y est inversé, à la manière du figuier banian dont les racines montent vers le ciel. On grimpe par des chemins muletiers jusqu'au sommet d'un éperon gigantesque qui domine la plaine, puis on redescend vers le temple. On ne monte pas vers la Déesse, on descend vers elle bien qu'elle habite un sommet. Des marches creusées dans le roc conduisent à un premier palier où se trouve une piscine nommée « Bain-de-fusion », car c'est là que toutes les rivières sacrées de l'Inde vinrent un jour, sur l'ordre de Brahmâ, y mêler leurs eaux bouillonnantes. On continue de descendre quelques marches, jusqu'à un second palier où s'ouvre la fontaine « Gueule-de-vache » : l'eau qui s'échappe d'une gargouille en forme de museau bovin vient, selon la tradition, directement du Gange. Descendant toujours entre deux rangées de petites pagodes, on tombe sur une arche monumentale qui donne accès à la cour du temple. Cette cour est entourée d'arches abritant des divinités secondaires. Au centre, se dresse le temple avec sa vaste antichambre, son narthex et le sanctuaire obscur. Là, au fond, trône une stèle figurant la tueuse du Démon-buffle, patinée par les onctions des pèlerins.

La Déesse y brandit au bout de ses huit bras les armes qu'elle reçut des dieux : la main droite supérieure tient le trident de Shiva, la suivante le poignard du Temps, la suivante la flèche de Vâyou le Vent, la plus basse le disque de Krishna ; la main gauche supérieure tient la conque de Varouna, la suivante le pot à ablutions de Brahmâ, la suivante l'arc de Vâyou et la plus basse la touffe de cheveux à laquelle pend la tête décapitée du Démon-buffle. La Déesse est donc représentée ici comme réunissant toutes les puissances des Dieux rassemblées en un seul centre d'action, comme les eaux de la piscine du premier palier sont imprégnées du pouvoir purificateur de toutes les eaux des fleuves sacrés de l'Inde.

De chaque côté de sa tête sont gravées sur la stèle les images du Soleil et de la Lune. La Déesse pose le pied droit sur le cadavre décapité du Démon, et le pied gauche sur le sol. A ses côtés, le lion, sa monture, montre ses crocs et, à sa gauche, se trouve une ascète, la tête en bas et les pieds dressés vers le ciel dans la position yogique du *shirsâsana* : c'est Anoubhoutî, dont les prières firent descendre en un clin d'œil la terrible Déesse.

La légende met en relief la relation du personnage de la Déesse avec le renoncement et les pratiques yogiques accomplies par des femmes. Une jeune veuve, Anoubhoutî, allait se jeter sur le bûcher de son mari lorsqu'elle entendit une voix céleste lui rappelant que le suicide rituel d'une veuve était illégal si elle était enceinte ou avait encore des enfants à charge. Or Anoubhoutî avait un petit garçon. Elle obéit à l'ordre venu d'en haut et se consacra à l'éducation de son fils, puis, dès que ce dernier put se passer de ses soins, elle partit vers la montagne pour s'y livrer à un yoga rigoureux.

Malheureusement, un puissant chef tribal chassait dans la région. Un jour, poursuivant une antilope, il arriva près du rocher sur lequel, la tête en bas, Anoubhoutî était plongée dans une profonde méditation. Elle était nue et fort belle. Le chasseur s'en éprit et lui proposa de l'épouser. Mais la belle était plongée avec tant d'intensité dans sa concentration intérieure qu'elle ne l'entendit pas. Furieux, le chasseur se précipita sur elle et l'enleva de force. La malheureuse se réveilla brusquement de sa contemplation. Se rendant compte que sa situation était désespérée, elle adressa une prière à la Déesse. Celle-ci arriva en un clin d'œil suivie de sa troupe de formidables amazones *yogini*. Un combat sanglant commença, qui se termina par la destruction du chasseur et de ses gens. Anoubhoutî chanta les louanges de la Déesse et lui demanda de rester sur la montagne pour protéger les ascètes.

Les légendes locales des temples et les rituels qui s'y déroulent sont souvent de précieuses sources d'informations complémentaires sur les mythes. Les textes sanskrits ne donnent que le point de vue des brâhmanes qui, malgré leur prédominance culturelle, ne représentent qu'une petite partie de la population. A Touljâpour, le clergé du temple n'est pas brâhmane ; il y a parmi les officiants des gens de toutes les castes, qui s'occupent spécialement des pèlerins appartenant à leur communauté.

Il existe même une confrérie d'oblats de la Déesse, appelés les Bhopés, ou Bhoutés, qui constituent quasiment une caste et se recrutent surtout parmi les castes paysannes des Kounbis et des Marathas. Les couples sans enfant font le vœu d'offrir à la Déesse leur premier né si elle leur accorde une descendance. Pour mieux marquer leur appartenance à la Déesse, les Bhopés s'habillent en femme, certains poussant même la dévotion jusqu'à se faire castrer. Mais ils conservent leur moustache de paysan marathe. Ils portent au cou un collier de *cauris*, ces petits coquillages consacrés à la Déesse, et brandissent la fameuse torchère appelée *pot*, que nous avons déjà vue dans la main de l'intouchable qui tue le buffle. A l'époque de la grande fête de la Déesse, au mois d'*âshvina*, ils passent généralement deux mois dans les environs du temple et forment la chorale pour les liturgies du temple en s'accompagnant d'une petite cymbale, du monocorde *tountouné*, qui imite le chant du paon, et du sambal. Le reste de l'année, ils partent en tournée à travers le pays marathe, portant sur la tête un plateau d'osier où trône une tête en cuivre de la Déesse, entourée de miroirs et de plumes de paon. Ce sont les mendiants de la Déesse.

La Déesse a aussi ses baladins. Une autre caste, celle des Gondhalis, parcourt la région en chantant des hymnes en son honneur et en dansant. On les loue pour les mariages ou pour les cérémonies d'initiation des garçons brâhmanes. Pour la grande fête de la Déesse, ils se réunissent à Touljâpour et, tous les soirs, pratiquent leur art. L'un des rituels les plus impressionnantes du temple est en la *chhabina*, ou parade nocturne. La Déesse est placée, selon le jour, sur un véhicule représentant un des animaux qui servent de monture aux autres Dieux, comme le milan Garouda de Vishnou, le taurillon de Shiva, l'oie cendrée de Brahmâ, le cheval du Soleil, le paon de Skanda, etc. Les Bhoutés brandissent leurs torches allumées tandis que les Gondhalis chantent et dansent. La parade tourne autour du temple avec une vélocité inhabituelle dans les processions des autres temples indiens. La lumière des torches danse avec leurs porteurs, éclairant les arcades du temple s'éclairent et s'éteignent dans une fantasmagorie hallucinante. Parfois des danseurs ou des fidèles entrent en transe.

Le puissant prince marathe Mahaji Shindé, qui était

venu en 1793 implorer la Déesse pour avoir un fils, assista à cette procession, tomba amoureux d'une des danseuses, qu'il épousa. Mais il mourut quelques mois plus tard, avant qu'elle ne lui donne le fils tant souhaité. Les Gondhalis en firent une ballade et Mahaji Shindé demeura à jamais dans la mémoire des paysans marathes dont ces bardes sont la source vivante.

Après ces nuits de fête, qui se succèdent sans interruption pendant dix jours, la Déesse est fatiguée : le onzième jour, on la conduit en procession jusqu'à sa chambre à coucher où on la laisse dormir pendant quatre jours. On lui accorde de même sept jours de sommeil au mois de *pausha* et sept jours au mois de *bhâdrapada.* Pendant ces vacances, aucun office n'est célébré dans le temple ; la Déesse prend alors le nom de Nidrâ, sommeil. On se souvient que, sous ce nom, elle berçait le sommeil cosmique de Nârâyana. On l'implore, même quand elle dort :

A la Déesse qui réside
en tant que Sommeil
en tous les êtres,
hommage encore ! Hommage !
(*Dévi Mâhâtmya*, V, 19.)

Les Gondhalis de Touljâpour sont parfois de joyeux bardes : les légendes et les chroniques qu'ils mettent en chants et en danses doivent divertir les auditeurs qui subventionnent leur art. Ils racontent ainsi l'épisode suivant. Un ascète s'était installé près du temple. Ranachhoda Bhârati n'était pas seulement un *yogi* de renom, c'était aussi un joueur de *sârîpât*. Souvent, la Déesse s'évadait du temple pour venir faire une partie avec lui. Une nuit, la passion du jeu l'égara si bien qu'elle resta à jeter les dés tout le jour suivant et une autre nuit. Soudain, elle s'aperçut de son retard et rentra au temple au plus vite. Les célébrants étaient inquiets car pendant deux jours ils avaient attendu la Déesse ! Celle-ci commença par reprocher aux prêtres de ne pas l'avoir appelée assez fort, puis, un peu honteuse, elle reprit place sur son autel pour recevoir les offrandes. Depuis ce moment, chaque matin, quelque temps avant le début de l'office, les prêtres de service montent sur les murs de l'enceinte sacrée et hurlent leurs appels en direction de l'*âshram* du moine joueur.

Dormeuse et joueuse, la Déesse n'en reste pas moins fort consciente de sa prééminence sur tous les autres Dieux et n'hésite jamais à la leur faire comprendre. Il est, au-dessus du temple de Touljâpour, un rocher informe abrité par un kiosque. A côté, deux petits *linga* indiqueraient que ce site est shivaïte. Le rocher, qui s'appelle simplement le Rocher-du-col, fut le témoin d'une singulière histoire. On se souvient que Râma, après l'enlèvement de Sîtâ à Nâsik, s'était lancé à sa recherche dans l'immense forêt de Dandaka en répétant à tous les échos le nom de sa bien-aimée. Touljâpour est au cœur de cette forêt. La Déesse entendit donc les cris de Râma. Alors que ce dernier et son frère Lakshmana se reposaient sur le Rocher-du-col elle leur apparut, mais, pour ne pas les effrayer, elle avait pris la forme de Sîtâ. Pourtant le cœur de Râma ne s'y trompa pas ; se jetant aux pieds de la Déesse, il la supplia de l'aider à retrouver Sîtâ. Elle le renvoya au roi des singes, et lui donna sa bénédiction. Pour la remercier, les deux frères dressèrent chacun un *linga*, et poursuivirent leur quête avec une confiance retrouvée. Non loin de ce rocher s'élève un petit temple à la Déesse où l'on célèbre « Celle-qui-accorda-à-Râma-sa-grâce », *Râma-varadayinî*. La stèle qu'il abrite est une réplique de celle du temple principal, mais le Démon qu'elle transperce de son trident y est représenté sous sa forme de buffle.

L'omniprésence de la Déesse dans les villages manifeste la croyance des populations dans la proximité de son pouvoir, dans l'intérêt qu'elle porte à la cohésion des petites communautés, dans la rapidité de ses interventions quand celle-ci est menacée. Ses liens avec les basses castes sont ambiguës. S'ouvrant sur les arcades au coin nord-est de la cour centrale de Touljâpour, une porte conduit à un petit temple auprès duquel se trouve une piscine miniature, dédié à une forme de la Déesse appelée Mâtangî, ou « l'Errante ». Mais comme Mâtanga est aussi le nom d'une caste d'intouchables du pays marathe, les Mângs, celle qui est la plus méprisée car lui sont confiées les tâches les plus souillantes comme celles de bourreau et de croque-mort, de corroyeur, de barbier pour buffle ou de charmeur de serpents, on peut se demander si la Déesse a pris leur nom pour s'identifier à leur humiliation ou pour éloigner de la communauté leur présence polluante.

La légende du temple est, elle aussi, ambiguë. Le récit commence comme celui du mythe de la tueuse de buffle. En ce temps-là, la terre était désolée par une terrible Démon nommé Mâtanga qui s'acharnait à massacrer les vaches sacrées. Les Dieux s'adressent à Brahmâ, qui les renvoie à la Déesse. Celle-ci décide d'intervenir et, embauchant les *shakti* de tous les dieux, réussit à détruire le Démon après un dur combat. A la demande du Démon mourant, elle prit le nom de Mâtangî. Les prêtres de ce temple appartiennent à la caste intouchable des Mahârs, qui sont les rivaux et ennemis immémoriaux des Mângs. Le nom de Mâtangî ne voudrait-il pas dire Celle-qui-tue-les-Mângs ? Et ne serait-elle pas ainsi nommée en tant que Déesse des Mahârs ?

***

Cette fonction sociale de la Déesse est confirmée par les légendes qui peuplent un des autres grands centres qui lui sont dédiés au pays marathe, à Mâhour, près de Nanded. La Déesse y est connue sous le nom de Mère-des-mondes, Jagad-Mâtâ, qui a donné son nom au village, Cité-de-la-Mère, Mâhour. Le nom de la Déesse dans la légende locale est Rénoukâ, mais les nombreux pèlerins qui viennent à Mâhour de toute l'Inde lui donnent d'autres noms : ceux du Karnataka l'appellent Yallamma, ceux du pays tamoul Maryamma ;

au pays marathe, les Mahârs l'appellent Mariâî et la considèrent comme leur Déesse propre.

On dit souvent que dans cette région l'Adi-Shakti possède trois trônes et demi : le premier à Touljâpour, le second à Kolhâpour, le troisième à Yogeshvarî et le demi-trône à Mâhour. Ce nombre de trois et demi est fréquent dans la mythologie indoue : ainsi, il y a dans l'année 3,5 *mouhourtas*, c'est-à-dire 3,5 jours de fêtes particulièrement propices : le premier jour du mois de *chaïtra*, ou jour de l'an, le dixième jour du mois d'*âshvina* ou *dassarâ*, le premier jour du mois de *kârtika* ou *divâlî* et, enfin, le demi qui est le troisième jour du mois de *vaïshâka*, ou jour des semences indestructibles. La raison qui fait accorder une demi-portion à tel jour ou à tel lieu est obscure. Mais le but du classement est clair : donner un dénominateur commun à un certain nombre de réalités apparemment sans lien. Ici on range sous le vocable d'Adi-Shakti des formes de la Déesse qui ont chacune un nom spécifique : Touljâ Bhavâni, Mahâlakshmî, Ambé-Jogâî et Rénoukâ. Comme si le mythe voulait rappeler au fidèle de ne jamais oublier que la Déesse peut revêtir des formes innombrables, le demi qu'on ajoute indiquant que la série se prolonge à l'infini.

A Mâhour, le petit temple de Rénoukâ est perché sur une colline sauvage, entourée de trois autres collines dont chacune porte aussi un temple. L'ensemble, vu du ciel, apparaît comme le plan miniature de la géographie cosmique. La légende dit, en effet, qu'à l'origine du monde, lorsque Vishnou-Nârâyana donna à Brahmâ la mission de créer le monde, ce dernier lui demanda de tracer un plan. Vishnou lança alors son disque qui tomba ici, à Mâhour, où il dessina la figure du monde à fabriquer, selon un diagramme orienté vers les quatre points de la rose des vents.

Rénoukâ naquit du feu du sacrifice célébré par le roi Rénou pour obtenir un enfant (selon d'autres, elle serait née d'une termitière). Elle se choisit pour époux un ascète irascible du nom de Jamadagni, ou Feu-du-monde, à qui elle donna cinq fils. Le premier, Vasou, était une réincarnation d'Agni, le second, Vishvâvasou était celle de Vâyou, le troisième Brihad-bhânou était celle du Soleil et le quatrième, Brihad-kanva, était celle d'Indra. Quant au cinquième, Parashourâma, c'était une réincarnation de Vishnou lui-même. Comme les cinq Pândavas du *Mahâbhârata*, les Dieux, grâce à la Déesse, deviennent ses fils et donc des frères.

Malgré tous les enfants qu'elle lui donnait, Rénoukâ ne connaissait pas avec Jamadagni une vie facile. Un jour, il eut une colère plus effroyable que les autres. Les légendes locales n'en donnent pas la raison, mais d'autres, surtout dans le sud de l'Inde, n'en font pas mystère. Pour chercher l'eau nécessaire au ménage et aux rituels de son mari, elle était descendue à la rivière, empruntant un chemin difficile, comme le savent les pèlerins qui gravissent la montagne de Mâhour. Arrivée au bord de l'eau, elle se reposa un instant, et des danseuses célestes vinrent s'ébattre avec leurs amants divins. Le cœur de la chaste épouse en fut tout remué. Quand elle eut retrouvé le sens du devoir, elle plongea les mains dans l'eau limpide pour prendre une poignée d'eau ; son mari, qui avait de singuliers pouvoirs, lui avait donné le privilège de transformer l'eau qu'elle puisait en une masse solide, le temps qu'elle la transporte jusqu'à leur ermitage. Mais cette fois, l'eau lui glissa entre les doigts. Elle rentra dans son foyer sans provision d'eau. Son mari la confessa et, pris d'une folle jalousie, ordonna à ses fils de tuer leur mère.

Ils s'y refusèrent tous, sauf Parashourâma, qui conduisit sa mère sur une aire éloignée, où il la décapita. Son père, ravi, lui dit de faire un vœu. Le fils demanda que sa mère ressuscite. Jamadagni était un homme de parole : il lui confia un onguent magique ainsi que le *mantra* pour s'en servir. Parashourâma redescendit à l'endroit de l'exécution. Or seule la tête était là ; il chercha alentour, vit un corps, le prit pour celui de sa mère, recolla les morceaux et chanta son incantation. Sa mère revient à la vie. Mais ce n'était plus tout à fait sa mère : le corps qu'il avait trouvé était celui d'une intouchable.

Selon la version du sud, Jamadagni refuse d'accueillir sa femme qui a la tête d'une brâhmane et le corps d'une intouchable. Comme prix de sa répudiation, il lui donne un collier de perles, qu'elle lui jette à la figure : il est aussitôt recouvert par une éruption de variole. Rénoukâ n'accepte de reprendre le collier que si son mari la fait admettre immédiatement dans le ciel des Dieux. Il en a le pouvoir et s'exécute. A peine arrivée au paradis, Rénoukâ lance son collier à la tête de Brahmâ, de Vishnou, de Shiva et des autres Dieux : leurs corps, à leur tour, se couvrent de pustules. Pour se libérer, les Dieux lui livrent leurs armes, lui donnent le pouvoir de provoquer ou de guérir les maladies de peau, la chargent de protéger les villages et lui accordent d'être la destinataire principale du sacrifice du buffle.

La version de Mâhour ne mentionne pas cet épisode. Elle ne dit rien non plus de l'accueil réservé par Jamadagni à sa femme mi-brâhmane et mi-mâtangî, mais continue avec un épisode non moins dramatique. Un puissant prince des environs, de haute race *kshatriya*, nommé Sahasrârjouna, s'approcha de l'*âshram* du couple au cours d'une partie de chasse et leur demanda l'hospitalité pour lui et ses gens. L'ascète lui fit une réception royale. Le prince, surpris par tant de largesses, se renseigna sur la fortune du moine. Il découvrit que ce dernier possédait la « Vache-qui-comble-tous-les-désirs », *Kâmadhénou*, et lui demanda de la lui donner. Mais Jamadagni refusa. Le prince s'élança sur lui pour le frapper : Rénoukâ, qui tentait de s'interposer, fut percée de vingt et un coups de poignard. Le prince massacra l'ascète, puis s'empara de la vache.

Quand Parashourâma rentra à l'ermitage, il vit son père mort et sa mère mourante. Apprenant la tragédie, il s'élança sur les traces du prince et le massacra, lui, tous ses gens et tous les *kshatriya* de la terre. Il renouvela vingt et une fois cet holocauste de *kshatriya*, afin d'en libérer définitivement le monde. Puis il retourna à l'ermitage où sa mère lui demanda de l'aider à se sacrifier sur le bûcher de son mari. « Trouve, l'implore-t-elle, un endroit jamais encore utilisé par quiconque, charge nos corps sur tes épaules, et parcours la région jusqu'à ce qu'une voix céleste te commande de les déposer. Là, tu rencontreras Dattatréya, qui te dira quoi faire » (*Mâtâpourâ Jaganmâtâ*, p. 12). Obéissant scrupuleusement aux désirs de sa mère, Parashourâma rencontra Dattatréya, qui lui dit : « Décoche une flèche : là où elle se fichera, un étang se formera, près duquel tu construiras le bûcher » (*ibid.*, p. 13). Mais, au moment de déposer sa mère sur les flammes qui consumaient le corps de son père, son cœur flancha. Rénoukâ lui promit alors de lui apparaître s'il l'appelait trente jours exactement après la crémation. Au bout de treize jours, sa peine prit le dessus et il se mit à crier vers sa mère. Celle-ci lui apparut comme elle l'avait promis, mais comme il l'avait appelée prématurément, seule sa tête sortit du sol. C'est pourquoi dans son sanctuaire Rénoukâ est représentée par une excroissance du rocher qui figure grossièrement son visage.

Cette longue histoire met bien en relief le caractère de rebelle de la Déesse. D'abord au bord de l'eau, son inconscient se révolte contre la dure loi de son mari, et elle se prend à rêver. Puis quand elle lui jette au visage le collier de la répudiation. Enfin quand elle inonde de variole toute la cour céleste qui refusait de l'accepter en son sein comme bâtarde.

***

Le site de Mâhour offre également une illustration de la structure alternative de la mythologie de l'Inde. Sur chaque rocher est racontée une histoire primordiale. Alors que sur sa colline seule la tête de Rénoukâ émerge du roc, sur les collines avoisinantes que séparent des jungles rocailleuses, la déesse primordiale a gravé d'autres empreintes ; ici le signe de Mahâ-Kâlî et là, celui d'Anasoûyâ ; la présence de Dattatréya sur la quatrième colline symbolise sa toute-puissante souveraineté sur les Dieux.

Si la Déesse est la mère du monde, *Jagad-ambâ*, c'est qu'elle est la mère des Dieux. Cet accouchement primordial, provoqué par sa chasteté, se produisit à Mâhour.

Anasoûyâ était l'épouse du patriarche Atri. D'épouse aussi fidèle, il ne s'était jamais vu ; il est vrai qu'on n'en était alors qu'aux origines du monde. La légende ne dit pas qu'elle était vierge, mais seulement qu'elle était chaste et honorait à merveille son qualificatif de « non jalouse », Anasoûyâ. Sa vertu exemplaire fut remarquée par le gazettier des Dieux, Nârada, qui en diffusa l'information à la cour céleste. Pârvatî, Lakshmî et Sarasvatî en conçurent des doutes et une secrète jalousie. Elles persuadèrent donc leurs époux, Shiva, Vishnou et Brahmâ, de descendre à Mâhour pour y mettre à l'épreuve la vertu de la chaste épouse.

Nos trois compères prirent l'aspect de trois brâhmanes itinérants puis attendirent qu'Atri soit parti à la rivière faire ses ablutions pour frapper à la porte de l'ermitage. Anasoûyâ leur ouvrit, les accueillit avec la plus charmante des hospitalités en les assurant que leurs moindres désirs seraient considérés comme des ordres. Ils lui demandèrent de leur préparer un substantiel repas et de venir le leur servir nue. Un peu interloquée, Anasoûyâ alluma ses réchauds et commença à préparer un curry avec le plus grand soin. On sait combien la cuisine indienne demande de temps. Atri rentra enfin de son bain ; sa femme lui exposa son problème : le patriarche réfléchit, lui dit d'agir selon les désirs des brâhmanes, mais avant de leur servir leur repas, de tracer autour d'eux un cercle d'eau à l'aide de son pot à ablutions.

Comme elle achevait le cercle magique, les trois brâhmanes furent transformés en bébés vagissants. Elle laissa là son curry fumant et courut à sa vache tirer du lait pour les nourrir. Puis elle les installa dans des berceaux de fortune, où ils s'endormirent.

Au bout de quelques jours, les épouses des Dieux commencèrent à s'inquiéter de l'absence de leurs maris. Nârada, consulté, expliqua la situation. Aussitôt les trois jalouses revêtirent leurs plus modestes atours et descendirent à Mâhour pour supplier Anasoûyâ de permettre à leurs maris de reprendre leur forme virile. La chaste épouse le leur accorda volontiers, mais profita de l'auguste visite pour obtenir une faveur : « Puisque j'ai materné pendant des mois les Dieux vos maris, faites qu'ils s'incarnent ensemble dans mon ventre. » Et c'est ainsi que naquit Dattatréya, à la fois Brahmâ, Vishnou et Shiva.

La version de ce mythe que l'on raconte à Mâhour exprime d'une manière plus brutale la rébellion de la Déesse contre la suprématie abusive des Dieux mâles. Pour mettre à l'épreuve la vertu de l'incorruptible épouse, Shiva, Vishnou et Brahmâ se livrèrent devant elle à des démonstrations qui, pour être peu glorieuses, s'inscrivaient néanmoins dans la nature propre de chacun d'eux : Shiva agite son sexe, Vishnou esquisse un pas de danse lascive et Brahmâ lance les plus assassines de ses œillades. Anasoûyâ, choquée, les asperge de l'eau puissante du pot de son mari en les maudissant : Shiva fut condamné à être honoré sous la forme du *linga*, Vishnou sous la forme d'empreintes de pieds et Brahmâ perdit sa cinquième tête, devenant ainsi interdit de culte.

De fait, la colline de Dattatréya est couverte de pierres gravées de *padouka*, ou empreintes de pieds, et de petits *linga* ; elle est vide de tout symbole de Brahmâ. Le site est peuplé de bien d'autres mythes. Ici, on retrouve le souvenir du barattage de la mer de lait, là, le lieu où le fils de la Déesse Mahâ-kâlî de Kolhâpour fit venir sa mère pour y demeurer. On montre même une grotte où les Pândavas se réfugièrent pendant leur exil, un rocher où, comme à Touljâpour, la Déesse se moqua de Râma en prenant l'aspect de Sîtâ afin de mettre à l'épreuve la réalité de son amour.

***

Chaque lieu sacré de l'Inde, chaque grand temple, s'efforce de rassembler, en les réinterprétant à l'occasion, les grands mythes de sa tradition autour de l'un d'entre eux. Le cas le plus typique est sans doute celui de Bénarès : « Kâshî n'est pas la cité de Shiva seul, écrit Diana L. Eck. Il partage sa ville avec tout le panthéon des dieux hindous, que l'on dit être au nombre de 330 millions » (*Banaras*, p. 146). Le grand temple de Kolhâpour en est un autre exemple qui, par sa forme cruciforme, unit dans une même vénération Mahâ-Lakshmî, Mahâ-Kalî, Mahâ-Sarasvatî et de nombreuses autres divinités. Dans un coin sombre du péristyle, on distingue même le symbole du *Shrî-yantra* dont nous reparlerons plus loin.

L'un des plus importants centres de pèlerinage du Kérala, au sud de l'Inde, se trouve à Chengannour, près d'Allepey. On y vénère la Déesse sous son aspect de Bhouvaneshvarî, « Celle-qui-contrôle-l'univers ».

La présence ubiquiste de la Déesse indoue se fonde généralement sur le mythe de Satî. On se souvient que Satî, la plus ancienne épouse de Shiva, dans sa rébellion contre l'attitude de son père Daksha vis-à-vis de son époux Shiva, s'était immolée dans le feu de son ascèse yogique. Il n'est d'ailleurs pas impensable d'interpréter la pratique, tant fustigée en Occident depuis Voltaire, de la crémation des veuves vivantes sur les bûchers de leurs maris morts, les *satî*, comme un acte de rébellion désespérée des femmes contre la situation de dépendance que leur impose la société brâhmanique.

Quand Shiva arriva sur les lieux du sacrifice, la vue du corps calciné de son épouse le plongea dans une fureur frénétique. Il ramassa le cadavre de sa bien-aimée, le prit sur ses épaules et se lança dans une course hallucinée autour de l'Inde. Vishnou, pour le soulager, le suivit et, à grands coups de son disque acéré, découpa peu à peu le corps de Satî. Les morceaux en tombèrent un peu partout, son sexe tombant à Chengannour, où la Déesse est donc vénérée sous sa forme vulvaire.

Une autre légende renvoie au mariage de Shiva et de Pârvatî. On se souvient que la cérémonie avait rassemblé sur les cimes himalayennes tout ce que l'Inde comptait de Dieux et d'ascètes. Un tel déplacement de population ébranla l'équilibre de la terre, risquant à tout moment de la faire basculer. Shiva demanda au célèbre ascète Agastya de retourner au plus vite dans son ermitage du Kérala pour y rétablir l'équilibre. Comme l'ascète refusait d'être privé des festivités et des festins qui se préparaient dans le palais himalayen, Shiva lui promit que, dès les cérémonies accomplies, il partirait le rejoindre avec sa nouvelle épouse.

Ce qu'il fit. A peine arrivée, Pârvatî connut ses règles. Elle resta donc dans l'ermitage du moine le temps des cérémonies de purification pendant lesquelles toute épouse brâhmanique est considérée comme impure et traitée en intouchable.

Depuis cette époque, la statue de métal qui représente la Déesse émet du sang menstruel tous les vingt-huit jours, quoique, comme le remarque le brâhmane Namboudiri qui préside aux rituels du temple, « la Déesse n'a maintenant ses règles que trois ou quatre fois par an ». Le cycle liturgique du temple est rythmé par les règles de la Déesse. Chaque matin, le prêtre officiant *(varrier)*, de service passe un linge sur la statue et, s'il aperçoit une trace de sang, il l'envoie à la demeure du prêtre canoniste *(tantri)* du temple, dont la femme confirme ou infirme l'apparition des règles divines. Le linge taché est alors vendu à quelques-uns des riches fidèles qui se disputent la possession de cette précieuse relique. Le sanctuaire de la déesse reste fermé pendant trois jours, puis on conduit la statue à la rivière voisine sur un éléphant femelle. Au retour du bain de purification, Shiva, véhiculé sur son propre éléphant, accueille son épouse, la reconduit à son sanctuaire et regagne le sien.

⁂

Au nord-est de l'Inde, en Assam, une autre légende veut que la vulve de Satî soit tombée sur la Montagne-Bleue, à quelques lieues de Gauhati. Un temple immense la couronne, dont le sanctuaire est vide. Mais dans une crypte humide, sous le temple, on peut encore voir, gravée sur un rocher, l'empreinte de la vulve de la déesse. Elle y fut peut-être imprimée bien avant que Shiva n'y perde une partie du corps de sa bien-aimée. La légende du temple raconte qu'outre cet épisode dramatique la Montagne-Bleue représente la pénitence de Brahmâ pour un acte de vanité qu'il avait commis lorsque Nârâyana lui eut demandé de créer le monde.

Brahmâ, perché sur le lotus qui avait surgi du nombril de Vishnou, avait la tête toute gonflée de l'importance de sa fonction de démiurge, et déclarait à qui voulait l'entendre qu'il était la source suprême de toute énergie créatrice. La Déesse, qui n'était autre que la tige du lotus elle-même, en fut outrée. Elle produisit sur-le-champ un monstre qui, gueule béante, se précipita sur Brahmâ pour l'avaler. Brahmâ n'eut que le temps de dégringoler le long de la tige et de se réfugier sur le ventre de Vishnou. Le monstre en profita pour avaler, morceau par morceau, toute la création de Brahmâ. Affolé et contrit, ce dernier se décida enfin à supplier l'Énergie primordiale, c'est-à-dire la Déesse, d'intervenir. Elle accepta et lança dans le cosmos son terrible cri de guerre, « HOUM », qui réduisit aussitôt en cendres le monstre. Pour prix de ses services, elle exigea de Brahmâ une lourde et singulière pénitence.

Brahmâ devait rassembler les cendres du monstre pour en faire une montagne, puis y planter de l'herbe et faire venir les troupeaux des environs pour la tondre. Son crime s'amenuiserait peu à peu, au fur et à mesure que les troupeaux brouteraient l'herbe. Quand le sommet serait dégagé de toute végétation, il tracerait sur le rocher le signe de la vulve et le contemplerait humblement comme la seule source de l'Énergie cosmique. Enfin, un rayon de feu lumineux viendrait du ciel reposer au centre de la vulve. Son péché lui serait alors totalement pardonné, et le Dieu pourrait reprendre, mais en toute humilité, ses fonctions de démiurge.

Ce mythe rappelle celui du surgissement du *linga* de feu lumineux, envisagé non plus du côté *pourousha* ou masculin, mais du côté *prakriti* ou féminin, puisqu'il donne la primauté au *yoni* qui forme la base du *yoni-linga*. Le nom qu'on donne à la Déesse en ce site de Gauhatî est Kâmâkhyâ, la « Nommée Désir », montre qu'elle est présente au cœur de tout être, au cœur surtout de ses désirs sexuels.

Kâmâkhyâ est considérée comme la Déesse protectrice de l'Assam, qui s'appelait naguère le Kâmaroupa, ou « pays d'Amour ». C'est aussi la divinité d'élection des dynasties qui ont successivement régné sur l'immense vallée du Brahmâpoutre. La fête, qui, tous les ans, attire un peuple immense à Gauhati, se célèbre du dixième au treizième jour clair du mois de *âshâdha*, c'est-à-dire à l'époque où ailleurs on célèbre l'endormissement de Nârâyana couché sur le serpent d'éternité.

Comme à Chengannour, un rituel commémore les règles de la Déesse qui, en tant que femme, est considérée comme impure pendant trois jours. On appelle ici *ambouvâcî*, le rituel du flux menstruel. Pendant trois jours, les paysans doivent s'abstenir de travailler dans leur champ, puis, dès la fin de la fête, s'empresser de semer leur riz.

C'est une fête sanglante. L'humidité qui couvre constamment l'empreinte de la vulve dans la crypte est symboliquement teintée de rouge et les pèlerins y imprègnent des linges qu'ils remportent chez eux comme reliques. Pendant la fête, on procède à de vrais holocaustes. Selon la tradition, il faut sacrifier ces jours-là un couple de chaque être vivant utile au royaume. On dit que naguère on y incluait un couple humain. Le premier Européen à avoir assisté à cette liturgie sanglante fut sans doute un Français, agent de la Compagnie des Indes, Jean-Baptiste Chevalier. En 1757, il fut invité par le roi d'Assam à y participer :

« Le roy, assis sur un trône magnifique, présidait à la cérémonie. Il tenait à la main un livre qui en contenait toutes les coutumes et usages. Lorsque tout fut prêt, je vis entrer deux monstrueux éléphans qui furent conduits au pied de l'autel. Le roy aussitôt descendit de son trône puis, s'étant prosterné devant l'idole, il lui adressa sa prière pour attirer sa bénédiction sur son royaume et ses peuples, et recevoir avec bonté, comme un titre de sa reconnaissance, les holocaustes qu'il lui offrait. La prière finie, on reconduisit les deux éléphans dans l'avant-cour du temple qui est une place immense d'une lieue en quarré, fermée de murailles. Ce fut là qu'ils succombèrent sous le glaive des bourreaux après avoir été attachés par les quatre pieds et la trompe à de monstrueuses chaînes de fer entre quatre colonnes où ils étaient si resserrés qu'ils ne pouvaient remuer.

« Vinrent ensuite des rinocéros, des tigres, des buffles et quantité d'autres animaux de toute espèce pour lesquels on fit la même cérémonie. Après que le sacrifice des quadrupèdes est fini, vient celui des volatiles et puis celui des poissons. Un peuple innombrable, qui remplit toutes les cours du temple et du dehors, se saisit de toutes les viandes. Il en mange une partie, et conserve l'autre après l'avoir séchée au soleil. Chacun en emporte dans sa maison, et la superstition et la crédulité y attribuent des effets merveilleux tant pour l'âme que pour le corps. » (*Les Aventures de J.-B. Chevalier*, p. 38.)

La fête comportait des rituels plus gracieux de type hiérogamique, qui plus que les holocaustes manifestent l'idée que les Assamais se faisaient de leur Déesse : « Le temple est desservi par plus de deux mille prêtres qui sont entretenus à son culte, et un aussi grand nombre de jeunes filles, les plus belles du royaume, lui sont consacrées pour danser devant l'autel les jours de fête. Les prêtres font d'elles ce qu'ils font des viandes. Ils ne lui laissent de celles-ci que la fumée, et à l'égard des autres, ils ne lui donnent que le spectacle des moments délicieux qu'ils passent entre leurs bras. On leur doit cependant la justice de convenir qu'ils associent volontiers à leurs plaisirs tous ceux qui en sont tentés et qui ont moyen de les payer. Aussitôt que le marché est conclu, ces charmantes prêtresses, sous les plus belles figures, les plus belles formes, la plus grande blancheur et les couleurs les plus vives que la nature ait jamais produites dans un pays de l'univers, viennent initier le néophyte aux mystères de l'amour. C'est là qu'au milieu de l'yvresse et des sincopes, les corps tendrement unis font évanouir les âmes qui, à peine revenues d'une si douce léthargie, la regrettent et brûlent d'un nouveau feu qui les y replonge sur le champ. C'est là que la nature doit se plaire et contempler son ouvrage. C'est là aussi qu'elle trouve des cœurs toujours brûlans et toujours prêts à lui payer le premier des tributs qu'elle impose à l'humanité et à tous les êtres vivans. » (*Ibid.*, p. 38.)

***

La seconde fête qui attire au temple de Kâmâkhyâ les grandes foules, la *Debaddhanî*, commémore la Déesse sous son nom de Manasâ, la reine des cobras. Les serpents sont présents dans les mythes de toutes les divinités alternatives. L'un des plus célèbres exploits de Krishna, à peine adolescent, fut de dompter le terrible serpent Kâliya, qui interdisait aux vachers de se baigner dans un lac formé par la Yamounâ. L'enfant divin plongea dans les eaux empoisonnées et prit le gigantesque cobra à bras le corps. Un terrible combat s'ensuivit :

> *Krishna, pesant sur les nuques renflées du monstre, se dressa sur ses larges crêtes, et, colorant*

d'un rouge ardent le lotus de ses pieds divins au contact des pierreries innombrables des têtes du serpent, se mit à danser en maître consommé dans tous les arts...

Chaque fois qu'une tête du monstre aux cent têtes refusait de se courber, le jeune héros l'écrasait sous ses bonds, tandis que le serpent, se roulant en tous sens, à demi mort et rendant des flots de sang par les gueules et par les narines, tombait dans le trouble le plus profond.

Chaque tête qu'il redressait en vomissant le poison par les yeux et en poussant avec rage un sifflement aigu, Krishna la faisait ployer, la maîtrisait sous les mouvements cadencés de ses pieds, tel l'antique Pourousha que les hommes honorent ici-bas par des pluies de fleurs.

Lorsque, sous les bonds effrénés de sa danse merveilleuse, il eut mis en pièces les crêtes du serpent, pareilles à une ombrelle, et brisé ses membres, celui-ci, rejetant des flots de sang par toutes ses gueules, se souvint du précepteur des mondes mobiles et immobiles, de l'antique Pourousha, de Nârâyana, et recourut à lui par la pensée.

(*Bhagavata Pourâna*, X, 16, 26-30.)

Krishna ne tua pas le serpent : il se contenta de le renvoyer, avec ses femmes et ses enfants, dans les mondes souterrains. Ramâ implora sa bénédiction pour qu'il ne fasse pas obstacle à la construction du pont sur lequel ses armées devaient passer pour conquérir le Shrî-Lanka. Shiva se vêtit de la peau du serpent comme de sa parure favorite, Nârâyana le choisit comme couche pour soutenir son sommeil et tous les Dieux eurent besoin de ses services pour baratter la mer de lait.

Manasâ était la sœur de ce Vasouki qui se prêta à l'œuvre cosmogonique des Dieux et des Démons. L'Assam et le Bengale lui rendent un culte reconnaissant. Comme le remarque P. Mukherjee : « Au Bengale, à l'approche de la mousson — saison redoutable qui perturbe la vie des hommes et affole les serpents, les faisant ressortir de leurs nids souterrains, chassés par la crue —, la fête rurale principale gravite obligatoirement autour du culte propitiatoire rendu à Manasâ, nommée aussi Padmâ, déesse des serpents : elle seule peut protéger les humains contre la morsure, très souvent mortelle, de ces reptiles familiers. » (*Contes et fêtes du Bengale*, p. 63.)

Au Bengale, Manasâ est au centre de plusieurs grandes fêtes du calendrier liturgique :

— le neuvième jour clair du mois de *âshâdha* ;
— le troisième jour clair du mois de *shrâvana* ;
— le cinquième jour sombre du même mois ;
— le cinquième jour clair du mois de *bhâdrapada* ;
— le sixième jour clair du même mois.

Toute l'Inde célèbre au moins la fête du mois de *shrâvana*, appelée la *Nâgpanchamî*, mais c'est au

Bengale que l'on raconte avec le plus de ferveur la belle histoire de Manasâ.

Un riche fermier des bords du Brahmâpoutre avait sept fils et sept belles-filles. Un jour, alors que celles-ci revenaient de leur bain, la plus jeune, Lahanâ, aperçut dans une mare deux tanches : elle les captura dans son sari et les emporta pour les faire cuire. Or ces poissons étaient en réalité les fils de la Déesse Manasâ qui aimaient à sortir de leur royaume souterrain pour visiter le monde des hommes.

Quand, arrivée dans sa cuisine, Lahanâ ouvrit son sari, les poissons avaient repris leur forme de serpents. Elle les déposa délicatement dans une marmite, non pour les cuire, mais pour les choyer car la jeune femme adorait les serpents. Chaque jour, elle leur offrait du lait et de la purée de banane. Quand son mois de service à la cuisine prit fin, elle installa ses hôtes reptiliens dans une soupente et continua de leur apporter leur nourriture favorite. Malheureusement, une terrible sécheresse s'abattit sur la région : plus de lait, plus de bananes. Lahanâ lâcha les serpents dans la campagne.

Les fils de Manasâ retournèrent chez eux. Ils racontèrent à la reine, leur mère, la gentillesse que la jeune femme leur avait témoignée. Manasâ résolut de l'en récompenser. Lahanâ était une enfant trouvée que ses belles-sœurs traitaient avec une méprisante condescendance en la chargeant des tâches les plus rebutantes de la maison. La Déesse renvoya ses fils sur terre. Ils prirent cette fois l'aspect de deux beaux princes et se firent passer pour les frères de Lahanâ qui, retrouvant leur petite sœur après des années d'absence, lui apportaient de riches présents. Sa belle-mère et ses belles-sœurs se mirent à considérer Lahanâ avec une nouvelle estime. Quand les deux princes demandèrent d'emmener leur sœur avec eux pour quelques jours, tout le monde en fut flatté.

Sur la route conduisant au fleuve, les princes révélèrent à Lahanâ leur vraie nature. Ils lui dirent de s'accrocher à leur queue et plongèrent dans les eaux du Brahmâpoutre. Au fond de l'abîme, ils pénétrèrent dans le palais de leur mère, qui fit à la jeune femme une réception somptueuse. Au bout de quelques jours, la Déesse s'absenta pour remonter sur terre à l'occasion de l'une des fêtes que les hommes lui offraient. Elle laissa le palais aux soins de Lahanâ, qui promit de préparer fidèlement la nourriture des serpents de la cour.

La jeune femme, entourée d'un luxe tout nouveau pour elle, se trouvait si bien que le lendemain du départ de la reine elle resta couchée toute la matinée. Les serpents de la cour, privés de leur repas, sortirent en colère de leurs trous. Leurs sifflements réveillèrent la belle endormie qui se précipita sur ses réchauds, fit chauffer le lait et la purée de banane, et les servit bouillants aux cobras affamés. Plusieurs s'y brûlèrent et l'un d'eux, plus irascible que les autres, piqua Lahanâ de ses crocs empoisonnés. Elle mourut.

Quand la Déesse revint à son palais, elle y trouva le plus grand désordre. Sur les instances de ses fils, elle ressuscita Lahanâ mais demanda qu'ils la reconduisent sur terre pour éviter toute nouvelle catastrophe. Ils le firent avec une pompe extraordinaire. Dans sa maison, on accueillit Lahanâ comme une princesse. Mais les fils de la Déesse voulaient faire plus pour leur humaine bienfaitrice : ils se rendirent au palais du roi du Bengale, mordirent au pied son fils unique, puis, prenant l'apparence de deux médecins brâhmanes, promirent au roi de guérir son fils s'il acceptait d'adopter comme sa fille légitime la belle-fille du fermier du Brahmâpoutre. C'est ainsi que Lahanâ devint reine du Bengale, où elle institua les fêtes de Manasâ.

***

Plus au sud, dans le pays tamoul, à Kânchîpouram, il est une autre forme de la Déesse appelée Kâmâkshî, la Déesse « aux-yeux-de-désir », parce que c'est là que tombèrent les yeux du cadavre de Satî que Shiva, désespéré, transportait sur ses épaules. Kânchî, souvent appelée la Bénarès du Sud, est, comme sa rivale du Nord, une immense et antique cité où cohabitent tous les Dieux de l'Inde : Vishnou y trône dans son *Vaïkountha* et Shiva dans son *Kaïlasa.* C'est sans doute la Déesse « aux-yeux-de-désir » qui planta les fondations de ce site sacré.

On se souvient que Shiva et Pârvatî avaient coutume de se taquiner dans la grotte du mont Mandara et que l'un des jeux de Pârvatî consistait à aveugler avec ses mains les trois yeux de son mari. Un jour, elle laissa trop longtemps ses mains sur le front de Shiva. Or ses trois yeux étant le Soleil, la Lune et le Feu, l'obscurité et l'absence de foyer domestique provoquèrent sur terre de considérables embarras. Dès que Shiva s'en aperçut, il demanda à Pârvatî de libérer ses yeux, puis, voulant la punir, il l'envoya dans le désert afin qu'elle y pratique de rigoureuses mortifications devant un *linga.* Elle s'installa donc près de la rivière Kampa, sous un manguier. Comme il n'y avait pas de rocher dans le voisinage pour faire un *linga,* elle prit du sable de la rive et en modela un.

Au bout de quelque temps, Shiva, jugeant que la pénitence avait assez duré, descendit lui-même à Kânchî, décidé à faire subir à son épouse une dernière épreuve. Il transportait toujours dans son chignon le fleuve Gangâ. En arrivant, il en fit couler l'eau dans la Kampa, dont le niveau monta tant qu'elle submergea le *linga.* Le lendemain matin, voyant le *linga* détruit, Pârvatî reprit du sable de la rivière et en modela un nouveau. Avant qu'elle eut repris ses exercices pénitentiels, Shiva fit encore couler de l'eau du Gange dans la rivière, dont le courant bientôt lécha la base du *linga.* Pârvatî, pour le protéger, l'entoura de ses bras et fit à l'eau un barrage de son corps. Le flot monta jusqu'à sa poitrine, affleura sa bouche, mais sa confiance en son mari était si grande qu'elle restait convaincue qu'il ne la laisserait pas mourir. Quand l'eau arriva à la hauteur de ses yeux, Shiva apparut près du manguier et lui dit : « L'eau du Gange t'a maintenant purifiée de tout péché. » Le flot de la rivière retourna dans son lit. Depuis ce temps-là, le *linga* de Kânchî est fait de sable, et, au lieu des lustrations coutumières, on prend grand soin de ne lui faire que de légères onctions d'huile parfumée.

A l'intérieur du sanctuaire, à côté de la statue de la Déesse, sur un rocher, est gravé le diagramme mystique du *Shrî-yantra.* C'est un cercle d'environ un mètre de diamètre et de quelque dix centimètres d'épaisseur dans lequel s'inscrit le triangle de la Déesse ; au milieu, un trou qu'on dit sans fond marque le *bindou,* ou point central. Selon la légende locale, cette cavité communique avec le royaume souterrain de la Déesse. On considère ce rocher comme la représentation de la Déesse en tant que Tripourâ-soundarî, la « Belle-Dame-des-trois-cités », nom que l'on donne aussi à Kâmâkshî.

La figure énigmatique de Tripourâ-soundarî nous conduit au cœur le plus secret de la personnalité de la Déesse. Cette « Belle-Dame », qui a inspiré d'infinies spéculations au sein des cercles ésotériques tantriques, est également présente dans la mythologie populaire.

Le mythe de départ est celui de la destruction par Shiva des trois cités démoniaques, qui est raconté sur les bas-reliefs des parois des grottes-sanctuaires, en particulier à Ellora. On y voit Shiva, debout sur son char de guerre, en train de bander son arc, regardant vers le haut, en direction de la cité volante du Démon Maya.

En ces temps-là, les trois fils du Démon Târaka, qui avait été tué par Shiva, étaient hantés par l'idée de mourir. Ils implorèrent Brahmâ de leur accorder le privilège de l'indestructibilité.

> *[Les trois frères], renonçant à toutes les concupiscences qui captivent l'esprit, s'en allèrent pratiquer de terribles ascèses dans les grottes du mont Mérou.*
>
> *Au printemps, ils faisaient taire tous leurs désirs de s'adonner aux plaisirs, d'écouter de la musique et d'assister à des danses.*
>
> *En été, ils s'affrontaient à la chaleur, et, fixant le soleil au milieu de feux allumés, accomplissaient leurs sacrifices, leur pensée fixée vers un seul but, jusqu'à perdre conscience.*
>
> *Pendant la saison des pluies, ils restaient, tête nue, sous les averses torrentielles, sans en être terrifiés.*
>
> *A l'automne, ils contrôlaient leur faim et leur soif, et distribuaient les bonnes et vivifiantes nourritures à qui en avait besoin, sans briser leur jeûne rigoureux.*
>
> *En hiver, ils montaient au sommet des montagnes, insensibles au froid.*
>
> *Pendant les frimas, ils se plongeaient dans les eaux glacées, s'enroulaient dans des linges humides, exposaient leurs corps nus à la rosée.*
>
> *Loin d'être découragés par ces austérités, ils les*

augmentaient chaque jour pour obtenir la faveur de Brahmâ.

(*Shiva Pourâna*, V, 1, 10-18.)

Le démiurge fut bien obligé de leur accorder ce qu'ils désiraient avec une si extraordinaire constance. Mais il ne pouvait leur donner l'immortalité, privilège dont seuls jouissaient Shiva, Vishnou et lui-même. Il demanda donc à l'architecte céleste, Maya, de construire une cité indestructible pour chacun des frères : l'une sur terre, cerclée de murailles de fer, l'autre dans les airs, protégée par des murailles d'argent, la dernière dans le firmament, couverte de plaques d'or. Les trois frères s'installèrent chacun dans la sienne, qu'ils gouvernèrent avec justice et sagesse dans la stricte observance des lois du *dharma*, et dans la plus totale dévotion envers Shiva. A la fin du monde, les trois cités se réuniraient en une seule. En attendant, les trois cités refuges devinrent des cités modèles, si bien que les populations de la terre, des airs et du firmament y affluèrent.

Cette heureuse situation rendit bientôt les Dieux fort malheureux. On n'avait plus besoin de leurs services dans les trois mondes ! Ils allèrent donc trouver Brahmâ, la source de la catastrophe, et lui demandèrent de châtier les Démons, tout admirables qu'ils fussent. Brahmâ s'y refusa et les renvoya à Shiva, puisque les Démons étaient ses fidèles adorateurs. Shiva les éconduisit tout autant car, dit le *Shiva Pourâna*, « il est des crimes pardonnables, comme le meurtre d'un brâhmane, l'ivrognerie, le vol et le sacrilège. Mais l'ingratitude est inexpiable ». Et il les adressa à Vishnou.

Vishnou, qui se considérait comme le protecteur des Dieux, leur conseilla d'offrir un sacrifice à Shiva. Du sacrifice sortit bientôt une armée de fantômes que les Dieux envoyèrent à l'assaut des forteresses inviolables. A mesure qu'ils atteignaient les murailles, les spectres se réduisaient en cendres. Comprenant que la force des Démons venait de l'orthodoxie de leurs croyances et de la rigueur de leurs observances, Vishnou imagina de créer une pseudo-religion reposant sur de pseudo-*Védas* composés dans une pseudo-langue sacrée : ce fut le jaïnisme. Il envoya quatre disciples, le crâne rasé et la bouche voilée par un linge blanc, prêcher ce pseudo-*dharma* dans les trois cités démoniaques ; tous les habitants l'adoptèrent, les trois frères se convertirent et Maya lui-même devint *mâyâ*, l'illusion cosmique ; il abandonna le culte de Shiva.

Les Dieux, tout heureux, allèrent alors annoncer la bonne nouvelle à Shiva. Mais la réponse de ce dernier les replongea dans le désespoir. Puisque les Démons s'étaient transformés en pseudo-Démons, les armes des Dieux étaient rendues inopérantes contre eux. Comprenant que seul Shiva pouvait détruire ce monde illusoire, ils lui demandèrent de devenir leur chef de guerre. A quoi il répondit qu'il n'en avait pas la fonction et qu'il n'avait pas non plus les armes nécessaires. Les Dieux s'engagèrent à devenir eux-mêmes son char et ses armes. Alors seulement Shiva accepta de partir en guerre contre les trois cités exemplaires, et les Dieux entamèrent d'emphatiques louanges de leur nouveau chef.

Ils se réjouissaient trop vite. Voici en effet que Pârvatî arrive sur les lieux du colloque avec ses deux gardes, Ganésha et Skanda-Karttikéya. Elle rappelle Shiva à ses devoirs d'époux et l'emmène sous sa tente pour qu'il les honore. Les ébats s'éternisent. Les Dieux, impatients et inquiets, essaient de pénétrer sous la tente nuptiale, mais ils se font étriper par les deux gardes. Ils utilisent alors leur arme absolue, la répétition du mantra « *AUM shivâya namah AUM* », qui force Shiva à s'arracher aux bras de Pârvatî.

C'est alors que les Dieux construisent le char de guerre. Nous sommes ici au cœur du mythe. Les plus anciennes versions, celles du *Mahâbhârata* par exemple (VII, 203 et VIII, 33), s'étendent sur la nature exceptionnelle de ce char. Le *Shiva Pourâna* lui consacre un long développement :

> *Sa route droite était le Soleil et sa gauche la Lune.*
>
> *Pour rayons, la droite avait les douze constellations que le Soleil parcourt, et la gauche les seize doigts croissants de la Lune.*
>
> *Pour jantes, les roues avaient les six saisons. Le ciel était sa marquise et le mont Mandara sa boîte...*
>
> *Sa vitesse était l'année et ses axes étaient les deux chemins du Soleil...*

> *Sa parure était les six sciences védiques, et ses médaillons les* Pourânas, *le* Nyâya, *la* Mimâmsâ *et le* Dharma-Shastra...
>
> *Brahmâ était le cocher, dont le fouet était le AUM...*
>
> *Vishnou était la flèche dont la pointe était Agni, et les quatre* Védas *étaient les chevaux.*
>
> (*Mahâbhârata*, V, VIII, 6-27.)

Le char de guerre était un compendium de toute la science védique. L'ancien panthéon indou au complet se trouve mobilisé pour attaquer le Démon qui pratiquait trop bien le *dharma.* Le char était aussi un abrégé de l'évolution cosmique, de tous les rythmes qui la font mouvoir : en ce sens, il symbolise le temps qui s'écoule inexorablement.

Shiva monte sur son char cosmique, mais celui-ci s'enfonce aussitôt dans le sol, incapable de supporter un tel poids. Vishnou se transforme en taureau, soulève le char qui s'ébranle enfin, et s'embourbe à nouveau : le char du Temps s'immobilise. Shiva, heureusement, n'a qu'à donner un léger coup de bride pour que les chevaux partent au galop.

Parvenu aux bords de la Narmadâ, Shiva arrête le char. Là, il se met dans la posture du tireur d'élite et fixe le ciel, pour ne pas manquer le passage de la cité démoniaque, quand, au dernier jour du monde, les trois cités se fonderont en une seule. C'est cette scène que l'on représente sur les bas-reliefs, car, selon le *Shiva Pourâna,* Shiva se tient ainsi en position de tir, le doigt tendant la corde jusqu'à son oreille, pendant cent mille ans, mais le ciel reste désespérément vide.

Une voix se fait enfin entendre du firmament : « A moins d'être bénie par Ganésha, aucune entreprise ne saurait réussir. » Shiva implore alors le Dieu à tête d'éléphant, et tandis que les nuages se dissipent, il voit la masse étincelante de la cité volante des Démons. Fixant intensément sa pensée sur sa cible, il décoche sa flèche ardente qui traverse la cité et l'embrase. Le feu escatologique réduit l'univers en cendres. La déflagration est si terrible que les Dieux eux-mêmes prennent peur :

> *A la vue de la forme terrible de Shiva qui éblouissait tout l'univers comme mille soleils tel le feu dévorant de la fin du monde, à la vue de sa terrible épouse Pârvatî à ses côtés, les Dieux, effrayés, s'inclinèrent de peur...*
>
> *Et Brahmâ, tremblant et joyeux tout à la fois, remercia Shiva dans son cœur. Vishnou, non moins terrifié, entonna les louanges du destructeur des trois cités qui, œuvrant avec sa* shakti, *est prêt à tout pour combler ceux qui font appel à lui.*
>
> (*Shiva Pourâna*, V, 11, 9-11.)

Le sens de ce mythe, qui sert de prélude à celui de la « Belle-Dame-des-trois-cités », est clair. Il ne s'agit pas, comme les petits catéchismes indous d'aujourd'hui auraient tendance à l'affirmer, d'une banale opposition entre le bien et le mal, d'un triomphe du bien sur le mal. Il va beaucoup plus loin dans le dévoilement de la destinée humaine, puisqu'il met en scène le combat du bien contre le bien. Les Démons sont aussi vertueux que les Dieux, davantage même : non seulement ils observent avec rigueur les lois du *dharma*, mais ont recours au culte du Dieu personnel et suprême qui commande et dépasse le *dharma*. C'est bien le *dharma* qui détruit le monde au terme de son évolution et donne ainsi aux hommes la délivrance.

Ce mythe mentionne la présence de la *shakti* aux côtés de Shiva, mais le rôle principal reste attribué à Shiva en tant que destructeur et régénérateur du Temps. Un autre mythe, celui de la Belle-Dame de Tripourâ fait complètement basculer cette perspective.

***

Il est, sur les bords de la Narmadâ, un petit village dont le nom de Tévâr rappelle encore aujourd'hui celui de Tripourâ. C'est là qu'au VIe siècle de notre ère la dynastie des Vâkâtaka érigea l'une des capitales de son puissant royaume. Son fondateur, Vindhyashakti, tirait son nom de la célèbre Déesse Vindhyavâsinî, la grande *shakti* de cette partie centrale de l'Inde. C'est par eux, ou par leurs vassaux Rashtrakoutas, que les magnifiques grottes d'Ellora furent creusées, en particulier celle dite des « Dix-*Avatâr* » où se trouve le bas-relief représentant Shiva en destructeur de Tripourâ, que nous avons décrit.

Autour de l'an mille, le culte de la *shakti* semble

avoir été prédominant dans toute la haute vallée de la Narmadâ. L'un des plus prestigieux témoins de cette primauté est sans doute le singulier temple aux soixante-quatre *yogini*, de Bhérâ-Ghât. En ce lieu sauvage, la Narmadâ a creusé son lit dans du marbre dont elle descend les marches en cataractes étincelantes. Sur les bords, d'innombrables tailleurs de pierre sculptent des *linga* de forme ovoïde qu'on appelle des *linga*-flèche, *bana-linga.* Sur la falaise, au nord, se dresse le temple qui fascina, en 1989, Claude Lagoutte : « Cet endroit, raconte-t-il, mériterait la visite pour ce seul temple des Chausath Yogini. Non, il n'y en a pas soixante-quatre... Tant pis, mais elles sont toutes admirables quand le temps les a respectées. L'ensemble est extraordinaire, la qualité de la sculpture, la meilleure.

« Cela me rappelle, bien sûr en très différent, le seul autre temple de cette espèce que j'ai vu dans la campagne de Bhoubaneshvar. En faisant le tour du cercle, j'oriente pour me protéger la visière de ma casquette en fonction du soleil ; modeste rite en hommage des astres, qui fait suite à quels autres, depuis combien de temps ?

« Le centre est occupé par un bien vieux temple qui n'a, je pense, rien à voir avec les yogini, mais qui contient une stèle principale de « Gaurî-Shankar » sur Nandin, d'un style superbe, à travers ses tissus et ses fleurs. Tout autour, ce n'est que beautés : un impossible Sourya, un ondoyant Ganésha, un couple dans la sérénité de l'extase, Vishnou et Lakshmî, une Annapourna Dévî, et un Dattatréya à trois visages, tous aussi beaux et bien conservés. Et dehors, sous le soleil, d'énormes lingas géométriques se dressent au milieu d'un champ de seins et de hanches brisées des yogini détruites.

« La beauté de ces yogini me fait bien voir à quel point cette sculpture est spéciale à l'Inde. En termes occidentaux, ce ne sont pas des statues, mais des bas-reliefs, hauts-reliefs plutôt. Mais, alors que depuis les Égyptiens jusqu'à nous, la forme s'est détachée de la matière à la recherche du réalisme, ici, la forme n'est jamais séparée de la dalle de pierre ; il s'agit toujours d'une pierre, avant tout, qui est aménagée pour recevoir une image, incarnation d'une idée. Mais chacun des trois niveaux est sous la dépendance du précédent : l'idée compte moins que le corps, qui compte moins que la pierre... Aussi ardu que soit l'ésotérisme du tantrisme, il compte moins que la beauté des seins des yoginis, qui compte moins que le linga, pierre sacrée à face de shakti qui est devant nous. » (*Journal inédit*, pp. 52-54.)

Au centre du cercle parfait des soixante-quatre *yogini* se dresse le « *linga* à face de *shakti* », car les *yogini*, selon la tradition, ne sont que les émanations de la révolte de la Déesse. Après l'embrasement de la triple cité, c'est-à-dire la destruction de tout le monde visible, il ne restait plus dans le cosmos que les cinq éléments fondamentaux (la terre, l'eau, le feu, le vent et l'éther), avec Shiva et sa *shakti*. Désirant recréer le monde, Shiva ordonna à sa *shakti* de créer un lieu où elle pourrait s'établir. La Déesse réagit fort mal et s'en alla vers l'ouest en reprenant sa nature de Déesse indépendante. Privé de sa *shakti*, Shiva devenait incapable de rien créer. Il se gratta le corps de rage, fit une boule des cendres qui le couvraient et en modela un être effrayant qu'il lança à la poursuite de son épouse, en lui donnant les huit pouvoirs de métamorphose. Le monstre fut prit d'un grand désir pour la Déesse dès qu'il l'aperçut. Mais la Déesse le repoussa : « Tu ne deviendras mon maître que si tu me vaincs au combat ! » Le combat commença et fut terrible. Pour épargner la vie de sa femme, Shiva prit sa forme subtile et pénétra dans le corps du monstre, l'empêchant ainsi d'attaquer. La Déesse reconnut alors dans le monstre une forme de Shiva. Elle accepta enfin de procéder à la création du monde et fit surgir de son être les *yogini* pour être ses agents.

Il existe donc autant de *yogini* que de manifestations de l'énergie cosmique. Leur culte est célébré surtout dans les cercles tantriques et par certaines mouvances spirituelles, en particulier au Mahârâshtra par celles qui reconnaissent comme divinité d'élection Dattatréya. Mais dans la conscience populaire, les *yogini* n'ont pas très bonne réputation et passent plutôt pour être des créatures dangereuses. Ainsi dans le *Kâshî Khanda* qui, nous l'avons vu, relate comment Shiva dut forcer le bon roi de Bénarès à démissionner de son trône : l'un des subterfuges que le Dieu utilisa d'abord fut d'envoyer les *yogini* dans la cité convoitée pour s'efforcer de détourner les populations de leurs devoirs :

> *Arrivées à Kâshî, les soixante-quatre* yogini *assumèrent de multiples apparences selon leurs pouvoirs magiques : elles devinrent danseuses ou ascètes, guirlandières, coiffeuses ou diseuses de bonne aventure : équilibristes, chiromanciennes ou magiciennes. Elles travaillèrent un an sous ces déguisements, sans être capables de susciter aucun trouble, sans pouvoir en rien duper le roi par leurs artifices.*
>
> (*Kâshî Khanda*, XXXIX, 43.)

A Bhérâ-Ghât au contraire, comme dans les autres grands temples où on les vénère comme un groupe, les *yogini* sont considérées comme les assistantes de la Déesse. Cette Déesse est ici, mystérieusement, la ville elle-même, la triple cité, et l'on voit dans Bénarès la *shakti* de Shiva. Mais ici, la Dame de Tripourâ est Déesse à part entière. Entourée de sa cour de *yogini* armées comme des amazones, elle règne sur un royaume souterrain dont l'entrée se trouve au fond d'un gouffre creusé par les cascades de la Narmadâ.

La Déesse est fort soucieuse que sa souveraineté suprême soit reconnue par les autres divinités, surtout par les Dieux mâles. On raconte à ce sujet une bien jolie histoire. Quand Râma eut retrouvé son royaume d'Ayodhyâ, il entreprit le long et coûteux sacrifice du cheval qui le désignerait comme souverain universel.

Il fallait lâcher un cheval et le laisser parcourir à sa guise les royaumes voisins. Ceux qui l'accueillaient favorablement passaient pour être des vassaux en puissance, ceux qui le molestaient pour des ennemis à vaincre. Râma le roi avait confié à son frère Shatroughna et à son fidèle Hanoumân, chef de son armée de singes, le soin de protéger de loin le cheval sacré. Or ce dernier, s'étant arrêté sur les bords de la Narmadâ pour y boire, glissa et disparut dans le gouffre où s'ouvrait le palais de la Belle-Dame de Tripourâ.

Hanoumân et son compagnon arrivèrent à leur tour sur les bords du fleuve ; ils virent les traces du cheval et plongèrent. Apercevant l'ouverture de la grotte-palais, ils y pénètrent et découvrent une immense salle d'audience décorée de miroirs. Au centre, assise sur un trône somptueux et entourée de ses plus belles *yogini*, ils voient une femme d'une merveilleuse beauté, et, couché à ses pieds, le cheval du sacrifice.

Hanoumân et son compagnon saluent la Belle-Dame-de-la-triple-cité, et lui révèlent que le cheval qu'elle a capturé a été consacré pour un sacrifice royal. Aussitôt la Déesse se lève et offre à ses deux visiteurs l'hospitalité que l'on doit à des ambassadeurs. Après de longs palabres, elle accepte de rendre l'animal, à condition qu'Hanoumân, au nom de Râma, reconnaisse sa primauté. Cette condition acceptée, elle leur rend le cheval et leur donne en plus une *yogini* pour les accompagner et les protéger sur le chemin du retour.

Dans ce mythe, la Déesse affirme de nouveau sa prééminence sur les Dieux mâles, et sur le plus mâle d'entre eux, Râma le roi. Mais sous sa forme de Tripourâ, elle manifeste sa sollicitude bienveillante dès qu'on reconnaît sa souveraineté. Les *yogini* se chargent des tâches violentes, voire sanglantes. Sous la forme de Tripourâ-soundarî, la Déesse est reconnue comme la première manifestation du manifesté, donc des trois mondes, et son nom pourrait aussi bien se traduire par la Belle-Dame-des-trois-mondes, le monde humain, le monde aérien et le monde céleste. Elle est donc ontologiquement antérieure à toutes les divinités. Dans son *Saundarya Laharî*, le célèbre philosophe Maître Shankarâcharya lui adresse cette prière :

> *Qu'elle nous apparaîsse avec ses seins amples et fermes comme les tempes d'un jeune éléphant, avec sa taille fine ceinturée de cloches qui résonnent, avec son visage de pleine lune et ses mains tenant l'arc, la flèche, le lasso et l'aiguillon.*

On représente généralement la Déesse assise sur un lotus rouge épanoui, vêtue d'un riche sari rouge, le front marqué du troisième œil et décoré d'un fin croissant de lune. L'arc et la flèche qu'elle tient indiquent le désir tendu et concentré d'une énergie sur le point de se manifester. Son aiguillon à éléphant éperonne les forces obscures de la nature primitive, et son lasso est prêt à relâcher ou resserrer le nœud qui retient les êtres dans les cycles cosmiques. La Déesse symbolise ici l'énergie intérieure de l'homme et du cosmos qui commande aussi bien leur esclavage que leur libération.

C'est précisément pour cette raison qu'elle a été adoptée par les sectes ésotériques indiennes. On la figure alors sous la forme du diagramme mystique appelé le *shrî-yantra,* ou *shrî-chakra,* sur lequel doivent méditer et se concentrer les quêteurs d'absolu. Cette figure d'une grande complexité géométrique se compose d'un carré, qui représente les éléments constitutifs de la nature, à l'intérieur duquel s'inscrit un cercle qui marque les limites de l'expansion cosmique de l'énergie primordiale. A l'intérieur de ce cercle, une série concentrique de couronnes de triangles entoure le triangle central pointé vers le bas, qui a pour centre un point, ou goutte, le *bindou.* C'est là que siège la Dame de Tripourâ, enlaçant le *linga* d'une étreinte mystique. A partir de ce gouffre central, la création, en pulsions spasmodiques de flux et de reflux, atteint les limites de son épanouissement pour revenir à sa source initiale. Le premier triangle indique la première phase de ce mouvement rythmique, lorsque la Déesse s'éloigne de Shiva pour le contempler dans le miroir de son désir.

Un texte, le *Tripourâ Rahâsya,* dont son traducteur Michel Hulin nous dit qu'il se situe entre le brahmanisme orthodoxe et le tantrisme, rapporte l'enseignement de Dattatréya à son disciple Parashourâma (que nous avons déjà rencontrés à Mâhour), concernant la

Le shrî-yantra

révélation que la Déesse fit aux *rishis*, ou patriarches, à propos de sa nature :

Après avoir baratté l'océan de lait de la Révélation, je vous en offre la crème.

« Ma forme transcendante est le plan de l'existence, évident pour chacun, où le monde apparaît, dure et disparaît comme un reflet dans un miroir.

Ceux qui ne connaissent pas le Soi perçoivent cette forme sous les traits même de l'univers. Mais aux yogin *elle apparaît comme la* PURE CONSCIENCE *du Soi, sous l'aspect d'un insondable et immobile océan. Mes fidèles, dans les transports de leur dévotion, la vénèrent d'un amour désintéressé. Tout en la sachant essentiellement identique à eux-mêmes, ils suscitent par l'imagination [par la méditation sur le* shrî-yantra*] une différence entre elle et eux, afin de pouvoir l'adorer. Elle est ce qui, de l'intérieur, anime les sens et l'organe mental. Elle est ce qu'en disent les textes sacrés : si elle ne se manifestait pas, rien n'existerait. C'est cette illumination qui constitue Ma forme suprême.*

« *Bien au-dessus des multiples univers, au milieu de l'océan de nectar, se trouve l'île des joyaux. Sur cette île, à l'ombre des arbres* kadamba, *s'élève un temple construit en pierres philosophales. Là, sur un trône dont Brahmâ, Vishnou, Roudra et Ishvara forment les quatre pieds, et Sadâshiva le dossier, est installée ma forme visible de "Belle dans les trois mondes" (Tripourâ-soundarî) et cette forme est engagée dans un éternel accouplement. (La Doctrine secrète de la Déesse Tripurâ,* p. 189.)

Dans un autre texte, pleinement tantrique, traduit par Ushâ P. Shâstrî, se trouve la prière d'un *sâdhaka*, c'est-à-dire d'un quêteur de délivrance :

Le sâdhaka qui T'aura ainsi contemplée
sur un yantra *dessiné devant lui*
et accueillie avec la plus grande dévotion,
Te faisant offrande de fleurs de sauvagine,
atteindra, même s'il est de la plus basse condition,
succès, perfection et réalisation des quatre fins de l'existence [désir, profit, justice, libération]...

Tu es la Primordiale, la Bienveillante,
l'Épouse de Siva, le Refuge,
la Vibration initiale dans l'œuf cosmique,
le Support de tout le créé, Toi la sans-support,
la toute Pure vêtue d'éther,

même un ignorant s'il médite sur Ta forme
et récite Ton mantra *cent mille fois*
acquiert tous les pouvoirs de la poésie et
ces choses dans les trois mondes les plus dures à atteindre.

(*Hymnes à la Déesse*, pp. 69-70.)

La Déesse, que le *Tripourâ Rahâsya* cité plus haut définit comme « la conscience absolue, qui a pour essence le Je en sa plénitude, et ne cesse de manifester l'univers comme un reflet dans un miroir, grâce à la transcendance de son pouvoir de *mâyâ* appelé liberté », n'est pas une simple idée conçue par des philosophes ou des amateurs d'ésotérisme ; elle est aussi l'objet d'un culte populaire, sous le nom de la Déesse-à-la-tête-coupée, Chninna-mastâ, ou celui plus commun de Lajjâ-Gaurî, la « Blanche-Impudique ». Elle est alors représentée sous la forme d'un torse sans tête, flanqué de deux jambes repliées et ouvertes qui laissent voir son sexe ouvert. Les femmes qui désirent avoir des enfants vont enduire l'Immodeste de beurre clarifié ou de pâte de minium.

Cette représentation se trouve à l'extérieur de nombreux temples de la Déesse dans la plupart des régions de l'Inde, en particulier au Karnataka et au Mahârâshtra. Le professeur R.C. Dhéré, l'un des meilleurs historiens des mythes indiens, en donne vingt-trois exemples, qu'il a photographiés. Celui du temple de Mahâkoûtéshvar, près de Badami, au Karnataka, se trouve dans un petit sanctuaire souterrain dont l'entrée est immergée au flanc d'une piscine. Les fidèles, qui vénèrent la Déesse sous cette forme et qui doivent plonger pour parvenir jusqu'à elle, la regardent comme l'expression de la pure énergie créatrice. Les spéculations tantriques autour de la forme plus élaborée de la Déesse en tant que *Chhinna-mastâ* la représentent comme venant de se décapiter elle-même ; debout sur les corps accouplés de Kâma-le-désir et de Râti-la-passion, elle brandit d'une main le couteau à sacrifice et tient de l'autre sa tête coupée. Elle est alors l'image de l'énergie créatrice primordiale pure, coupée radicalement du désir de créer.

Il est encore bien d'autres formes de la Déesse, celle de Kâlî par exemple, la Déesse « noire » qui détruit et dévore le monde à la fin des temps, si populaire au Bengale, ou encore celle de Shrî-Lakshmî qui assure aux royaumes et aux familles la prospérité. Toutes ces formes ne font que développer un aspect particulier de la Déesse, toujours regardée comme la manifestation de l'acte créateur. Dans la théologie vishnouïste, la création ou plutôt la re-création est considérée comme un jeu divin *(lïlâ)* : pour les shivaïtes, elle n'est qu'une fantasmagorie *(mâyâ)* ; mais vu du côté de la Déesse, c'est l'expression du principe même de la réalité *(shakti)*.

Il était, dans l'Ancien Testament indou, un concept qui, d'une certaine façon et concernant l'acte sacrificiel, contenait déjà certaines des valeurs que le Nouveau Testament attribue à la Déesse personnelle, celui de la parole consécratoire ou mantra, dont le *Rigvéda* dit :

Je suis la Dominatrice en qui tous les trésors sont rassemblés, qui englobe tout.
Je suis la première à recevoir les hommages.
Les Dieux m'ont distribuée en mainte place,
j'ai beaucoup de séjours et d'innombrables formes...

C'est moi qui tends l'arc pour Roudra [Shiva].
Que la flèche détruise l'ennemi du mantra !
Je suscite la joute parmi les hommes.
J'ai envahi et le ciel et la terre.

C'est moi qui enfante le Démiurge au haut du monde
et qui naît en bas dans les Eaux matricielles.
De là j'ai pénétré au cœur de tous les êtres,
et je touche le ciel du versant de mon crâne.

Je suis le vent qui anime tout existant,
et ma grandeur transcende et la terre et le ciel.
(*Rigvéda*, X, 125.)

Telle est bien l'Énergie primordiale, l'Adi-Shakti, la pure conscience, la Déesse aux mille noms, qui se cache sous terre au fond des gouffres humides et dans les profondeurs du cœur de l'homme.

CINQUIÈME ÉTAPE

Ganésha
ou
Dieu fait esprit

Le Dieu Ganésha est représenté avec une tête d'éléphant sur un corps d'enfant humain. En Inde, le monde des animaux est en continuité avec celui des hommes. Au cours de ses innombrables transmigrations, tout être renaît tantôt bête tantôt homme, selon ses mérites. De même qu'il y a des bêtes nobles, comme la vache, et d'autres ignobles, comme le buffle, il y a parmi les hommes des brâhmanes et des intouchables. Chaque être a sa nature propre, c'est-à-dire sa caste. L'éléphant est de caste royale : quelle est la caste de l'enfant dont le corps complète la figure de Ganésha ? Le mythe a hésité, selon les versions.

Elles impliquent toutes une décapitation. Pârvatî désirait un enfant, Shiva se désintéressait d'en avoir. Il ne sortait de ses exercices yogiques de méditation que pour se reposer dans les jeux de l'amour, mais il se refusait toujours à combler les désirs de son épouse.

Quand il s'en allait sur sa cime pratiquer son yoga, Pârvatî faisait de même sur la sienne. Un jour, alors qu'elle sortait d'une longue session d'ascèses, elle descendit au torrent voisin pour s'y baigner. Mais craignant quelque visiteur indiscret, elle vida ses oreilles de leur mucus et en façonna un garçonnet auquel elle insuffla la vie. « Monte la garde en haut du chemin, lui dit-elle ; interdis à quiconque de descendre me déranger. » Puis elle se dévêtit et se livra aux délices du bain. L'enfant montait la garde.

Or ce jour-là, Shiva, sortant de son extase, se mit à la recherche de sa compagne pour s'amuser avec elle. L'enfant, ignorant à qui il avait affaire, l'arrêta en haut du chemin et lui interdit de descendre au torrent. Comme tout bon ascète, Shiva était irascible : d'un coup de son trident, il décapita le garçon et courut assister à la sortie du bain de son épouse. « Où est mon garde ? » s'étonna-t-elle. « Tu veux parler de cet insolent qui osa m'interdire de descendre jusqu'à toi ? Je l'ai tué ! » Pârvatî, entre les pleurs et la colère, lui raconta comment elle l'avait créé et combien elle le considérait comme son enfant.

Pour la consoler et se faire pardonner, Shiva remonta le sentier, ramassa le corps décapité, mais ne put retrouver sa tête. Il avisa alors un éléphant qui passait, lui coupa la tête et la recolla sur le cou de l'enfant qui devint ainsi Gajânana, le « Dieu-au-visage-d'éléphant ».

Il est de ce mythe d'innombrables versions. Nous avons donné ici celle que l'on raconte aux enfants du

Mahârâshtra, la région de l'Inde où cette divinité alternative est la plus populaire. On pourrait même la considérer comme la divinité de prédilection de tous les habitants de cet État, pauvres ou riches, de haute caste ou intouchables, indous ou non indous même. Sa fête est ici la fête nationale, comme la fête de *Dourgâ* est celle du Bengale, ou celle du premier de l'an, ou *Pongal*, la fête du pays tamoul. Les calendriers liturgiques des peuples de l'Inde offrent la même structure alternative que le panthéon des dieux.

Au Mahârâshtra même il existe plusieurs versions de la naissance de Ganésha. Les variations que l'on trouve entre les différentes versions des autres grands mythes ne concernent en général que des détails ou des adaptations locales, mais dans le mythe de la naissance de Ganésha, ce sont les acteurs et le déroulement de l'anecdote initiale qui diffèrent d'un texte à l'autre. Ainsi dans le *Varaha Pourâna* présenté par le psychanaliste indien Sudhir Kakar : « On raconte que les dieux et les sages, comprenant que les hommes sont capables du meilleur comme du pire dans leurs actes, se rendirent auprès de Shiva et lui demandèrent de dresser des obstacles sur les sentiers des mauvaises actions. Tandis qu'il méditait sur cette requête, Shiva créa un merveilleux jeune homme, dont toutes les demoiselles célestes tombaient amoureuses et qui fut chargé par son père de tenir le mal en échec. Mais l'épouse de Shiva, Umâ, l'aïeule-déesse (aussi connue sous les noms de Dourgâ, Pârvatî ou Gaurî), devint extrêmement jalouse de la conception immaculée, de l'incomparable beauté du jeune homme et le maudit en le condamnant à avoir un gros ventre et une tête d'éléphant. » (*Moksha, le monde intérieur*, p. 146.)

Cette version prend le contre-pied des versions plus traditionnelles qui attribuent la création de Ganésha à sa mère, et celle de sa tête d'éléphant à son père. C'est un texte tantrique, donc hérétique par rapport à l'orthodoxie brâhmanique ; l'imaginaire indou se représente au contraire Ganpati comme un défenseur loyal et incorruptible de sa mère, fût-ce contre son père.

Le *Brahmavaïvarta-Pourâna* fait de Ganpati le vrai fils de Shiva et de Pârvatî. Imprégné de cet antiféminisme souvent latent dans les milieux brâhmaniques, ce récit peu orthodoxe considère la mère comme seule responsable du malheur de son fils. On notera aussi l'intervention fâcheuse de la planète Saturne, Shani, qui inverse les rapports habituels de Ganpati avec les planètes et, particulièrement, avec la Lune. C'est encore Sudhir Kakar qui nous raconte cette version rare du mythe : « Pârvatî, très désireuse d'avoir un enfant, vit enfin son souhait se réaliser après une longue période de pénitence et de prière. Tous les dieux viennent chez Shiva pour féliciter le couple et admirer le nouveau-né. Mais Shani, être de mauvais augure, refuse de regarder l'enfant, les yeux obstinément rivés au sol. Après avoir été interrogé sur la raison de son manque de courtoisie, Shani explique qu'il est maudit et que tout enfant regardé par lui perdra la tête. Pârvatî, cependant, oblige Shani à regarder son fils, à la suite de quoi la tête de Ganésha se sépare de son corps et s'envole. Les pitoyables lamentations de Pârvatî sur la décapitation de son fils éveillent la pitié de Vishnou, qui vient à son secours en accolant au corps de l'enfant une tête d'éléphant qu'il a trouvée. Ainsi ressuscite Ganésha. » (*Moksha, le monde intérieur*, p. 147.)

***

La version *Shiva Pourâna*, plus populaire que les deux précédentes, met au contraire en lumière la volonté de Pârvatî de conquérir son indépendance par rapport à son mari. L'enfant qu'elle se crée est le garant et le gardien de son autonomie. La scène se passe dans le palais luxueux où vivent Shiva et Pârvatî. Cette dernière est follement jalouse de son mari car non seulement un fils, Skanda-Kârttikéya, est né de son sperme sans qu'elle y ait eu aucune part, mais tout le personnel du palais appartient à Shiva, en particulier les portiers. Conseillée par ses confidentes Jayâ et Vijayâ, elle récolte la saleté de son corps et en façonne un garçon :

> *Il était beau et sans aucune difformité, d'une haute taille, vigoureux, intelligent et sans peur.*
>
> *Elle le revêtit d'habits et de parures splendides et lui donna sa bénédiction :*
>
> *— Tu es mon fils, tu es à moi. Je n'ai que toi que je puisse appeler mien.*
>
> *L'enfant la salua avec révérence et lui dit :*

« A vos ordres, madame. Je suis prêt à obéir à vos moindres désirs ! »

Pârvatî lui dit : « Fils, écoute-moi attentivement. Désormais, tu seras mon portier. Tu es mon fils. Tu es mien. Personne d'autre que toi ne m'appartient.

Sans mon ordre, ne laisse entrer personne dans mes appartements. » Elle l'embrasse, lui donne un gourdin, et s'en va au bain avec ses compagnes.

(*Shiva Pourâna*, IV, 13, 21-29.)

Shiva arrive : l'enfant l'arrête. Shiva décline ses noms et qualités, déclare que cette maison où il veut entrer est la sienne. Rien n'y fait. Il essaie de bousculer le frêle gardien et reçoit un solide coup de gourdin. Il appelle alors ses gens et son armée à la rescousse. La bataille s'engage. Le gourdin de l'enfant fait merveille : il assomme l'un, estropie l'autre, étripe le troisième et met en fuite le reste. La colère de Shiva ne connaît plus de bornes : il convoque tous les Dieux et leurs troupes. A leur vue, l'enfant s'inquiète, mais Pârvatî, que le bruit de la bataille a fait sortir du bain, émet de sa colère deux *shakti*, Kâli et Dourgâ, qui vont prêter main forte au jeune gardien. Une nouvelle bataille s'engage. Les Dieux, mis en déroute, demandent à Shiva d'intervenir en personne. Celui-ci envoie d'abord Vishnou, qui est accueilli par un terrible coup de gourdin sur la tête. Vishnou essaie alors toutes ses ruses magiques, mais les deux *shakti* pénètrent dans le corps de l'enfant, qui, avec une force redoublée, lance contre les métamorphoses successives de Vishnou un gourdin qui le poursuit sans se laisser leurrer par ses déguisements. Shiva, s'apercevant que l'enfant est désarmé, pointe son trident et décapite l'héroïque petit portier.

Pârvatî, qui assistait au carnage de son balcon, entre dans une folie furieuse : elle émet de son corps une multitude de *yogini* qu'elle envoie détruire les Dieux et leurs gens qui croient la fin du monde arrivée. Effrayés, les Dieux s'inclinent devant Pârvatî :

> *Vous êtes Candikâ, vous êtes Kalyânî, vous êtes Adi-Shaktî ; vous êtes la cause éternelle de la création, l'énergie qui maintient tout en vie, et la puissance qui détruit tout.*
>
> (*Shiva Pourâna*, IV, 17, 33.)

Pârvatî accepte de surseoir à la fin du monde si son fils est ressuscité et si les Dieux lui reconnaissent la primauté. Après de nouvelles palabres, les Dieux satisfont aux désirs de la Déesse. Shiva leur indique comment opérer la résurrection : qu'ils partent vers le nord, qu'ils décapitent la première bête qu'ils rencontreront et qu'ils en placent la tête sur le cou de l'enfant. C'est un éléphant doté d'une seule défense qui se présente. Les dieux rapportent sa tête et la fixent au cou du petit cadavre. Puis ils déclarent à Shiva :

> *Puisque nous sommes tous issus de ta brillante*

shakti, *que cette* shakti *pénètre dans ce corps grâce à la récitation des formules védiques.*

Tout en les récitant, ils aspergèrent le corps d'eau lustrale, en fixant leur pensée sur Shiva.

Dès que l'eau toucha son cadavre, l'enfant retrouva la vie et recouvra la conscience, comme s'il se réveillait d'un profond sommeil.

(*Ibid.*, IV, 17, 54-56.)

Cela fait, les Dieux reconnurent à l'enfant le privilège d'être le premier honoré des sacrifices :

Il supprimera tous les obstacles et accordera les fruits de tous les rites : il sera adoré le premier, avant nous tous. S'il n'est pas adoré d'abord, nous ne serons pas adorés non plus. Si des Dieux sont adorés sans qu'il l'ait d'abord été, les rites ne produiront aucun effet.

(*Ibid.*, IV, 18, 22-24.)

Puis Shiva lui donne le commandement en chef de ses légions, les *gana*. D'où son nom de « Maître » ou « Seigneur des *gana* », Ganésha ou Ganpati, comme on l'appelle au Mahârâshtra où il est le Dieu le plus populaire. Les *gana* avaient fort mauvaise réputation ; soudards cruels aux corps monstrueux, les troupiers de Shiva étaient les exécuteurs des basses œuvres de leur patron. Le titre de Ganpati signifie « Celui-qui-s'est-rendu-maître-des-*gana* », plutôt que « le premier des *ganas* ». Mais *gana* a aussi le sens de foule, de multitude, de nombre. Ganésha peut donc être également considéré comme le maître ès-sciences mathématiques par excellence, le patron des savants, des astronomes et des astrologues. Ses nombres favoris sont le quatre, le huit et le vingt et un.

Le *Shiva Pourâna* prête des vertus à Ganésha que l'on retrouve dans son culte populaire. Le Dieu entretient des relations étroites, non seulement avec sa créatrice Pârvatî, mais avec la Déesse en général et toutes les *shakti*. Il est leur créature et leur gardien, leur défenseur contre les Dieux mâles. Bien que ce *Pourâna* le marie, il est généralement considéré ailleurs comme un Dieu célibataire et comme un éternel enfant. Son corps potelé est celui d'un jeune garçon bien nourri. De nombreux bas-reliefs le représentent comme gardien des sept Mâtrikâs, ou « petites Mères », qui sont les *shakti* des Dieux mâles Brahmânî, Shivanî, Skanda-Kaumârî, Vaïshnavî, Indrânî, Varâhî et Câmoundâ. Mais ces « petites Mères » sont fort peu maternelles puisqu'elles incarnent, en leur adjoignant Yogeshvarî, les huit vices principaux : l'ivresse, la colère, la folie, l'avarice, l'envie, la calomnie, la malice et le désir. La fonction de Ganésha est d'y faire obstacle, d'être le gardien qui les empêche d'entrer dans le cœur de l'homme et d'y sévir. Il remplit la même tâche à l'égard des neuf planètes, dont il sait neutraliser les influences néfastes. Des bas-reliefs le montrent surveillant Ravi le Soleil, Soma la Lune, Mangala Mars, Boudha Mercure, Gourou Jupiter, Shoukra Vénus et Shani Saturne.

Cette version présente Ganésha comme un révolté : contre son père auquel il désobéit et avec qui il combat au corps à corps, mais aussi contre tous les Dieux. Il soutient la révolte de Pârvatî contre son mari. Il ne s'encombre pas du poids des coutumes qui obligeaient une femme à obéir à son mari, un fils à obéir à son père et à ses aînés, une créature à obéir aux Dieux.

***

Après l'avoir assassiné puis ressuscité, Shiva dut adopter le fils de sa femme. Le garçon s'assit sur les genoux de son père, cependant qu'un gourou lui murmurait à l'oreille un *mantra* initiatique, selon le rituel observé par les familles de brâhmanes pour faire de leurs enfants mâles des « re-nés », *dvi-jâ*. Ganésha, né sans père, donc de caste inconnue, renaquit dans la plus haute des familles divines. On dit en effet au Mahârâshtra que Shiva est le Dieu des brâhmanes, Vishnou celui des guerriers *kshatriya*, Brahmâ des marchands *vaishya* et Ganpati de tous les humbles *shoudra*. Grâce à son adoption, Ganpati quitte la caste de *shoudra* pour devenir brâhmane. Il peut donc être la divinité de prédilection des hommes de toutes les castes. Après son adoption, Shiva lui dit :

> *Ton culte sera célébré par des gens de toutes les castes, spécialement par les femmes et les rois qui aspirent à la prospérité et au succès.*
>
> (*Shiva Pourâna*, IV, 18, 59.)

Quand l'émotion provoquée par ces dramatiques événements se fut apaisée, Shiva et Pârvatî goûtèrent quelques moments de bonheur domestique, avec leurs deux fils. Skanda, le fils de Shiva, avait en effet accueilli avec joie ce compagnon de jeu qui tout à coup avait à peu près le même âge que lui. Et c'est ainsi que les deux garçons atteignirent l'âge où tout parent responsable s'affaire à marier ses enfants. Mais ils se mirent à se quereller pour savoir qui serait le premier à être marié, puisqu'on ne savait pas qui des deux était l'aîné.

Shiva et Pârvatî trouvèrent une solution. « Nous vous considérons comme égaux : pour vous départager, nous marierons d'abord celui qui le premier aura fait le tour du monde. » Skanda, confiant dans sa supériorité physique, partit sur-le-champ. Ganésha réfléchit quelque temps et alla faire ses ablutions. Il pria ensuite ses parents de lui permettre d'accomplir pour eux les rituels de vénération. Il les installa sur un trône et tourna sept fois autour d'eux, s'inclinant sept fois et sept fois leur présentant le plateau de lumières et la corbeille de fleurs. Puis il s'assit devant eux et leur dit : « Tournant autour de vous sept fois, j'ai fait sept fois le tour du monde puisque vous êtes l'essence du monde et la source de l'univers visible. Veuillez donc préparer mon mariage ! »

Ils ne purent refuser et envoyèrent leurs entremetteurs à un démiurge voisin qui avait justement deux filles à marier. La cérémonie fut arrangée sans retard, et Ganpati marié aux deux filles qui lui donnèrent bientôt chacune un fils. Or l'une des filles s'appelait Siddhî et l'autre Bouddhî. La *bouddhi* est, pour la majorité des philosophes indiens, l'élément le plus subtil de l'être humain ; on le compare à un cristal qui reflète la lumière increéée du *pourousha* et qui reçoit les rayons troubles des perceptions et des sensations. C'est en outre la source des mouvements de la volonté qui, informant tout le corps, vont permettre l'éveil de la conscience pure. Les *siddhi* sont, quant à eux, les huit pouvoirs magiques que l'on obtient par une rigoureuse ascèse : le pouvoir de devenir aussi ténu que l'atome, aussi vaste que le cosmos, aussi mobile que le vent, aussi compact que la terre, aussi lumineux que le soleil, le pouvoir de tout réussir, de séduire tous les êtres et de maîtriser toutes ses passions. Autrement dit, Ganésha est marié à l'intelligence et à ses œuvres.

Aussi est-il considéré comme la divinité des entrepreneurs. Si l'on se sent submergé par les difficultés de l'existence et la perspective des éternels recommencements, on supplie Krishna de venir comme un sauveur ; si l'on n'aspire qu'à suivre à la lettre les commandements d'un législateur pour qu'il vous accorde la juste rétribution de votre obéissance, on s'adresse à Râma le roi ; si l'on considère que le monde n'est que la création de sa propre ignorance et qu'il convient d'y renoncer, on se conforme au modèle de Shiva le grand *yogin* ; si l'on décide de jouer le jeu et d'acquérir le pouvoir, on cherche tous les moyens pour augmenter en soi l'énergie primordiale de l'Adi-Shakti ; mais si l'on fait confiance à son intelligence pour résoudre les problèmes qui retardent son épanouissement, on s'identifie à Ganpati.

***

Ganesh est le Dieu de la porte, le Dieu du seuil. Son temple est souvent situé à l'entrée des villages, son effigie à la porte des temples et des maisons. On lui demande de faire obstacle à toutes les influences malveillantes. Un de ses noms les plus populaires, Vighneshvara, signifie le « Maître des obstacles ». Dans son dictionnaire de Ganésha, le *Shrî-Ganésha-Kosha*, Amarendra Gâdgîl reproduit plus de cent vingt représentations différentes du Dieu à tête d'éléphant, comme si aucun canon iconographique ne s'imposait pour représenter la divinité.

Généralement assis en position de lotus, c'est-à-dire en tailleur, il peut être aussi en *dakshinâ-mourti*, c'est-à-dire dans la position du maître qui enseigne, ou debout, ou encore en train de danser. Sa trompe s'enroule vers la gauche ou vers la droite et, parfois, elle se divise en trois branches. Il a en principe quatre bras, mais peut en avoir deux seulement ou huit, et qui brandissent des armes qui varient de lieu en lieu. Rarement objets d'art, les plus frustes de ces statues sont aussi les plus vénérées. Ce sont des blocs de rocher massifs où l'on distingue à peine l'emplacement des yeux ou la courbure de la trompe. Mais ce qui les distingue le plus des effigies des autres divinités, c'est que celles de Ganésha sont presque toujours d'un rouge éclatant, dû aux couches de mimium sans cesse renouvelées, alors qu'il est strictement végétarien. Sa nourriture préférée est le radis noir et une espèce de friandise succulente appelée *modak* qu'on lui offre par milliers les jours de sa fête ; elle est composée d'une pâte de riz modelée en figue, fourrée avec de la noix de coco et du sucre brut appelé *jagre*, et parfumée à la cardamome et au pavot. Ganpati a la réputation d'être un insatiable gourmand.

La pratique d'invoquer Ganésha au début de toute entreprise comportant des risques s'est poursuivie depuis l'époque du *Mahâbhârata* jusqu'à nos jours. Jean-Claude Carrière ouvre ainsi son adaptation du *Mahâbhârata* :

> *Un personnage apparaît, qui marche en se dandinant et porte une tête d'éléphant sur un corps d'homme. Il tient à la main de quoi écrire. Vyâsa le salue.*
>
> VYASA : C'est Ganésha. Sois le bien venu.
>
> ENFANT : Tu es Ganésha ?
>
> GANÉSHA : Oui, c'est moi. Tu ne me reconnais pas ?
>
> VYASA : Que veux-tu ?
>
> GANÉSHA : J'ai entendu dire qu'on cherchait un scribe pour le grand poème du monde. Eh bien me voici...

Il prend place soigneusement et dit à Vyâsa :
GANÉSHA : Je suis prêt, tu peux commencer.
(*Mahâbhârata*, I, 28-30.)

Les brâhmanes ne commencent jamais un sacrifice védique ou une cérémonie sacramentelle sans un rituel destiné à rendre Ganésha propice, comme autrefois en France on récitait un *Veni sancte spiritus* avant tout acte religieux. Au Mahârâshtra, le plus célèbre de ces *introit* est celui qui précède la *Jnâneshvarî*, l'œuvre qui, au début du XIVe siècle, donna ses lettres de noblesse à la littérature marathe :

AUM ! Hommage à l'être primordial que décrivent les Védas *!*
Victoire, victoire à celui qui sous sa forme de Soi est
seul à se connaître !
Tu es Ganésha, l'illuminateur de toute intelligence, inspire-moi !

Le Véda *tout entier, c'est ton corps resplendissant...*
Les dix-huit Pourânas *sont les joyaux de ta parure,*
Les grands Poèmes sont les grelots vibrant autour de tes chevilles,
La sagesse de Vyâsa et des autres Prophètes,
est le linge de soie qui pend de ta ceinture.

Les six philosophies sont tes bras
brandissant les armes de leurs démonstrations.
Le raisonnement est ta hachette,

La logique ton aiguillon,
la pensée védantine ton bol de sucreries,
la dent tronquée est le bouddhisme réfuté
le geste de bénédiction de ta main est le monisme,
et ton geste de protection, l'orthodoxie...

Tes jambes en lotus forment l'A,
ton ventre rebondi, l'U,
le grand cercle de ton visage, l'M
du AUM *primordial.*

(*Jnâneshvarî*, I, 2-19.)

***

L'identification du AUM, le son qui résume en lui tout le *Véda*, et que l'on chantait au début de toute récitation sacrée, avec Ganpati que l'on se rendait propice dans le même temps, semble être très ancienne. La graphie même du sanskrit s'y prêtait, et l'on inscrivit très tôt une représentation du Dieu à tête d'éléphant dans le signe verticalisé du AUM :

On trouve cette calligraphie, comme une enluminure, en tête des calendriers astrologiques appelés *panchânga*. L'étymologie pouvait justifier ici la mythologie. *Gana* en effet signifie aussi « calcul », et par excellence « calcul astrologique ». Ganpati est alors considéré comme le maître des calculs qui permettent l'établissement des calendriers et des horoscopes. Calcul des levers et des couchers des planètes en particulier et de leurs conjonctions ou oppositions dans le ciel pour chaque jour de l'année. Calcul subtil car les jours astrologiques ne correspondent pas tout à fait avec les jours apparents, mais d'autant plus important qu'il commande la fixation des nombreuses fêtes du calendrier liturgique, le caractère de chaque être selon le moment exact de sa naissance, de même que la nature propice ou maléfique de chaque heure, voire de chaque minute d'une journée.

Pour créer une entreprise, poser la première pierre d'une construction, partir en voyage, signer un contrat commercial ou se marier, il faut donc invoquer l'assistance de Ganpati, et encore consulter l'almanach qui indiquera le moment le plus favorable pour mener à bien ces projets, selon la position des planètes et l'horoscope du ou des candidats. Si l'on veut lire un almanach, et *a fortiori* l'établir, un haut degré de culture mathématique est nécessaire ; c'est naturellement à Ganpati que l'on s'adressera pour l'acquérir ou le développer puisqu'il préside au bon fonctionnement du système planétaire.

Ganpati fut créé le quatrième jour clair du mois de *bhâdrapada*, lorsque, après la nouvelle lune, on aperçoit dans le ciel nocturne un très mince croissant. La lune donc assista à la naissance et, voyant la tête d'éléphant sur le corps de ce bébé, elle ne put s'empêcher de s'en moquer. Le jeune Dieu, profondément vexé, envoya vers la Lune une terrible malédiction ; désormais, elle perdrait sa brillance et resterait invisible des hommes ! Pour se faire pardonner, la Lune alla sur les bords du Gange et, pendant douze ans, s'adonna à de si dures ascèses qu'enfin Ganpati se laissa fléchir. Il lui redonna sa brillance mais, pour qu'elle n'oublie pas sa faute, il lui interdit de se montrer aux hommes le quatrième jour du mois de *bhâdrapada*. Depuis, les quatrièmes jours des quinzaines sombres de chaque mois passent pour être particulièrement défavorables à toute entreprise. Si quelqu'un s'avise de regarder la Lune ce jour-là, il lui arrive de malencontreuses aventures. La plus courante est de se faire accuser d'un vol dont on n'est pas coupable, car alors la Lune dérange l'esprit des juges en les rendant lunatiques.

Les quatrièmes jours des quinzaines claires de la Lune sont dédiés à Ganpati. A cette occasion, on le vénère en tant que Vinâyaka ou « Destructeur d'obstacles ». C'est aussi le quatrième jour clair du mois de *bhâdrapada* que commencent les grandes célébrations en l'honneur du Dieu à tête d'éléphant. Au Mahârâshtra, c'est la plus grande fête de l'année. Elle dure dix jours. La nuit, dans les grandes villes, la foule est si dense que la circulation devient impossible et certains périmètres sont transformés en espaces piétonniers.

Chaque famille se procure une petite statue de Ganpati en argile et la place sur un autel spécialement préparé et décoré à cet effet. On l'y vénère tous les jours : à la fin d'une période qui varie d'une famille à l'autre, on la transporte en grande pompe jusqu'à la rivière où on la jette.

L'aspect le plus spectaculaire de cette célébration est sa nature communautaire. Chaque village, chaque quartier des grandes villes se dote d'un comité des fêtes qui réunit des fonds pour ériger sur la place principale du village ou du quartier un reposoir imposant où l'on installe une statue parfois monumentale, en argile peint, fabriquée par une caste de spécialistes qui y travaillent toute l'année. Dans les villes, chaque quartier mobilise son imagination pour concevoir la plus belle et la plus inattendue des statues. La nuit, la ville entière devient un immense temple où la foule des fidèles va de reposoir en reposoir manifester sa dévotion.

Il est même des comités miniatures où les enfants d'une rue se réunissent pour construire leur propre reposoir. Ganpati n'est-il pas le Dieu-enfant par excellence ? Les enfants, qui constituent pour quelques jours son clergé de prédilection, vont de porte en porte demander une obole qui leur permet de réunir l'argent nécessaire à l'achat d'une statuette qu'ils installent ensuite sur le bord d'un trottoir et devant laquelle ils se succèdent à tour de rôle pour en assurer le service.

Au dernier jour de la fête, qui tombe le quatorzième

jour clair du mois de *bhâdrapada*, jour où l'on célèbre aussi la fête du serpent d'éternité Ananta, toutes les statues des reposoirs sont transportées jusqu'à la rivière où on les jette. Au cours de cette immense procession qui dure plusieurs heures, chaque comité embauche des volontaires pour accompagner les chars qui transportent les statues, en chantant, en dansant et en aspergeant la foule de poudre rouge.

Cette célébration est l'événement liturgique majeur de l'année, donne aussi lieu à des manifestations culturelles de toutes sortes. Chaque quartier rivalise avec les autres pour organiser des spectacles qui attireront le plus de spectateurs possible. Les plus populaires sont ceux que l'on appelle *tamâsha*, comédies ou farces qui mettent en scène les problèmes les plus brûlants de l'actualité en se livrant avec humour, parfois avec paillardise, à la satire des autorités en place ou des honnêtes gens qui les supportent. D'autres comités organisent des concours de dessin, de théâtre ou d'élocution, entre les enfants de leur quartier. D'autres encore installent au travers des rues d'immenses écrans de fortune où ils projettent d'anciens films de cinéma. Des associations profitent de la fête pour mettre le public au courant de leurs activités et enrôler de nouveaux membres. Il n'est pas jusqu'aux partis politiques qui ne dressent leurs estrades.

En fait, le développement récent de ces célébrations est généralement attribué au grand réformateur socio-politique Lokmânya Tilak, au début de notre siècle. Voulant répandre dans un large public les idées de la résistance à la domination anglaise, Tilak transforma une fête religieuse, autorisée à ce titre par l'administration britannique, en une vaste démonstration politique. Ganpati n'était-il pas le Dieu de toutes les rébellions ? Aujourd'hui, l'administration indienne du Mahârâshtra s'efforce à son tour de transformer cette fête en un événement touristique afin d'encourager les visiteurs étrangers à venir passer quelques jours dans les grandes cités marathes. Ganpati n'est-il pas le Dieu de toutes les entreprises ?

***

Ganpati est surtout le Dieu de prédilection des populations du Mahârâshtra, sans que l'on puisse préciser l'époque où sa popularité s'est installée dans toute la région. Aujourd'hui, les pèlerins suivent un parcours balisé par huit grands sites qui forment comme une couronne lointaine autour du Ganpati du temple du quartier de la Kasba de Pouné.

A partir de Morgâon, près de Bârâmati, le pèlerin se dirige vers Théour où l'on vénère Ganpati sous le nom de Cintâmanî (le diamant), puis vers Siddhaték où il reçoit le nom de Siddhi-Vinâyak (la source des pouvoirs magiques), vers Rânjangâon où on l'appelle Mahâ-Ganpati (le Grand), vers Ojhar et son Vighneshvara (le briseur d'obstacles), vers Lényâdri, près de Junnar, et son Girijâtmaja (qui habite au cœur de la montagne), qui n'est sans doute qu'une grotte bouddhique reconditionnée par la piété indoue, vers

Mahad à quelques lieues de Bombay où l'on vénère un Varada-Vinâyaka (le miséricordieux), enfin vers Pâlî, un peu plus au sud où il règne sous le nom de Ballâléshvar. Ce parcours dessine sur la carte du Mahârâshtra le diagramme suivant :

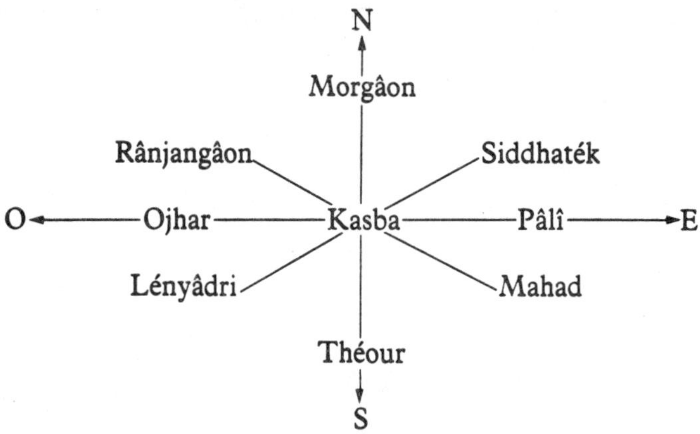

En chacune de ces stations, Ganpati est représenté sous la forme d'un rocher à peine sculpté, considéré comme né spontanément, ou *svayambhou*, c'est-à-dire comme non fait par la main des hommes. Une légende locale explique comment le Dieu à tête d'éléphant s'est manifesté de lui-même à chacun de ces endroits précis. Ainsi, Pâlî est le lieu où, pendant la grande bataille qui opposa le Démon Sindhou aux Dieux, l'un des généraux de l'armée démoniaque, Shankhâsoura, vainquit l'armée divine et dépouilla les Dieux de leur sagesse. Ces derniers appelèrent Ganpati au secours, qui tua le monstre et redonna aux divinités spoliées leur sagesse et leurs livres sacrés. Plusieurs autres sites se disputent l'honneur d'avoir été le lieu de cette bataille où Ganpati devient le bienfaiteur de tous les Dieux : par exemple Tryambakeshvar, Nandgâon et Mouroud. Mais les chanceliers marathes, les Péshvas, grands adorateurs de Ganpati, décidèrent que seul Pâlî pouvait revendiquer ce privilège. Ce bourg fait aujourd'hui partie intégrante du circuit connu sous le nom de « circuit des huit Vinâyaka ».

Le Ganpati de Morgâon est de loin le plus important. Il complète dans le cœur des paysans marathes le diagramme de leurs divinités alternatives, Vishnou-Vithobâ à Pandharpour, Râma à Nâsik, Shiva-Khandobâ à Jéjouri et Touljâ-Bhavânî à Touljâpour. Une légende veut que l'amour des grands saints pour leur divinité d'élection soit si puissant que, lorsqu'ils vont visiter les temples d'autres divinités, elles prennent le visage de l'aimée. Quand le saint Cintâmani Mahârâj se rendit à Pandharpour, Vithobâ s'y changea en Ganpati, et quand Râmdâs y vint à son tour, Vithobâ prit la forme de Râma. Un jour Toukârâm, le poète mystique de Vithobâ, et Râmdâs, le bouillant fidèle de Râma, visitèrent ensemble le temple de Morgâon. La foule s'attendait à ce que la statue de Ganpati se change en celle de Krishna ou de Râma. Mais rien ne se produisit. On y vit la démonstration éclatante de la supériorité du Dieu à tête d'éléphant sur tous les autres Dieux. Toukârâm, dépité, installa dans le temple de Morgâon une statue de son Dieu de prédilection, qui s'y trouve toujours ; Râmdâs, meilleur perdant, ajouta une nouvelle statue de Ganpati et composa en son honneur le célèbre cantique *Soukha-kartâ Doukha-hartâ*, « ô toi qui donnes le bonheur et supprimes le malheur », que chantent depuis les pèlerins de Morgâon.

Le bourg de Morgâon, autour du temple, apparaît comme une oasis aux yeux du voyageur qui a traversé pour y arriver une terre brûlée où tout n'est que poussière et rochers désertiques. La rivière qui baigne le gros village, la Karha-Gangâ, ne coule qu'à la saison des pluies ; le reste de l'année, son lit se transforme en mares stagnantes. L'une d'elle a une histoire prestigieuse qui explique son nom de Tourîya-tirtha, le lac de la « quatrième dimension », la dimension au-delà de l'état de veille, de l'état de rêve et de l'état de sommeil sans rêves.

Le lac de la « quatrième dimension » fut créé aux origines du monde. Brahmâ le Démiurge venait de recevoir de Vishnou-Nârâyana la mission de créer le cosmos. Hésitant sur la manière de procéder, il commença par créer le Désir. Mal lui en prit. Le Désir pénétra dans son cœur et il s'éprit d'amour passionné pour sa fille, Sarasvatî : il ne pensait qu'à elle, non plus à créer le monde. Les Dieux, inquiets, se mirent à faire surgir des rivières pour que Brahmâ puisse s'y plonger et se laver de sa passion ; la Déesse créa la Sarasvatî, Sourya-le-Soleil la Yamounâ, Vishnou la Gangâ, Shiva la Narmadâ. Mais Brahmâ s'y baigna sans résultat : sa passion incestueuse était trop coupable pour être pardonnée. Ils firent alors confluer leurs *shakti* en une seule masse d'eau qu'ils appelèrent la Tourîyâ. Brahmâ s'y baigna et cette fois fut guéri. La création reprit son cours, mais pour éviter toute récurrence de son désir, Brahmâ demanda à la Tourîyâ de demeurer en permanence dans son pot à ablutions, ce qu'elle accepta.

Un jour, Brahmâ arriva à Morgâon pour y vénérer Ganpati, avant d'entreprendre la création. Il observa les rituels du temple, en particulier la circumambulation qui, de porte en porte, fait faire au pèlerin le tour du sanctuaire. En marchant, il heurta le pot déposé sur le sol, qui fut projeté à plusieurs lieues de là et retomba à l'envers. Quand Brahmâ arriva sur les lieux de la chute, il ne retrouva qu'un pot vide, au milieu d'une immense flaque. Malgré tous ses efforts, il ne réussit pas à faire rentrer l'eau dans le vase. C'est pourquoi, aujourd'hui, les pèlerins vont d'abord se baigner dans le lac de la quatrième dimension pour se laver de leurs péchés, avant d'entrer dans le temple.

Le sanctuaire est bâti au centre d'une enceinte carrée dont les murs constituent un cloître imposant. Les temples, en Inde, s'ouvrent à l'est. Mais Ganpati étant un Dieu rebelle, le sien s'ouvre au nord. Devant l'entrée principale, sur l'esplanade qui est aussi la grand-place du bourg, un petit édicule abrite une souris gigantesque (devant les temples dédiés à Shiva on trouve un taurillon, ou, devant les temples vishnouïtes, un milan en prière). La souris est en effet le véhicule favori du Dieu à tête d'éléphant.

Pourquoi une souris pour transporter un pachyderme ? Ganpati est certes un Dieu moqueur qui aime à bousculer les idées trop bien reçues, mais ce n'est pas un Dieu absurde : il est l'intelligence même ! On voit souvent dans sa souris le symbole de la prospérité qu'il accorde à ceux qui l'implorent. La souris géante de Morgâon est en train de grignoter une de ces friandises en forme de figue dont Ganpati est gourmand. La souris, on le sait, ne fréquente que les greniers pleins ou les champs couverts d'une abondante moisson. Sa présence dans une maison est signe qu'on n'y manque de rien. D'autres voient plutôt en elle un symbole de la connaissance qui ne s'acquiert qu'à petits coups de dents. Ganpati n'est pas un Dieu pressé : il grignote plutôt que de dévorer. La sagesse qu'il accorde aux hommes est fille de patience.

On n'approche en effet que pas à pas du cœur du sanctuaire de Ganpati à Morgâon. L'enceinte est percée de quatre portes, situées aux quatre points cardinaux. Le pèlerin comprend, dès qu'il franchit le premier seuil, qu'il va parcourir une piste initiatique. Au reste, l'empreinte de la tortue est gravée par deux fois sur les dalles du parvis pour que tout pèlerin sache qu'il lui faut orienter sa quête.

On entre par la porte de l'est, appelée porte du *dharma*, où préside Sîtâ, la *shakti* de Râma-Vishnou. Puis on reste sur ce seuil pendant la première journée du pèlerinage, occupé de chants et d'ablutions diverses. Au second jour, on se dirige vers la porte du sud, appelée porte du profit, *artha*, où l'on vénère la *shakti* de Shiva, Oumâ l'Himalayenne. Au troisième jour, on s'arrête devant la porte de l'ouest, sous la protection de Rati-la-Passion, *shakti* du Dieu Désir, Kâma, dont ce seuil porte le nom. Au quatrième jour enfin, on traverse la porte du nord, la principale, dite porte de la délivrance, *moksha*, où vous accueillent Mahî-la-Terre et le Soleil. Alors seulement on peut avancer jusqu'au centre obscur du sanctuaire qui abrite le rocher presque brut de Ganpati, appelé ici le « Seigneur-du-paon ».

Sourya-le-Soleil avait un jour accordé un fils invincible à un roi démoniaque. Ce fils d'appelait Sindhou-l'Océan, parce qu'à sa naissance il était tombé dans la mer qui l'avait la première protégé et nourri. Quand son fils eut atteint l'âge d'homme, le roi lui abandonna son trône et se retira dans la forêt pour y poursuivre sa quête de l'absolu. Sindhou mit à profit l'invincibilité dont Sourya l'avait doté pour se rendre maître des trois mondes et faire prisonnier tous les Dieux. Vishnou languissait donc avec sa fidèle monture, le milan Garouda, dans les geôles du Démon.

La mère de Garouda, qui n'était autre que la femme du patriarche Kashyapa-la-tortue, ne voyant pas revenir son fils, fatigua tant les oreilles de son mari en l'implorant de faire quelque chose que celui-ci lui promit qu'elle enfanterait un nouveau fils pour délivrer le premier. Elle mit alors au monde un œuf, qu'elle couva pendant plusieurs années. Un jour qu'elle était occupée ailleurs, l'enfant Ganésha, qui gambadait dans la région, découvrit l'œuf, le soupesa et, curieux de savoir ce qu'il y avait dedans, le brisa. Un superbe paon dans toute la force de sa maturité en surgit et se précipita sur l'enfant à tête d'éléphant pour le punir. La bataille fut sévère, mais Ganésha eut le dessus. A cet instant, la mère, éplorée, arriva sur les lieux du combat et pria le vainqueur d'épargner le vaincu, qui désormais lui servirait de monture.

Cependant, les Dieux emprisonnés avaient réuni en un seul cri désespéré leurs appels au secours. Ganésha l'entendit, enfourcha sa nouvelle monture et vola affronter l'invincible Sindhou. Pendant trois jours, la bataille fit rage. Le quatrième jour, Ganpati perdit courage quand le paon fut tué sous lui, et il cessa un moment le combat. L'arrogant Sindhou en profita pour s'excuser d'avoir à tuer dans la fleur de son âge un guerrier aussi valeureux malgré sa tête ridicule.

Ganpati était un Dieu moqueur qui détestait être moqué. Les sarcasmes du Démon fouettèrent sa rage : de deux coups de hachette, il lui sectionna les oreilles, il enfonça son aiguillon au milieu de son front et, de ses deux poings, défonça la poitrine du monstre qui vomit son âme démoniaque dans un flot de sang noir. Il délivre ensuite les Dieux reconnaissants : Indra retrouve sa royauté céleste, Yama sa royauté souterraine, Shiva et Vishnou leur seigneurerie sur le monde des hommes. Quant à Brahmâ, il donna au jeune guerrier vainqueur ses deux filles en mariage. Or tout cela se passait sur le rocher auquel, en souvenir de sa monture massacrée, Ganpati donna le nom de « Rocher du paon ». Après avoir décapité le crâne difforme du

Démon, il s'en fit un trône, demandant que désormais on l'adorât en ce lieu comme le « Seigneur-du-paon », Mayoureshvar, ou Morésha en langue marathe.

Le paon est, dans le bestiaire indou, le symbole de la royauté universelle. Quand il fait la roue, il ressemble à la roue solaire qui, par ses rayons, impose sa suzeraineté jusqu'aux limites du monde sublunaire. Les yeux ornant chacune de ses plumes déployées sont les miroirs qui reflètent l'autorité unique de l'empereur entouré de ses vassaux. On sait que le Grand Mogol se fit construire un trône d'une étincelante richesse qui avait la forme de deux paons. Ganpati affirme sa souveraineté universelle, en particulier sur tous les autres Dieux qu'il est le seul à pouvoir délivrer des geôles du Démon, mais cette souveraineté reste éphémère et transitoire. Le paon replie son éventail solaire aussi vite qu'il le déploie. Il devient alors le symbole du centre caché du déploiement et du repliement de l'univers invisible.

Le paon est le véhicule habituel de Skanda, le demi-frère de Ganpati. Si, le temps de la bataille contre Sindhou, il est celui du Dieu à tête d'éléphant, ce n'est qu'à Morgâon. La raison en est peut-être que ce lieu et ce temple ont été créés par le tantrisme populaire. Le tantrisme se représentait le centre des pulsions cosmiques comme l'Énergie primordiale symbolisée par la Déesse Tripourâ-soundarî. L'initié s'approchait de ce centre au long d'une méditation sur le *Srî-yantra*. A Morgâon, le pèlerin franchit une série de seuils pour se trouver confronté à une sorte de quatrième dimension, celle où son intelligence qui seule oriente son avenir. Le Ganésha qui trône sur le crâne du Démon issu du Soleil est flanqué de ses deux *shakti*, Bouddhî et Siddhî, l'intelligence et le savoir-faire.

Pour être admis à le contempler, il faut traverser, on l'a vu, quatre seuils. Mais la progression ne suit pas l'ordre brâhmanique classique *(kâma, artha, dharma, moksha)*. On part ici du *dharma* pour traverser ensuite la porte de l'*artha*, puis celle du *kâma* qui ouvre enfin la porte du *moksha*. Ganésha est la divinité de ceux qui s'efforcent d'atteindre leur salut par le désir et l'action.

La position de l'effigie centrale de ce Ganpati « Seigneur-du-paon » à l'intérieur du temple ne peut être l'effet du hasard. Quand on va de l'entrée principale, celle de la délivrance, jusqu'à l'effigie centrale, on progresse du nord vers le sud. L'effigie de Ganpati se trouve sur le mur sud du sanctuaire. Au dos du mur, donc dans la cour à ciel ouvert qui entoure le sanctuaire, se trouve une autre effigie, celle de la déesse Tripourâ-Soundarî. Le Dieu à tête d'éléphant et la Belle-Dame-de-la-triple-cité, dos à dos, font ainsi face aux deux directions opposées. Le remplacement, au centre du dispositif, de la Déesse par Ganpati modifie radicalement le sens du parcours initiatique.

Ce sens est par ailleurs souligné par la substitution,

aux huit points cardinaux du diagramme du temple, de huit formes de Ganpati qui prennent la place des huit Dieux védiques du diagramme classique (voir premier chapitre) :

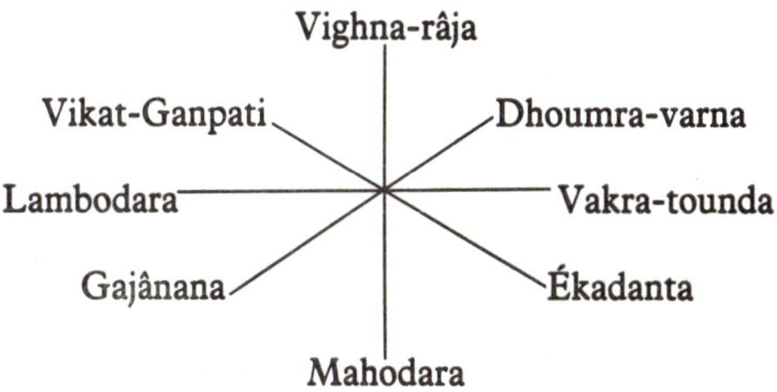

Ces huit noms tracent le portrait de Ganpati : une tête d'éléphant, *gajânana*, une seule défense, *ékadanta*, un vaste et profond abdomen, *lambodara* et *mahodara*, une trompe recourbée, *vakra-tounda*, un aspect terrifiant, *vikat-Ganpati*, et la couleur grise de la fumée ou des nuages de la mousson, *dhoumra-varna* ; il est le roi des obstructions, *Vighna-râja*. Au moyeu central comme sur toute la circonférence de la roue cosmique, c'est l'esprit humain seul qui donne l'impulsion au mouvement créateur.

Pendant la grande fête de Ganpati, chaque quartier des grandes villes du Mahârâshtra se bâtit, on l'a vu, son propre reposoir. Chaque année, les comités de quartier choisissent un thème général pour les scènes qu'ils représenteront. L'année de la première marche des hommes sur la Lune, on représenta Ganpati en scaphandre spatial en train d'accueillir les pionniers américains. Pendant une année d'élection, on vit les hommes politiques orner leurs cous d'une tête à trompe, et l'année de l'agression chinoise, Ganpati, vêtu en fantassin indien, fit le coup de feu contre les diables venus de l'autre côté de l'Himalaya. Ganpati est toujours à la pointe des inventions que font les hommes pour éliminer les obstacles à leurs progrès.

Dieu de la modernité, Ganpati, le plus indien des Dieux, est aussi le plus humain. Sa grosse tête d'éléphant montre certes qu'il est le plus intelligent des Dieux puisqu'on pense en Inde que l'éléphant est le plus intelligent des animaux. Certaines versions du mythe affirment aussi que cet éléphant est celui qu'Indra lui-même reçut comme monture royale après le barattage de la mer de lait, et qu'ainsi Ganpati doit être considéré comme le successeur d'Indra dans sa royauté universelle. On sait aussi que les éléphants constituaient la force de frappe des armées indiennes ; ce sont eux qui effrayèrent si fort les hommes d'Alexandre le Grand que ceux-ci refusèrent d'achever la conquête de l'Inde au-delà du Panjâb.

Ganpati a hérité de ce passé guerrier ; si on le voit comme un briseur d'obstacles auquel rien ne résiste, c'est dans la jungle de l'avenir humain qu'il trace ses pistes. Il ne doit pas son efficacité à quelque magie qui agirait comme par miracle, mais à son intelligence fertile en calculs et ruses de toutes sortes. Sa tête d'éléphant représente l'intelligence de l'homme au travail, l'esprit de l'homme qui prend en main sa destinée. Son corps d'enfant signifie que cet esprit est une perpétuelle promesse faite à ceux que ne décourage aucune embûche et qui, comme sa souris, grignotent avec une obstination clairoyante les aléas de leur devenir.

DERNIÈRE ÉTAPE

Gouha
ou
le Dieu caché

Au terme de notre périple autour de l'autel des Dieux alternatifs de l'Inde, nous voici revenus au centre obscur de la tortue écartelée qui oriente la dévotion du paysan marathe. Pourtant notre pèlerinage n'est pas tout à fait terminé. Le Dieu qui se cache dans le cœur imprévisible de sa carapace n'a pas épuisé ses potentialités qui font naître l'alternance. Revenu au centre, on a parcouru comme une spirale qui nous interdit de nous croire arrivés à quelque absolu définitif. On n'en finit jamais de faire le tour d'un paysage en perpétuelle métamorphose. La tortue est lente, mais elle bouge.

Il est en effet toujours d'autres Dieux virtuels. Le pèlerin marathe sait que son pays n'a pas de vraies frontières et qu'au-delà de son territoire s'étendent des espaces. Chaque région de l'Inde possède sa tortue propre, qui indique des dieux alternatifs différents de ceux de sa voisine.

Shiva et Pârvatî, on l'a vu, adoptèrent deux fils : Ganésha et Skanda. Le paysan marathe adopta celui qui avait pour tête celle d'un éléphant. Le paysan tamoul adopta l'autre, qui avait six têtes. Il n'ignora pas le premier ; il l'installa même un peu partout sous le nom de Pillaïyâr-le-Fils, mais dans une position subalterne, comme portier ou gardien des temples des autres Dieux ou de ces hostelleries pour pèlerins que les voyageurs français du XVIIIe siècle appelèrent si joliment des « chauderies ». Il éleva au contraire le second jusqu'au rang d'une de ses divinités de prédilection et l'appela Soubrahmanya, ou Shan-mougan, le Dieu-aux-six-têtes, ou Mourougan-l'éphèbe. Son nom, ailleurs, est Gouha-le-caché, Skanda-le-jailli, Kârtikéya-le-nourrisson-des-pléiades ou, plus simplement, Koumara-l'adolescent.

La naissance de Gouha fut plus singulière encore que celle de Ganésha. Le mythe, raconté par le *Shiva Pourâna*, nous renvoie au mariage de Shiva. Après la cérémonie, les divins amoureux se retirèrent dans leur palais himalayen du Kaïlasa, où ils passèrent leur lune de miel :

Dressant une couche merveilleuse et faite pour l'amour,
moelleuse et parfumée de pétales odorants et de santal,
entourée d'objets propres à fouetter les passions,
Shiva s'adonna pendant mille ans à des jeux érotiques.

Tantôt Shiva, au toucher du corps vibrant de sa compagne,
perdait conscience, et tantôt Pârvatî se pâmait.
Ils ne savaient plus s'il était jour ou nuit.

(*Shiva Pourâna*, IV, 1, 14-15.)

Les Dieux attendaient l'heureuse nouvelle d'une conception ou d'une naissance, mais ils savaient d'expérience qu'interrompre une étreinte risquait d'entraîner de terribles catastrophes. Cependant, les enlacements amoureux du couple divin devenaient de plus en plus tumultueux. La terre tremblait sur ses bases : le serpent d'éternité et la tortue Kashyapa s'enfonçaient et comprimaient l'air cosmique ; les Dieux et tous les êtres respiraient avec une difficulté grandissante. Ils se décidèrent enfin à chanter les louanges de Shiva, d'une voix assez forte pour le distraire de ses extases sans l'irriter.

Shiva sortit alors de la chambre nuptiale car il ne voulait pas interrompre ses jeux en émettant son sperme. Les Dieux lui demandèrent de produire un enfant afin de les protéger contre le terrible Démon Târaka qui désolait le monde pendant que lui, Shiva, était occupé à d'autres affaires. Pour les satisfaire, il émit une goutte de son sperme brûlant qu'Agni-le-feu, se transformant en colombe, avala. A ce moment précis, Pârvatî sortit de ses appartements pour voir ce qui retenait son époux si longtemps loin d'elle. A la vue du sperme avalé par Agni, elle se mit en colère : « Malheur à vous, tous les Dieux, qui avez égoïstement interrompu nos jeux d'amour. Et puisqu'à cause de vous je suis maintenant condamnée à rester stérile, toutes vos femmes aussi le deviendront. » Et elle maudit tout spécialement Agni. Puis elle rentra dans ses appartements et décida d'aller se baigner seule ;

c'est à cette occasion que son irrésistible envie d'avoir un fils lui fit fabriquer Ganpati.

Les entrailles brûlées par le sperme avalé, Agni se tordait de douleur. Les Dieux, dont le feu sacrificiel est l'estomac commun puisque c'est lui qui digère la nourriture que les hommes leur offrent, étaient atteints du même mal. Ils implorèrent Shiva de les délivrer. Celui-ci leur accorda la grâce de pouvoir vomir le sperme embrasé. Ce qu'ils firent, et le sperme dégoulina du ciel des Dieux sur la terre des hommes comme une colonne de lumière, puis se perdit dans les espaces souterrains. Ainsi naquit le *linga* de feu lumineux, dont nous avons raconté une tout autre origine.

Restait Agni qui, après une course fiévreuse, s'affala près de l'étang où les femmes des *rishis*, les patriarches qui composèrent les Védas, venaient prendre leur bain. C'était un matin froid du mois de *mâgha*. Après leur bain, les femmes, frileuses, aperçurent un feu sur la berge et coururent près de lui pour s'y réchauffer. Seule Aroundhatî, la femme stoïque de Vasishta, s'en abstint. Ses six compagnes se rapprochèrent des flammes à s'en laisser lécher le corps. Agni en profita pour leur inoculer le sperme de Shiva. Il fut délivré de ses coliques, mais les six femmes des *rishis* tombèrent aussitôt enceintes.

Lorsqu'elles rentrèrent dans leur cabane, leurs maris ne crurent pas l'histoire qu'elles leur racontèrent et les jetèrent dehors. Brûlées intérieurement par le sperme en fusion, elles s'enfuirent et gravirent les pentes de l'Himalaya. Ayant atteint le sommet, elles eurent un flux de sang qui les délivra. Le sperme fit fondre la neige puis coula dans le Gange qui s'en débarrassa dans un champ de roseaux. Et c'est là que naquit, le sixième jour clair du mois de *mârgashîrsha*, un bébé magnifique qu'on appela Skanda-le-sperme.

Le patriarche Vishvamitra qui passait par là vit l'enfant. Il fut ému par sa beauté et plus qu'étonné de s'entendre apostrophé par lui. « Arrête-toi Vishvamitra ! Je veux que tu célèbres pour moi les rituels de la naissance. » Or Vishvamitra, n'étant pas brâhmane mais *kshatriya*, n'avait pas le droit de célébrer les rituels védiques. Depuis des siècles, il s'était soumis à d'impitoyables ascèses pour obtenir le brâhmanat. Il accepta donc avec enthousiasme la proposition de Skanda, qui lui conférait la dignité tant convoitée.

C'est alors que les Pléiades (les Krittikâs) aperçurent l'enfant qui vagissait dans les roseaux. Elles l'adoptèrent aussitôt et l'emportèrent dans leur caverne himalayenne, près de Badrinâth. Mais comme elles se disputaient le privilège de lui donner le sein, l'enfant se dota de six têtes, pour que ses mères nourricières ne soient pas jalouses. L'enfant fut appelé Kârtikéya, ou fils des Pléiades, San-moukha, aux Six-Têtes, et Gouha-le-caché, car il grandit dans le secret d'une grotte.

Les Pléiades surent si bien dissimuler ce secret que personne ne se douta de l'existence de Gouha. Mais un jour Shiva s'inquiéta de ce qu'était devenu son sperme. Ses espions remontèrent la filière et découvrirent la cachette. Il envoya ses gardes à la caverne pour convoquer son fils. Les Pléiades, d'abord effrayées de ce remue-ménage guerrier, acceptèrent dans les larmes de laisser partir leur fils adoptif. Parvenu au palais du Kaïlasa, Gouha fut solennellement couronné prince royal et chef des armées divines. Tous les Dieux vinrent lui rendre hommage et chacun d'eux lui proposa son arme spécifique, mais il choisit la lance que lui confia Agni, son père putatif. Les Dieux le nommèrent alors chef de leurs armées et l'envoyèrent combattre le terrible Démon qui désolait le cosmos, le monstrueux Târaka.

⁂

Il est de multiples versions de la naissance de Skanda : on en trouve trois dans le seul *Mahâbhârata*, chacune différente. Le *Râmâyana*, qui lui consacre le trente-septième chapitre de son premier livre, donne une indication précieuse : la plus haute montagne de la forêt Dandaka, sur laquelle Râma rencontra pour la première fois les singes qui l'aidèrent par la suite à retrouver Sîtâ, est appelée montagne de Kârtikéya.

C'est en effet dans le sud de l'Inde, et particulièrement au pays tamoul, que Skanda est considéré comme une divinité à part entière. Il a certes gardé son caractère guerrier, mais il est plus encore le bel adolescent sauvage qui parcourt les montagnes de l'ouest où sa réputation de célibataire endurci fait rêver les jeunes montagnardes. Dans le *Shilappadikâram*, qui date du IVe ou du Ve siècle, un chant à danser en vieux tamoul célèbre la lance avec laquelle le « Bel Éphèbe » Mourougan-Kârtikéya détruisait les Démons qui persécutaient ses fidèles :

Prions le jeune Mourougan qui porte cette lance indestructible qui ne manque jamais sa proie : dansons pour lui la danse d'amour. Venez, filles de la montagne, et chantez avec moi !

Voici la lance infaillible que brandit le Dieu qui ne quitte jamais les temples de Chendil, de Chengôdou, d'Erakam ni celui de la colline blanche.

Avec cette lance au fer en forme de feuille, il transperça naguère le Démon métamorphosé en manguier et le poursuivit jusqu'au fond de l'océan qui ceinture la terre.

C'est la lance brandie par le Dieu aux six visages et aux douze bras quand il chevauche son paon ; elle rayonne à son poing et tranche les desseins des Démons.

Le chef des légions du ciel chante son excellence après chaque victoire sur les Démons dépossédés de leur pouvoir.

Elle ornait déjà ses mains merveilleuses quand, sur son berceau de lotus caché par les roseaux de son étang natal, il suçait les seins de ses six mères.

Il en pourfendit, aussitôt né, la cime du Mont-Blanc : il en transperça le cœur du Démon qui s'y cachait.

(*Shilappadikâram*, p. 161.)

Cette dernière strophe fait allusion à un épisode de la naissance du « Bel Éphèbe » raconté d'autre part par le *Shiva Pourâna*. A peine né, le jeune Dieu saisit la lance que lui avait donnée Agni et la jeta contre la cime d'un sommet himalayen qui servait de cachette à une armée de Démons malfaisants :

> *Au moment de sa naissance il apparut comme un bébé au teint de lait. Agni, voyant son fils resplendissant, s'écria : « Ô mon fils ! » Il l'embrassa fortement et lui donna sa lance magique.*
>
> *Gouha prit la lance et gravit la montagne. Il en frappa le sommet avec sa lance, et la cime s'écroula.*
>
> *Des millions de Démons formidables en sortirent pour l'attaquer. Il les tua tous avec sa lance.*
>
> *Le tumulte fut universel. La terre, les montagnes et les trois mondes en furent ébranlés. Le roi Indra accourut.*
>
> *Avec sa foudre il frappa Gouha sur son flanc droit : il en sortit un guerrier nommé Shâkha, de force prodigieuse.*
>
> *Il le frappa de nouveau sur son flanc gauche. Un autre guerrier formidable en surgit, nommé Vishâkha.*
>
> *Il le frappa ensuite au cœur et fit surgir le puissant Naïgama.*
>
> *Alors ces trois héros s'unirent à Gouha et se précipitèrent pour attaquer Indra.*
>
> (*Shiva Pourâna*, IV, 3, 18-26.)

***

Certains aspects de Skanda le désignent comme une divinité astrologique, en particulier sa relation intime avec les Pléiades et avec Vishâkha, autre constellation du zodiaque lunaire, où elle marque l'équinoxe d'automne, comme les Pléiades marquent l'équinoxe de printemps. On pourrait y ajouter sa lance, arme spécifique non seulement d'Agni, mais de la planète Mars appelée Mangala, la planète rouge et guerrière. Le Démon que les Dieux lui demandent de détruire s'appelle le « Stellaire », Târaka. Enfin, le terrible Naïgama que le coup de foudre d'Indra fait sortir du corps de Skanda.

Tout cela invite à penser que la place qu'occupe cette divinité chez les Tamouls correspond bien à celle que tient Ganpati chez les Marathes. Ces deux divinités sont censées protéger des influences maléfiques des planètes, fort nocives aux enfants dans les premiers âges de leur vie. On se souvient que Ganpati avait pour un temps, et sans doute en raison de sa fonction vis-à-vis des planètes, adopté le paon comme véhicule, et la queue déployée de cet animal symbolise peut-être la roue du zodiaque lunaire, le *nakshatra-cakra*.

Les temples dédiés à Gouha-Soubrahmanya abondent en pays tamoul. Le plus achevé est sans doute celui qui se trouve à Tanjâvour, dans l'enceinte du temple de Brihadîshvara, l'un des plus purs joyaux de l'art chola du XIIe siècle. L'un des plus anciens semble être le temple-grotte d'Annamalei, près de Madoura, qui date du VIIIe siècle, où la statue du « Bel Éphèbe » est gardée par un paon et un coq.

***

Si, en pays tamoul, Skanda-Soubrahmanya est le Seigneur des montagnes de l'ouest, sur l'autre versant des Nilgiris, au Kérala, il est le Seigneur des montagnes de l'est. Son plus ancien temple serait celui de Haripad, au sud d'Allepey. On raconte que la statue gigantesque qui le représente ici avec quatre bras fut installée par Parashourâma, l'*avatâr* de Vishnou en brâhmane guerrier. Lors de la fête de *kârtikâ*, à l'équinoxe d'hiver, les pèlerins pratiquent la danse appelée *kavadi-yattam* où les danseurs portent sur leurs épaules un éventail de bois orné de plumes de paon.

La fête de *kârtikâ* est aussi célébrée au temple d'Oudayanapouram, non loin de l'extraordinaire temple circulaire de Vaikom, près de Kottayam, qui abrite un des plus célèbre Shiva-*linga* du Kérala. Les deux temples sont liés par la liturgie. Ainsi pour la fête de *Taipoujâ* au mois de *mâgha*, on commémore avec une pompe singulière et force éléphants l'accueil que fit Shiva à Kârtikéya, après que celui-ci eut détruit le démon « Stellaire ». Il est en effet fréquent que les divinités voisinent à l'intérieur des mêmes enceintes sacrées. Ainsi le temple de Tirouvangad, près de Tellichérry, l'un des principaux temples du Kérala dédiés à Râma, a été construit en même temps et sur la même esplanade que deux temples dédiés à Shiva. L'origine de cette cohabitation forme le sujet d'un joli conte.

Le célèbre sage Agastya, celui qui avait fait venir Shiva et Pârvatî au Kérala après leur mariage, décida un jour de partir vers le pays tamoul pour s'y baigner dans la sainte Kavérî. Il lui fallait traverser les rudes montagnes qui séparent les deux régions et qui étaient à cette époque infestées de farouches sauvages. En route, il se heurta à deux chasseurs menaçants qui lui interdirent le passage du col. Le sage, furieux, lança contre eux une terrible malédiction. Effrayés, les chasseurs implorèrent sa miséricorde. Agastya consentit à leur pardonner à condition qu'ils construisent chacun un temple et qu'ils y demeurent en pratiquant de rigoureuses ascèses. Le premier, connu plus tard sous le nom de Rishi-Bleu, construisit un temple à sa divinité de prédilection, Shiva. Mais le Shiva qui y vint demeurer avait une apparence si terrible qu'il se crut obligé d'en construire un second pour abriter une forme bienveillante de son Dieu. Le second, le Rishi-Blanc, érigea un temple à sa propre divinité d'élection qui était Râma. C'est aujourd'hui encore l'un des temples les plus imposants de la région. La statue de Râma qu'il y installa était si belle, le noir de sa pierre si brillant, son sourire si rassurant qu'on n'a pas cessé depuis de venir, de tout le Kérala, l'oindre de fine pâte de santal.

Ce temple hospitalier réunit bientôt toutes les divinités alternatives du Kérala. La Déesse Bhâgavatî y vint de façon impromptue. Un jour, l'un des tambouriniers intouchables du temple fit le pari avec le brâhmane desservant le sanctuaire de faire venir sa divinité de prédilection, la Déesse, en jouant de son instrument. Sceptique, le brâhmane lui promit, si cela se produisait, d'offrir à la Déesse et à son tambourinier un repas somptueux. L'intouchable frappa son tambour et la Déesse se présenta dès les premiers battements. Le brâhmane, pris de court, se précipita dans les cuisines du temple et en rapporta les ingrédients du festin, non cuits. C'est pourquoi on offre toujours à la déesse du riz cru. A la fin du banquet, la Déesse se mit à visiter son nouveau logement avec sa coutumière vivacité, jetant le trouble parmi les pieux fidèles venus vénérer Râma. On lui bâtit une cage pour l'empêcher de déranger les cérémonies. C'est dans cette cage qu'aujourd'hui on lui apporte ses offrandes.

Une autre divinité trouva un asile naturel dans le temple : c'est le fidèle Hanoumân, qui attira vite autant de pèlerins que son patron Râma. Puis deux autres se joignirent à lui : Skanda-Soubrahmanya et Ganpati. Ils seraient venus de Péralasserî, quand leurs propres temples furent ravagés par les armées du sultan Haïdar-Ali-Khan, en 1766. Un escadron de mercenaires français, commandé par Maistre de La Tour, participa au pillage et rassembla toutes les archives du temple gravées sur plaques de cuivre, espérant y trouver les textes du *Véda* que recherchait alors le duc de Noailles. Aussi l'officier, « désirant contribuer à satisfaire le désir de ce Seigneur, fit chercher par différents Bramines sur des quantités immenses de livres composés de planches de cuivre, retenues par douzaines avec des anneaux, qui étaient destinés à être fondus pour faire des canons ; mais les Bramines chargés de cet examen, qui n'étaient autres que des écrivains de la suite de l'armée, lui dirent que tous ces livres ne contenaient autre chose que les comptes des dépenses des Pagodes, et le nom des Bramines et de leurs enfants ». (*Histoire d'Ayder Ali-Khan*, I, p. 119.)

Comme en témoigne l'état des sculptures du temple, les Français respectèrent plus les divinités de pierre que les archives de cuivre. En tout cas, ils ne brisèrent pas la cohabitation de Soubrahmanya, de Ganpati et d'Hanoumân.

***

Nous avons raconté, dans le chapitre concernant Râma le roi, la naissance de Hanoumân des amours illégales de Vâyou le Vent et d'une guenon, et comment le jeune singe devint le plus fidèle allié de Râma lorsque celui-ci partit en guerre contre le roi démoniaque du Shrî-Lanka. Grâce au *Râmâyana* nous avons sur les exploits du Dieu-singe une abondance de renseignements qui fait défaut pour d'autres divinités, pour Soubrahmanya le fils d'Agni-le-feu, par exemple, ou même pour Ganpati le gendre de Brahmâ-le-démiurge. Si ces trois Dieux, toujours adolescents, apparaissent dans la mythologie écrite et savante comme des auxiliaires de Shiva ou de Vishnou, dans la mythologie orale et populaire, ils sont considérés comme des divinités à part entière.

Au Mahârâshtra, Hanoumân dispute à Ganésha la première place dans la piété des populations, aux côtés de Khandobâ-Shiva, Vithobâ-Krishna et Touljâ-la-Déesse. Comme ces trois divinités, Ganésha reçoit un nom plus familier aux oreilles des paysans marathes, celui de Ganpati, et Hanoumân, celui de Mârouti. Or, paradoxalement, ces deux noms renvoient plus directement à l'Ancien Testament indou que ceux de Shiva, de Krishna et de Bhavânî même, comme si Ganpati et Mârouti possédaient des racines plus anciennes que les autres divinités du Nouveau Testament.

Le nom d'Hanoumân serait venu, selon le *Râmâyana*, de la chute que fit le Dieu-singe après le coup de foudre décoché par Indra. Il se bossela le menton *(hanou)*, qui enfla démesurément. Mais son autre nom, qu'on trouve souvent dans la même œuvre et qui a été adopté par le peuple marathe, est celui de Mârouti, qui lui vient de son père Mârouta ou Vâyou le Vent. Le *Rigvéda* ne consacre que quelques hymnes à ce Dieu dont pourtant les habitants d'une terre tropicale comme l'Inde ont un immense besoin, puisqu'il a pour fonction de mouvoir les nuages de mousson qui véhiculent la pluie. Son domaine est l'espace, qu'il parcourt sur un char tiré par des gazelles :

Les cohortes du Vent se hâtent à sa suite ;

elles vont à sa rencontre comme des amantes aux rendez-vous
S'avançant par les routes de l'espace,
jamais il ne pose un seul jour.

Ami des eaux, premier né, ordonnateur du cosmos,
où prend-il naissance, d'où vient-il ?

Souffle des Dieux, semence des mondes,
il marche selon son bon plaisir.
On entend sa rumeur sans voir son apparence.
(*Rigvéda*, X, 168, 2-4.)

Les nombreux exploits d'Hanoumân, racontés dans le *Râmâyana*, situent exactement son champ d'action dans l'espace intermédiaire entre ciel et terre. Sur l'ordre de Râma, il bondit au-dessus du détroit de Ceylan pour découvrir l'endroit où le Démon Râvana cache la malheureuse Sîtâ. Cette traversée aérienne de la mer est restée dans la conscience indoue comme le type même d'une mission impossible que seule l'obéissance aveugle à la loi divine permet d'accomplir. Le *Râmâyana* raconte deux fois la scène, une première fois par la voix du narrateur, une seconde fois par Hanoumân lui-même lorsqu'il fait son rapport de mission ; il décrit en particulier son aventure avec Sourasâ, qui n'est autre que la Manasâ du Bengale, la reine des serpents dont l'eau est le domaine royal :

Depuis très longtemps je voyageais avec hâte,
lorsque je vis la divine Sourasâ, la mère des Serpents,

au milieu de la mer. La Déesse me dit (...) :

« Personne ne passe outre ; tel est mon privilège. »
A cette parole de Sourasâ, moi qui avais dix lieues de dimension,
j'en pris cinq de plus à l'instant.
Mais elle ouvrit une gueule plus large encore.

En voyant ses mâchoires ainsi dilatées, je pris une taille minuscule, et soudain je ne mesurai plus qu'un pouce.
J'entrai vite dans sa bouche et j'en ressortis aussitôt.

La divine Sourasâ, reprenant son visage habituel,
me dit : « Va et remplis ta mission. »
(*Râmâyana*, V, 58, 21-33.)

La *Râma-lîlâ* que l'on célèbre à Râmnagar souligne l'importance de cet épisode en l'entourant d'une mise en scène spectaculaire : « Dans un espace dégagé, se trouve une petite bâtisse surmontée d'une coupole. Devant cette bâtisse se tient un énorme monstre de couleur brune au visage grimaçant. C'est Sourasâ, mannequin de bois et de papier, haute comme huit fois la taille d'un homme. Une échelle est posée contre son corps, si longue qu'elle atteint la bouche. Au pied de l'échelle, un personnage masqué, au costume féminin, empêche Hanoumân d'avancer. C'est également Sourasâ. Elle monte quelques degrés. Hanoumân fait de même. Il y a en réalité deux échelles accolées. Les deux personnages montent encore par paliers successifs, puis Hanoumân descend. Alors un enfant, réplique exacte du Dieu-singe, gravit l'impressionnante échelle. Parvenu au sommet, il prend appui avec les pieds sur le menton de la démone qui ouvre une large bouche dévoilant une double rangée de dents. La bouche se referme, engloutissant le petit Hanoumân, que le public retrouve sain et sauf au sol, à l'arrière du mannequin gigantesque. » (*Quand le Dieu Râma joue à Bénarès*, p. 101.)

Le public ne s'y trompe pas : Hanoumân est un Superman capable de voler à la vitesse d'un avion à réaction, de traverser les mers comme une torpille, de se grandir et de se miniaturiser à volonté. C'est pour ses exploits sportifs qu'on l'admire. Ainsi dans son duel à mort avec le Démon Dhoumrâksha ou Œil-de-braise, au cours de la grande bataille finale contre le roi démoniaque du Shrî-Lanka :

Mârouti furieux s'élança contre lui, une énorme roche à la main.
Les yeux devenus deux fois plus rouges par la colère,
d'un courage égal à celui de son père,
il lança la roche contre le char de son ennemi.

Quand il vit arriver la pierre, « Œil-de-braise »,
faisant tournoyer sa massue, sauta à terre,
pour combattre au corps à corps.

Le rocher brisa le char, ses roues, son timon,
sa proue et même l'étendard et l'arc du Démon...

Hanoumân, fils de Mârouta, arrachant une crête de montagne,
s'élança contre « Œil-de-braise »,
qui, brandissant nerveusement sa massue,
fit face à l'assaut de son adversaire.

Il abattit rageusement cette arme hérissée de pointes
sur le crâne d'Hanoumân qui rugit de colère.

Atteint par ce coup terrifiant, le singe,
qui était doué de la puissance de Mârouta,
ne broncha pas. Il frappa le Démon en pleine tête
avec sa cime de roc, et lui fracassa tous les membres.

Le Démon s'affaissa sur le sol comme un mont qui croule.
... Cependant, le fils superbe du Dieu purificateur,
après avoir massacré ses ennemis et répandu leur sang,
fatigué de cette tuerie,
reçut avec joie les chaudes félicitations des singes.
(*Râmâyana*, VI, 52, 26-38.)

Les plus fervents fidèles de Mârouti sont les athlètes, les gymnastes, les lutteurs, tous ceux qui pratiquent un sport ou un art martial. Pour combattre, Hanoumân utilise la rapidité de ses réflexes et ses poings nus, rarement des armes. Il arrache des rochers, des arbres dont il s'efforce d'écraser ses adversaires. Il reste dans un rapport direct avec la nature, laissant à d'autres, par exemple à Ganpati, le soin d'inventer des techniques et des machines. Sa générosité et sa fidélité ne connaissent pas de bornes : dès qu'il est question de venir au secours de ses amis, il fonce, sans réfléchir.

Un bel exemple de cette disponibilité est donnée dans l'épisode de la Montagne-aux-simples. L'armée des Démons avait laissé celle des singes en piteux état et de nombreux blessés risquaient de mourir. Pas de médecins. Hanoumân décida de voler jusqu'à l'Himalaya pour y chercher les plantes médicinales qui leur redonneraient le bon fonctionnement de leur corps :

Mârouti dressa sa queue qui ressemblait à un serpent,
courba l'échine, baissa les oreilles,
ouvrit une large bouche et s'élança dans l'espace.

En grande hâte, à la vitesse du vent, il volait,
le tigre des singes. Soudain l'Himalaya lui apparut.

Il vit le Kaïlasa escarpé et la Pierre-des-neiges,
ce rocher d'or illuminé par l'éclat des plantes curatives,
où poussaient tous les simples...

Il l'arracha brutalement et s'élança dans l'espace,
d'un vol aussi rapide que celui du milan Garouda...

Le rocher projetait son éclat sur le fils du Dieu
qui transporte les Parfums.
On eut dit Vishnou dans les airs, armé de son disque
de feu. Les Singes, en le voyant revenir, l'acclamèrent.

(*Râmâyana*, VI, 74, 45-64.)

***

Si Hanoumân arracha le Roc-aux-simples, c'est qu'il ne savait pas reconnaître les plantes médicinales, et qu'il craignait de ne pas rapporter celles qui guériraient ses compagnons blessés. Il est le Dieu des transporteurs, non celui des guérisseurs ou des médecins. Il est pourtant une occasion dans la vie des hommes où son intervention est nécessaire. On sait que Saturne est la plus maléfique des planètes ; on a vu Ganpati être victime de son mauvais œil. Quand Saturne entre dans l'horoscope d'une personne, il y demeure sept ans et demi, et pendant toute cette période, la malheureuse est le sujet des pires malveillances du sort. Le seul à pouvoir immuniser quelqu'un contre ces maléfices est le Dieu-singe.

Saturne s'était un jour mis à jeter son mauvais œil sur les Dieux. Pour l'éviter, Shiva se cachait de lui. Krishna, moins heureux, fut accusé injustement d'être voleur, et toutes les entreprises de Brahmâ tournaient au pire. Hanoumân s'en aperçut et fut touché de compassion. Il savait son corps invulnérable depuis qu'il avait reçu le coup de foudre d'Indra, peu après sa naissance. Il persuada donc Saturne de venir se reposer sur sa tête. Ivre d'orgueil à cette invitation, Saturne grimpa dans la crinière blanche. Hanoumân se saisit alors d'un rocher, et se mit à s'en frapper le crâne, comme font les singes. Saturne, craignant à chaque coup d'être écrasé, voulut émettre contre Hanoumân ses plus virulentes malédictions. Mais il ne pouvait même pas articuler une parole, tant la peur le paralysait. Abandonnant tout orgueil, il implora humblement le Dieu-singe de lui permettre de descendre de sa tête. Ce dernier le lui accorda à une condition : que quiconque le vénérerait, lui, Hanoumân, chaque samedi, en ondoyant sa statue et en lui offrant des fleurs de ouatier, serait immunisé pendant une semaine des maléfices saturniens.

Un autre jour, Hanoumân était en train de célébrer un sacrifice au Dieu Râma sur le bord de la mer, quand Saturne se présenta inopinément pour lui annoncer qu'il venait d'entrer dans son signe horoscopique. Hanoumân, tout occupé à ses prières, ne prêta aucune attention à cette mauvaise nouvelle et continua ses litanies d'amour. Furieux, Saturne réitéra ses menaces en hurlant. Sans cesser de murmurer ses chants, le Dieu-singe déroula son immense queue et invita Saturne à s'asseoir dessus. Dès que la sinistre planète s'y fut installée, la queue la ligota jusqu'au menton. Elle promit alors à Hanoumân de ne pas le troubler pendant les sept ans et demi que dureraient sa présence dans son signe. Mais le Dieu-singe ne la relâcha pas avant de lui avoir fait promettre de ne jamais troubler quiconque serait engagé dans une célébration dédiée à Râma.

C'est pourquoi on trouve partout au Mahârâshtra des stèles érigées en l'honneur de Mârouti, au pied desquelles gît le corps impuissant de la planète Saturne. C'est aussi pourquoi le samedi, jour saturnien, les foules se pressent dans les temples de Mârouti pour y implorer sa protection contre les maléfices planétaires. Ce jour-là, elles emplissent les trente-trois temples dédiés à Mârouti qui se dressent au cœur de la vieille cité de Pouné. Le plus fréquenté est celui qu'on y nomme le Doulya Mârouti en souvenir du jour néfaste de 1761 où les armées marathes furent massacrées dans les plaines lointaines de Panipat par des envahisseurs afghans. Ce jour-là, exactement à l'heure où la catastrophe se produisait à plus de mille kilomètres de Pouné, le Mârouti du temple branla sa tête avec une infinie tristesse : on l'appelle depuis Mârouti-le-branleur, Doulya Mârouti.

Le pays marathe n'est certes pas le seul où ces temples soient innombrables, et où le moindre village possède son Mârouti protecteur. Il est des temples d'Hanoumân célèbres à Bénarès, en Ayodhyâ, à Prayâg, à Goa. L'abbé Dubois, qui parcourut le sud de l'Inde à la fin du XVIIIe siècle, rapporte : « Le culte d'Anouma est répandu dans toute l'Inde. Les sectateurs de Vishnou, il est vrai, ont pour cette idole une prédilection particulière ; mais personne ne refuse de lui rendre hommage. Le singe Anouma se voit représenté dans la plupart des temples, et dans beaucoup d'endroits fréquentés ; on le trouve aussi dans les bois et autres lieux déserts ; mais dans les cantons où les vichnouistes sont en grand nombre, on ne fait pas un pas sans rencontrer l'image de leur bien-aimé Anouma. Les offrandes qu'on lui fait consistent en de simples productions de la nature ; jamais il n'est l'objet de sacrifices sanglants. » (*Mœurs, institutions et cérémonies*, II, p. 430.)

Si tant de gens de toutes conditions vénèrent Hanoumân avec une telle ferveur, c'est peut-être parce qu'à leurs yeux il est l'image même d'un amour totalement désintéressé. On raconte que, de retour à Ayodhyâ avec l'armée victorieuse, Râma et Sîtâ distribuèrent à leurs officiers des récompenses selon leurs mérites. Sîtâ offrit un riche collier d'or à Hanoumân. Ce dernier l'examina, le brisa, en mordit chacune des perles, les fendit, les observa de près, puis les écrasa sous sa puissante mâchoire. A Sîtâ qui s'étonnait, Hanoumân répondit : « Je cherchais dans ces perles le nom et le visage de Râma ; ne les y trouvant point, elles sont pour moi sans intérêt. Au cœur de tout ce qui est précieux, le nom de Râma est inscrit. » Sur ces paroles, il enfonça ses griffes dans sa poitrine et mit à nu son cœur palpitant où Sîtâ découvrit avec stupeur le nom et le visage de son époux.

Mârouti-Hanoumân représente la foi simple, nous dirions la foi du charbonnier, pour le Dieu qui se cache dans le cœur de chacun. Selon les lieux, selon les traditions de sa famille, selon son tempérament, chaque indou donne un nom ou un autre à son Dieu caché. Le même Dieu peut recevoir mille noms, prendre mille formes, si bien que l'on peut dire qu'il y a autant de diagrammes que d'indous, et ils sont des millions !

Nous n'avons parlé que de quelques-unes des divinités qui dominent le paysage mythologique de cet immense continent. Nous nous sommes promenés surtout en pays marathe, qui nous était plus familier, mais sans jamais oublier que les paysans ou les citatins d'autres régions de l'Inde ont d'autres divinités de prédilection. Notre promenade n'avait pas pour but de dresser le catalogue exhaustif d'un panthéon, mais d'examiner une structure que nous pensons particulière à l'Inde, et à toute l'Inde, celle du monothéisme alternatif.

Les divinités venues d'autres continents ont-elles jamais été installées sur le diagramme indou ? Le Bouddha y trouva parfois place comme le neuvième *avatâr* de Vishnou ; le Jina Mahavîra des Jaïns y figure aussi éventuellement, et des ascètes soufis musulmans y ont accédé localement. Mais ils étaient tous indiens. Certes Kabîr et d'autres grands saints du nord de l'Inde reconnaissaient Allah comme très voisin de Râma, et dans les temples des théosophes, à Adyar notamment, on voit sur leurs autels le Christ voisiner avec Krishna ou avec la Déesse, mais il ne s'agit pas là vraiment de Dieux alternatifs, puisque ni Allah ni le Christ ne tolèrent l'alternance. La tortue, n'en déplaise au bon La Fontaine, est une infante qui ne se nourrit pas encore de verdures étrangères.

ANNEXE

Calendrier liturgique pour l'année 1992

Les mois lunaires sont divisés en deux quinzaines, l'une dite claire (cl.) correspondant à la lune croissante et l'autre sombre (sb.) correspondant à la lune décroissante.

Mois de Caïtra

1 cl. Goudhî-padvâ (premier de l'an) : Mythe d'Indra *(4 avril)*.
9 cl. Râma-navamî (nativité de Râma) : Mythe de Râma *(11 avril)*.
15 cl. Hanoumân-jayantî (nativité d'H.) : Mythe d'Hanoumân *(17 avril)*.

Mois de Vaîshâkha

1 cl. Vaîsâkhi (fête du printemps) : Naissance de l'âge d'or *(3 mai)*.
3 cl. Parashourâma jayantî : Mythe de Parashourâma *(4 mai)*.
13 cl. Nrisimha jayantî : Mythe de l'Homme-Lion *(15 mai)*.

Mois de Jyeshtha

1 cl. Gangâ dashaharâ : Mythe de la descente du Gange *(2 juin)*.

6 cl. Vindhya-vâsinî poujâ : Mythe de la Déesse des Vindhya *(6 juin)*.
15 cl. Vat-paurnimâ : Mythe de Sâvitrî *(14 juin)*.
11 sb. Yoginî ékâdashî : Mythe des 64 yogini *(26 juin)*.

Mois de Ashâdha

11 cl. Déva-shayanî : Mythe de la dormition de Vishnou *(10 juillet)*.
15 cl. Gourou paurnimâ : Mythe de Vyâsa le compilateur *(14 juillet)*.

Mois de Shrâvana

5 cl. Nâga panchamî : Fête des serpents *(3 août)*.
14 cl. Nâralî paurnimâ : Lune de la noix de coco *(12 août)*.
15 cl. Rakshâ-bandhana : Fête des sœurs *(13 août)*.
8 sb. Gokoulâshtamî : Nativité de Krishna *(21 août)*.

Mois de Bhâdrapada

4 cl. Ganésha catourthî : Nativité de Ganpati *(31 août)*.
7 cl. Gaurî avâhanam : Propitiation de la Déesse *(3 septembre)*.
11 cl. Vâmana jayantî : Nativité de Vâmana *(8 septembre)*.
14 cl. Ananta catourdashî : Fête du serpent d'éternité *(10 septembre)*.

Mois de Ashvina

1 cl. Navaratrî : Début des 9 nuits de la Déesse *(27 septembre)*.
9 cl. Dourgâshtamî : Mythe de la tueuse de buffle *(4 octobre)*.
10 cl. Dassarâ : Couronnement de Râma en Ayodhyâ *(5 octobre)*.
15 cl. Kojâgarî paurnimâ : Veillée pour Lakshmî *(10 octobre)*.
13 sb. Dhana trayodashî : Fête de la richesse *(23 octobre)*.

14 sb. Naraka catourdashî : Fête de la jouissance *(25 octobre)*.
15 sb. Dîpâvalî : Fête des lumières *(25 octobre)*.

Mois de Kârtika

1 cl. Bali pratipadâ : Mythe des trois pas de Vishnou *(26 octobre)*.
2 cl. Bhâou bîj : Mythe de Yama, fête des frères *(27 octobre)*.
11 cl. Prabhodinî ékâdashî : Le Réveil de Vishnou *(6 novembre)*.
14 cl. Tripourârî paurnimâ : Destruction de la triple cité *(6 novembre)*.

Mois de Mârgashîrsha

6 cl. Campâ shashthî : La nativité de Skanda *(30 novembre)*.
11 cl. Mokshadâ ékâdashî : Célébration de la Gîtâ *(5 décembre)*.
14 cl. Datta jayantî : Nativité de Dattatréya *(9 décembre)*.

Mois de Pausha

Makara samkhântî : Début de l'année zodiacale *(15 janvier)*.

Mois de Mâgha

7 cl. Ratha saptamî : Fête de Jagannâth Pouri *(30 janvier)*.
14 sb. Mahâshivarâtrî : Le surgissement du *linga* de feu *(9 février)*.

Mois de Phâlgouna

15 cl. Holî : Fête de l'amour *(7 mars)*.

Bibliographie

INTRODUCTION : Kourma

DELEURY, G. : *Renaître en Inde,* Stock, 1976.
DELEURY, G. : *Toukârâm, Psaumes du pèlerin,* Gallimard, 1989.
DUMÉZIL, G. : *Mythe et épopée,* I, Gallimard, 1986.
DUMÉZIL, G. : *Le Mahabarat et le Bhagavat du colonel de Polier,* Gallimard, 1986.
LA FONTAINE : *Fables,* Garnier-Flammarion, 1966 (XII, 15).
SENART, E. : *Chândogya-Upanishad,* Les Belles Lettres, 1930.
SENART, E. : *La Bhagavad-Gîtâ,* Les Belles Lettres, 1967.
VARENNE, J. : *Mythes et légendes des Brâhmanas,* Gallimard, 1987.
VARENNE, J. : *Cosmogonies védiques,* Les Belles Lettres, 1982.

PREMIÈRE ÉTAPE : Krishna

ANQUETIL-DUPERRON : *Zend-Avesta*, I, Paris, 1761.
BARUA, B.K. : *Temples and Legends of Assam*, Bombay, 1988.
COUTURE, A. : *L'Enfance de Krishna*, Cerf, 1991.
DALLAPICOLA, A.L. : *Krishna, l'amant divin*, Edita-Lazarus, 1982.
DANDEKAR, S.V. : *Vârkarîpanthâncâ itihâs*, Pouné, 1927 (en marathe).
ECK, D.L. et MALLISSON, F. : *Devotion Divine*, Groningen, 1991.
FOUCHER D'OBSONVILLE : *Bagavadam ou doctrine divine*, Paris, 1788.
GADGIL, A.L. : *Jagannâth Pourî*, Bombay, 1960.
PARASAR, R. : *Aumkar Mamaléshvar*, Onkarji, 1987 (en hindi).
SONNERAT, P. : *Voyages aux Indes et à la Chine*, Paris, 1782.
VAIDYANATHAN, K.R. : *Temples and Legends of Kerala*, Bombay, 1988.
VARENNE, J. : *Gîta-Govinda*, Le Rocher, 1991.
VAUDEVILLE, C. : *Sour-Dâs, Pastorales*, Gallimard, 1971.

DEUXIÈME ÉTAPE : Râma

ALLCHIN, F.R. : *The Petition of Râm of Tulsî Dâs*, G. Allen, 1966.
BRUNET, J. : *Ramayana, de l'épopée au spectacle*, La Croix, 1990.
BURNOUF, E. : *Le Bhâgavata Purâna*, J. Maisonneuve, 1981.
DUBUISSON, D. : *La Légende royale*, Economica, 1986.
Fairs and Festivals in Mahârâshtra, Census of India, 1961.

GORSE, J.-E. : *Les Chants nuptiaux de Tulsi-dâs*, Asiathèque, 1982.
JOSHI, P.M. : *Tîrtharoupa Mahârâshtra*, Pouné, 1956 (en marathe).
KAKAR, S. : *Moksha, le monde intérieur*, Les Belles Lettres, 1985.
LABOULLAYE LE GOUZ : *Voyages et observations*, Paris, 1653.
RENOU, L. : *Le Raghuvamça de Kâlidâsa*, P. Geuthner, 1928.
ROUSSEL, A. : *Le Râmâyana de Vâlmiki*, Adrien-Maisonneuve, 1979.
SALVINI, M. : *Le Kathakali à travers le Ramayana*, J. Renard, 1990.
TIEFFENTHALER : *La Géographie de l'Indoustan*, Berlin, 1786.
TOURLET, C. : *Quand le Dieu Râma joue à Bénarès*, Louvain, 1990.
VAUDEVILLE, C. : *Le Râmâyan de Tulsî-Dâs*, Les Belles Lettres, 1977.
VAUDEVILLE, C. : *Kabîr. Au cabaret de l'amour*, Gallimard, 1959.

TROISIÈME ÉTAPE : Le Shiva-linga

ANON : *The Shiva Purâna*, Varanasi, 1974.
DHERE, R.C. : *Khandobâ*, Pouné, 1961 (en marathe).
ECK, D.L. : *Banaras, City of Light*, Princeton, 1982.
FILLIOZAT, P.S. : « Le Linga, signe de Shiva », dans *Yoga et Vie*, décembre 1986, Paris.
LE SAUX, H. : *La Montée au fond du cœur*, Œil, 1986.
PARANDE, G.T. : *Pilgrimage to Manasarovar*, Madras, 1948.

RAMESAN, N. : *Temples and Legends of Andhra-Pradesh*, Bombay, 1962.
REGNIER, H. : *Recherche de la vérité*, par J. Maissin, EFEO, 1975.
SCHEUER, J. : *Siva dans le Mahâbhârata*, PUF, 1982.
SILBURN, A. : *Shvetâshvatara Upanishad*, A. Maisonneuve, 1978.
ZIMMER, H. : *Myths and Symbols in Indian Art and Civilisation*, Harper, 1946.

QUATRIÈME ÉTAPE : Adi-Shakti

BAYLE DE JESSÉ, B. : *Initiation tantrique*, Fayard, 1991.
BIARDEAU, M. : *Autour de la Déesse hindoue*, Purushârtha V, 1981.
BIARDEAU, M. : *Le Mahâbhârata*, Garnier-Flammarion, 1985.
DELEURY, G. : *Les Indes florissantes*, Laffont-Bouquins, 1991.
DELOCHE, J. : *Les Aventures de J.B. Chevalier dans l'Inde orientale* (1752-1765), EFEO, 1984.
DHERE, R.C. : *Lajjâ-Gaurî*, Pouné, 1978 (en marathe).
HERRENSCHMIDT, O. : « Le sacrifice du buffle en Andhra côtier », dans Biardeau, *Autour de la Déesse hindoue*, 1981.
HULIN, M. : *La Doctrine secrète de la Déesse Tripourâ*, Fayard, 1979.
JOSHI, P.V. : *Mâhourkshétra Varnan*, Nanded, 1965 (en marathe).
LOTH, A.-M. : *Védisme et hindouisme*, Le Bas, 1981.
MATE, M.S. : *Temples and Legends of Mahârâshtra*, Bombay, 1988.
MUKHERJEE, P. : *Contes et fêtes du Bengale*, Beauchesne, 1991.

NUNEZ, J. : *The Monuments in Old Goa*, New Delhi, 1979.
POHANERKAR, N.S. : *Shrî Touljâ Bhavânî*, Aurangabad, 1961 (en marathe).
PRABHOUDESAI, P.K. : *Adishaktîcé vishvaroupa*, Pouné, 1967 (en marathe).
SHASTRI, U.P. : *Hymnes à la Déesse*, Le Soleil noir, 1980.
VARENNE, J. : *Le Véda*, Planète, 1967.
VARENNE, J. : *Célébration de la Grande Déesse*, Les Belles Lettres, 1975.
ZIMMERMANN, F. : *La Jungle et le fumet*, Le Seuil, 1982.

CINQUIÈME ÉTAPE : Ganésha

AMARENDRA : *Ganpatîcî gosht*, Bombay, 1960 (en marathe).
BANKATSWAMI, H.M. : *Sârtha Jnâneshvarî*, Pouné, 1927 (en marathe).
CANDAVANKAR, S. : *Ashta-Vinâyak*, Bombay, 1964 (en marathe).
CARRIÈRE, J.-C. : *Le Mahâbhârata*, Centre international de création théâtrale, Paris, 1985.
DELEURY, G. : « L'Inde en fête », dans *Mythes et croyances du monde entier*, Lidis-Brepols, 1985.
GADGIL, A. : *Shrî Ganesh Kosh*, Pouné, 1968 (en marathe).
GOVANDE, S. : *Shrî Ashta-Vinâyak*, Pouné, 1980 (en marathe).
VARENNE, J. : *Ganapati Upanishad*, A. Maisonneuve, 1965.

DERNIÈRE ÉTAPE : Gouha

ANON : *Shiva Purâna*, Bénarès, 1974.
DANDEKAR, S.B. : *Vîr Hanoumân caritra*, Pouné, 1976 (en marathe).

BIBLIOGRAPHIE

DANIÉLOU, A. : *Shilappadikâram, le Roman de l'anneau*, Gallimard, 1961.

DUBOIS, Abbé : *Mœurs, institutions et cérémonies des peuples de l'Inde*, Paris, 1825.

DUBUISSON, D. : *La Légende royale dans l'Inde ancienne*, Economica, 1986.

GODBOLE, N.Bh. : *Mahârâshtrâcâ Pounyagrâm*, Pouné, 1925 (en marathe).

KAKAR, S. : *Moksha*, Les Belles Lettres, 1985.

LOTH, A.-M. : *Védisme et hindouisme*, Le Bas, 1981.

MAISTRE DE LA TOUR : *Histoire d'Ayder Ali-Khan*, Paris, 1784.

ROUSSEL, A. : *Le Râmâyana de Vâlmiki*, A. Maisonneuve, 1979.

SIVARAMAMOURTI, C. : *L'Art en Inde*, Mazenod, 1974.

TOURLET, C. : *Quand le Dieu Râma joue à Bénarès*, Louvain, 1990.

VAIDYANATHAN, K.R. : *Temples and Legends of Kerala*, Bombay, 1988.

Glossaire

Abhaya-moudra : Geste de la main qui signifie la bienveillance.

Acintya-bhédâbhéda : doctrine de l'« abolition des contraires dans l'unité indifférenciée » était enseignée par certains disciples de Chaïtanya.

Ambouvâcî : période de quatre jours pendant le mois de *âshâdha* où toute activité agricole est prohibée.

Amrita : liqueur d'immortalité.

Aranya : la forêt vierge, opposée à la jungle clairsemée favorable à l'habitat humain.

Aranyakas : traités sanskrits supposés avoir été composés par des ermites forestiers.

Aratî : rituel de vénération d'une statue ou d'un personnage vénérable, qui consiste à faire tourner devant leur visage un plateau où l'on a placé des lampes allumées.

Artha : le profit, considéré comme une des fins de l'activité humaine.

Ashâdha : mois du calendrier lunaire qui chevauche les mois solaires de juillet et d'août.

Ashram : ermitage, lieu où des disciples se réunissent autour d'un maître.

Ashrama : étape dans le déroulement de la vie d'un jeune

brâhmane. Il en est quatre : celles d'étudiant, de chef de famille, d'ermite et de renonçant.

Ashvina : mois du calendrier lunaire qui chevauche les mois solaires de septembre et d'octobre.

Asouras : les anti-Dieux, c'est-à-dire les Démons.

Atman : le « Soi », le Dieu intérieur en tant qu'immanent à tout être.

Avatâr : descente de Dieu dans le monde des hommes.

Bhâdrapada : mois du calendrier lunaire qui chevauche les mois solaires d'août et de septembre.

Bhakta : celui qui pratique la *bhakti.* On traduit souvent en français ce mot par « dévot ».

Bhakti : forme de la spiritualité ou de la religion qui insiste sur la dévotion à un Dieu personnel.

Bindou : la goutte, le point central d'un *yantra.*

Bouddhi : l'intelligence.

Brahma : l'Absolu indifférencié, le pur Transcendant. Dieu en tant qu'il est au-delà de toute appréhension et de toute compréhension.

Brâhmanas : traités sanskrits, commentaires sur les rituels védiques.

Brâhmanat : état ou fonction du brâhmane.

Brâhmane : membre de la caste des lettrés qui a l'exclusivité de la connaissance du sanskrit et des livres sacrés.

Chaïtra : mois du calendrier lunaire qui chevauche les mois solaires d'avril et de mai.

Chhabina : procession autour d'un sanctuaire, dans la cour intérieure d'un temple.

Dânda : bâton, symbole de l'autorité du prince.

Darshan : « vision », « vue », point de vue.

Dassarâ : fête du « dixième » jour du mois de *ashvina,* aussi appelée fête de la victoire.

Debaddhanî : fête du « Tintamarre », célébrée à Gauhati, en Assam, en l'honneur de Manasâ, la reine des serpents.

Déoul : la « maison-Dieu », un des noms indiens pour désigner les temples.

Dharma : la « loi » cosmique et morale qui assure l'ordre du monde.
Dhoumra-varna : qui a la couleur de la fumée ; qualificatif de Ganésha.
Divâlî : fête des « Lampes », célébrée en l'honneur de la Déesse de la fortune, Lakshmî.
Dvâpara : face d'un dé à jouer qui est marquée de deux points. Nom donné à l'avant-dernier *youga* d'un cycle de quatre *youga.*
Ékadanta : qui n'a qu'une dent ; qualificatif de Ganésha.
Gadâ : masse d'armes, symbole de la puissance de Dieu.
Gajânana : qui a une tête d'éléphant ; qualificatif de Ganésha.
Ghatas : pots remplis d'eau et de semences qui représentent une divinité à certaines fêtes.
Gopî : bouvières amoureuses de Krishna.
Goswami : titre de certains moines errants, disciples de Chaïtanya.
Goundhalis : caste de saltimbanques spécialisée dans les chants adressés à la Déesse.
Gourou : le maître, c'est-à-dire l'« homme de poids ».
Hlâdinî : la joie exubérante recherchée par certaines écoles de la *bhakti.*
Ishta-dévata : divinité de prédilection, celle que chacun choisit comme objet de son adoration.
Jagad-ambâ : la « Mère du monde », la Déesse en tant que nourricière universelle.
Jnâna : connaissance spéculative.
Kadamba : arbre à fleurs orangées d'un parfum pénétrant.
Kaïlasa : le paradis de Shiva, situé dans l'Himalaya.
Kali : la face perdante d'un dé à jouer.
Kalimâ : les deux premiers articles de la confession de foi musulmane.
Kâma : le désir, en particulier le désir sexuel.
Kâmadhénou : la vache d'abondance, qui accorde à son propriétaire tout ce qu'il désire.

Karma : tout « acte », aussi bien l'acte rituel que l'action bonne ou mauvaise qui entraîne une nouvelle naissance comme récompense ou punition.

Kârtika : mois du calendrier lunaire qui chevauche les mois solaires d'octobre et de novembre.

Kitcheri : brouet de riz aux lentilles.

Kshatriya : membre de la caste des « guerriers ».

Kumkum : poudre rouge que l'on offre en signe de vénération ou d'hospitalité.

Lambodara : qui a un gros ventre ; qualificatif de Ganésha.

Linga : tout « signe » ; en particulier la pierre cylindrique, signe de Shiva.

Madhouriya : la tendresse, recherchée par certaines écoles de la *bhakti.*

Mâgha : mois du calendrier lunaire qui chevauche les mois solaires de janvier et de février.

Mahodara : qui a un gros ventre ; qualificatif de Ganésha.

Mantra : formule rituelle, souvent considérée comme magique.

Mârgashîrsha : mois du calendrier lunaire qui chevauche les mois solaires de novembre et de décembre.

Mâyâ : soit la puissance cosmique qui crée l'univers et le maintient dans l'être, soit l'illusion cosmique.

Moksha : la libération des liens qui nous enchaînent aux cycles des renaissances ; le salut.

Mouhourtas : les moments ou les jours réputés de bon augure.

Nâgpanchamî : fête du cinquième jour du mois de *shâvrana* en l'honneur des serpents.

Nakshatra-cakra : le zodiaque des constellations traversées par la trajectoire apparente de la Lune.

Navarâtra : fête des « neuf nuits », en l'honneur de la Déesse.

Nishkala : qui se situe au-delà de toute représentation.

Oupanishads : textes philosophiques, souvent courts et

parfois versifiés, qui résument les enseignements présentés comme des commentaires des rituels védiques.

Padoukas : empreintes de pieds gravées sur des stèles érigées à la mémoire de saints personnages.

Panchânga : almanach en « cinq parties » qui donne les prévisions astrologiques.

Panchâyatana : autel qui reçoit les symboles de « cinq » divinités.

Pati-vrâta : épouse fidèle, soumise à son mari.

Pâtil : chef d'un village.

Pausha : mois du calendrier lunaire qui chevauche les mois solaires de décembre et de janvier.

Pinda : la basse ou le cylindre qui est le « signe » de Shiva.

Pîr : saint musulman, souvent membre d'une école soufi.

Pot Râj : le « roi de la Torchère », acteur principal du sacrifice du buffle.

Poujâ : rituel non sanglant, qui consiste en offrandes de fleurs et de fruits.

Pourousha : le mâle, l'aspect masculin de l'être dont l'aspect féminin est la *prakriti*. Parfois, l'homme primordial.

Prabhou : « seigneur ». Titre que s'attribuent certains gourous.

Prakriti : le féminin, l'aspect actif et dynamique de l'être dont le *pourousha* est l'aspect passif et immuable. Parfois traduit par nature-naturante.

Prasâda : « grâce divine ». Aussi, la parcelle de nourriture offerte en communion au fidèle qui vient de faire une offrande.

Préma : l'amour, en particulier l'amour pour Dieu.

Pûrnâvatara : « incarnation complète » de Dieu, qui se distingue de ses manifestations partielles.

Raga : mode musical qui correspond à telle saison ou à tel moment de la journée.

Râja : roi.

Rita : ordre cosmique. Mot védique qui sera remplacé plus tard par celui de *dharma*.

Sâdhaka : novice qui s'exerce à une discipline spirituelle.
Sanskrit : la langue « parfaite » dans laquelle furent composés tous les livres sacrés des brâhmanes.
Sârîpât : un jeu de dés, favori de Shiva et de Pârvatî.
Shaktis : au pluriel, l'« énergie » interne de toute divinité ; au singulier, l'aspect féminin de l'Être suprême.
Shamî : espèce de roncier utilisé aux temps védiques comme bois d'allumage pour les feux sacrificiels.
Shoudra : membre de la caste des travailleurs, la plus basse et la plus nombreuse de la société indienne.
Shrâvana : mois du calendrier lunaire qui chevauche les mois solaires d'août et de septembre.
Shrî-yantra : diagramme mystique destiné à servir de support à la méditation sur l'énergie primordiale.
Soma : liqueur alcoolisée, distillée et consommée au cours des sacrifices védiques. C'est aussi un des noms de la Lune.
Svayamvâra : l'un des modes indiens du mariage, où la jeune fille choisissait elle-même son futur époux.
Taipoujâ : fête du pays tamoul célébrée le premier jour du mois de *tai*, qui correspond au mois de janvier.
Tamâshâ : farce populaire que des troupes de baladins jouent à l'occasion des grandes fêtes.
Tantri : prêtre des temples de l'Inde du Sud, chargé de l'observance des rituels.
Tirthankar : celui qui a « traversé le gué » ; nom donné aux grands saints de la religion des Jaïns.
Tountouné : instrument à une seule corde utilisé dans les processions.
Tyâga : renoncement aux plaisirs des sens et à tout attachement aux biens matériels.
Vâhana : véhicule d'une divinité, considéré comme le signe de sa spécificité.
Vaïkountha : paradis de Vishnou, situé quelque part près des sources du Gange.

Vaïshâka : mois du calendrier lunaire qui chevauche les mois solaires de mai et de juin.
Vaishya : membre de la caste des marchands.
Vakra-tounda : qui a la trompe courbée ; qualificatif de Ganésha.
Varna : l'une des quatre divisions de la société indienne. On traduit généralement ce terme par « caste ».
Varrier : l'une des castes sacerdotales du sud de l'Inde.
Véda : ensemble des textes qui constituent l'Ancien Testament indou.
Vijayâ-Dashâmî : « jour de la victoire », autre nom de la fête de *Dassarâ.*
Vikat-Ganpati : un des qualificatifs du Dieu Ganésha, considéré sous son aspect terrifiant.
Yantra : diagramme dessiné ou gravé sur la pierre, destiné à servir de support à la méditation du fidèle.
Yoga : toute technique, en particulier celle des exercices psychosomatiques qui visent à la concentration de l'esprit sur l'être intérieur.
Yogin : celui qui pratique le yoga.
Yogini : groupe des assistants de la Déesse.
Yoni : « signe » du féminin qui qualifie en particulier la vulve.
Yoni-linga : union des « signes » du masculin et du féminin.

Index des Dieux et des personnages mythologiques

Table des matières

Cet ouvrage a été réalisé par la
SOCIÉTÉ NOUVELLE FIRMIN-DIDOT
Mesnil-sur-l'Estrée
pour le compte des Éditions Fayard
en janvier 1992

Composition réalisée
par C.M.L., Montrouge.

Imprimé en France
Dépôt légal : janvier 1992
N° d'édition : 6875 - N° d'impression : 19930
ISBN : 2-213-02816-8
35-59-8587-01/4

35-8587-4